欧阳正宇　彭睿娟·编著

非物质文化遗产旅游开发

FEIWUZHI WENHUA
YICHAN LÜYOU KAIFA

吉林出版集团股份有限公司

图书在版编目（CIP）数据

非物质文化遗产旅游开发 / 欧阳正宇，彭睿娟编著

. -- 长春：吉林出版集团股份有限公司，2016.3（2024.1重印）

ISBN 978 - 7 - 5581 - 0820 - 4

Ⅰ. ①非… Ⅱ. ①欧… ②彭… Ⅲ. ①文化遗产－旅游资源开发－研究 Ⅳ. ①F590.3

中国版本图书馆 CIP 数据核字（2016）第 061161 号

非物质文化遗产旅游开发

FEIWUZHI WENHUA YICHAN LÜYOU KAIFA

编　　著：	欧阳正宇　　彭睿娟
责任编辑：	矫黎晗
封面设计：	韩枫工作室
出　　版：	吉林出版集团股份有限公司
发　　行：	吉林出版集团社科图书有限公司
电　　话：	0431－86012746
印　　刷：	三河市佳星印装有限公司
开　　本：	710mm×1000mm　　1/16
字　　数：	240 千字
印　　张：	16
版　　次：	2016 年 4 月第 1 版
印　　次：	2024 年 1 月第 2 次印刷
书　　号：	ISBN 978 - 7 - 5581 - 0820 - 4
定　　价：	56.00 元

前　言

　　非物质文化遗产（以下简称"非遗"）是一个国家传统文化的精髓，是民族文化的"根"与"魂"，是人类文明的宝贵财富。国际社会和我国政府正在采取一系列措施努力呼吁和促进非物质文化遗产的保护，社会各阶层也都在积极探寻保护并传承非物质文化遗产的有效方式。其中，旅游开发作为"非遗"与市场结合，以文化产业化实现"非遗"传承与促进区域经济文化发展的重要方式正在被实践检验。

　　如何将"非遗"保护传承与旅游发展之间科学合理地耦合起来，在理论和实践中还有诸多问题尚待解决。如"非遗"旅游开发价值评价手段、"非遗"的旅游产品转化途径等。这些问题得不到很好的解决，则通过旅游开发来保护和传承"非遗"的初衷就难以实现。

　　基于此，本书运用旅游地理学的基本理论和方法，并借鉴人类学、文化遗产学和管理学的相关理论，以实现"非遗"保护和旅游发展齐头并进、互利共赢为目标，对"非遗"旅游开发中急需明确和解决的几个问题做了研究。

　　非物质文化遗产是一种特殊的旅游资源，既要通过旅游开发，提升旅游产品的文化内涵和游客体验的层次性，实现非物质文化遗产的使用价值，更要通过旅游开发，为非物质文化遗产内在价值的保护和传承拓宽途径，要实现这一目标，对旅游和文化两方面的因素都必须认真审查，之后才能确定如何对其进行开发和管理。

　　本书第 1 章到第 5 章的内容由欧阳正宇撰写，约 13 万字；第 6 章到第 8 章的内容及其他部分由彭睿娟撰写和整理，约 11 万字。西北师大旅游学院的部分研究生和本科生帮助参与了资料搜集、调研和数据统计工作。

尽管在研究和撰写过程中力求论述清晰、分析透彻，以期对我国非物质文化的保护与开发提供有意义的借鉴和思考，但由于笔者水平有限，本书一定还存在着一些不足，希望读者不吝赐教，以便在日后更加完善。

欧阳正宇　彭睿娟

2015 年 7 月 20 日于兰州

目　录

第1章 绪论

1.1 研究背景及意义

1.1.1 问题的提出

(1)《世界文化多样性宣言》

"文化在各不相同的时空中会有各不相同的表现形式。这种多样性的具体表现形式，便是构成各人类群体所具有的独特性和多样性。文化的多样性是交流、革新和创作的源泉。对人类来说，保护它就像与保护生物多样性进而维持生物平衡一样必不可少。"文化作为人类文明的载体，体现着人类丰富多样的生存方式，构成了人类文明的完整性。但是，近代工业化的迅速发展、全球经济一体化的冲击、战争等人为因素和自然灾害，使世界文化生态正发生着巨大的变化。伴随机器大工业、国际标准化的推广，经济强国在携卷大量资金的同时也为相对落后的国家带来了物质消费方式和生存观念的急剧改变，导致许多民族的本土文化发生急剧消亡和流变。世界似乎朝着一种经济方式、一种价值观念发展，各个民族独有的文化、宗教、习俗和生存价值观逐渐被忽略，承载民族精神家园的非物质文化遗产受到猛烈的冲击，甚至有很多正面临着消亡，世界文化的丰富性和多元性都受到了巨大挑战。工业化与城市化的过程是导致非物质文化遗产出现普遍危机的主要原因之一。伴随着工业化而出现的城市化是人类社会的一次重大变迁,城市化不仅带来城市空间的拓展、人口的集聚,同时也是一个建立在经济转型基础上的社会形态和文化的历史变迁。这种变迁最终形成全球化的大潮,以前所未有的深度和广度渗透到世界的每一个角落。全球化推动了世界范围的资本流动和文化交流,同时也造成经济、文化、地缘疆界的模糊,地方特性的消解,生存环境的趋同,地域文化的特色渐趋衰微,地方传统与历史文脉被割裂,文化的多样性遭到扼杀。在这样一种背景下,人们开始关注文化本土化的问题,关注人类自己生存的根系,关注不同族群的历史生命记忆和独特的生存象征,关注人类文化不同的精神存在,尤其是发展中国家的非物质文化遗产这种活态文化传统的存在与可持续发展。

2001 年 11 月,联合国教科文组织第 31 届会议集中讨论了文化多样性问题,以及现代化对文化多样性所带来的负面影响,并通过了《世界文化多样性宣言》。《宣言》指出:应把文化视为某个社会或某个社会群体所特有的精神与物质、智力与情感的不同特点的总和。除文学艺术外,还应包括一个社会的生活方式、处世哲学、价值体系以及传统与信仰等等。"各国应在相互信任与理解氛围下,尊重文化多样性。宽容、对话及合作是国际和平与安全的最佳保障之一。"在这样一种国际背景中,非物质文化遗产的保护成为人们关注的热点话题。

(2) 非物质文化遗产受到国际社会的高度关注

非物质文化遗产作为人类文明的重要载体,凸显着人类高度的生命力和创造力,体现了世界文化的多样性,传承着一个国家和民族的历史文化和价值观念,同时也关乎国家的文化主权和话语权,非物质文化遗产的濒危甚至灭失必将成为一个国家或民族永远的遗憾。20 世纪 80 年代以来,联合国教科文组织以及世界各国对非物质文化遗产给予极大的关注,相继出台了一系列文件强调其保护的重要性。1989 年,联合国教科文组织通过了《保护民间创作的建议案》，在非物质文化遗产保护领域迈出了第一步，成为国际社会非物质文化遗产保护领域的第一份正式官方文件；1999 年，联合国教科文组织启动"人类活财富"体系，提出保护民间文化、民间文学、民间艺术的传人；1999 年联合国教科文组织第 30 届大会决定设立《人类口头和非物质遗产代表作名录》，每两年评选一次；2002 年 9 月，联合国教科文组织召开了以"非物质文化遗产：文化多样性的体现"为主题的文化部长圆桌会议，通过了保护非物质文化遗产的《伊斯坦布尔宣言》，呼吁在全球化形势下，共同保护和发展非物质文化遗产，促进文明的多样化进程；2003 年，联合国教科文组织又通过了《保护非物质文化遗产公约》，从国际准则的角度明确了非物质文化遗产的概念和范围，强调了非物质文化遗产对促进文化多样性的基本贡献以及保护非物质文化遗产的重要性，"非物质文化遗产"的名称和概念在国际性标准法律文件中被正式确立，由此世界各国掀起了非物质文化遗产申报和研究的热潮。

自从 2001 年第一批人类口头和非物质遗产代表作公布之后，非物质文化遗产的申报在许多国家受到了越来越多的关注，成为保护和宣传本国非物质文化遗产的一种重要方式。到 2010 年，联合国已先后公布了 5 批非物质文化遗产代表作名录共 229 项（其中代表作 210 项，急需保护的名单 16 项，保护项目、计划和活动 3 项），我国共有 34 个项目名列其中（其中代表作 28 项，急需保护的名单 6 项），是拥有项目数量最多的国家。

（3）非物质文化遗产受到我国社会各界的广泛关注

联合国教科文组织在过去的三十多年间先后通过了一系列重要的国际文件，推动世界各国对文化遗产的保护和文化多样性的重视，在全球范围内掀起了"文化热"。进入 21 世纪，现代化进程加快，全球化浪潮愈演愈烈，传统文化和文化多样性受到更严峻的挑战，出于对本国传统文化的重视和对文化安全的担忧，以及对"文化热"的回应，各国开始重视非物质文化遗产的保护工作，亚洲及太平洋地区还出现了保护非物质文化遗产的热潮。现在，这股热潮也席卷了中国。

① 各级政府的重视

"中华民族历来有保护非物质文化遗产的优良传统，从我国古代《诗经》的采集、整理、传承到 20 世纪初兴起的民族、民间、民俗文化的搜集、保存，特别是民俗学建设的成就，都为丰富中华文明延续的灵魂——不竭的文化传统和文化精神做出了贡献。"尽管我国没有使用"非物质文化遗产"这一概念及其话语体系，但以民族民间文化、民俗文化等概念和话语进行的民族民俗文化保护工作一直都在进行，并取得了不少的成绩。从《诗经》《东京梦华录》，到明代民歌《挂枝儿》，以及诸多的文人笔记，历来的成绩自不必多说。

20 世纪 80 年代，文化部、国家民委、中国文联共同发起了被誉为"文化长城"的"十部中国民族民间文艺集成志书"的编纂工作，通过对民族民间文化艺术的抢救、发掘、整理和研究，不仅保存了大量珍贵的文化资源，也造就了一支有相当学术积累的科研队伍，为非物质文化遗产保护工作奠定了坚实的基础；2002 年被誉为中国文化发展史上的"民间文化年"，中国民间文艺家协会发起实施"中国民间文化遗产抢救工程"；2003 年，中国文化部、财政部、国家民委、中国文联等单位联合推出了"中国民族民间文化遗产保护工程"，采取试点先行、以点带面的工作方式，推动民族民间文化的保护和发展。中国民间文化遗产抢救工程和中国民族民间文化遗产保护工程是全球性的人类口头和非物质遗产保护工程的重要组成部分；2004 年 8 月 28 日，第十届全国人大常委会第十一次会议表决通过了全国人大常委会关于批准联合国教科文组织《保护非物质文化遗产公约》的决定，我国成为第八个批准《公约》的国家；2005 年 3 月，国务院办公厅印发《关于加强我国非物质文化遗产保护工作的意见》，明确了我国非物质文化遗产保护工作的目标、指导方针、基本原则和保护措施，建立了非物质文化遗产名录体系，标志着我国非物质文化遗产的保护工作进入全面、科学、规范、有序的发展阶段；之后，国务院于 2006 年、2008 年、2011 年、2014 年公布了 4 批国家级非物质文化遗产代表性项目名录共 1525 项，并先后认定并命名了 4 批共 1996 名国家级非物质文化遗产代表性项目的代表性传承人。2011 年，《非物质文化遗产法》在第十一届全国人大常委会第十九次会议上通过，这意味着我国对非物质文化遗产的保护提至法律层面，这是我国文化领域继《文物保护法》之后又一项重要法律，在文化法制建设中具有里程碑的意义。

为使我国的非物质文化遗产保护工作规范化，文化部规划建立了"国家＋省＋市＋县"的四级保护体系。2006 年以来，各省、直辖市、自治区也都先后建立了自己的非物质文化遗产保护名录体系，并逐步向市、县扩展。伴随着非物质文化遗产申报热，各级政府积极进行非物质文化遗产的全面普查，建立非物质文化遗产档案数据库，举办非物质文化成果展，建立各级非物质文化遗产保护中心等，各种形式保护活动的开展产生了巨大的社会效应，社会各界和广大民众保护非物质文化遗产的意识大大增强了。

② 专家学者的关注

进入 21 世纪以来，"非物质文化遗产"逐渐进入国内学者的视野，早期的论文主要是一些文化工作者对其基本概念、国际规范进行介绍和引进，随着政府重视程度及社会关注程度的逐步提高，自 2006 年后进入一个研究热潮，研究领域也逐渐拓宽，研究者队伍进一步充实，学术文献数量逐年激增，2015 年 4 月中国（CNKI）学术总库以"非物质文化遗产"为主题进行检索共有记录 145810 条，内容涉及非物质文化遗产的概念、特征、价值、保护以及开发等多个方面。

一些高校、高等教育机构设立了非物质文化遗产这门课程，同时一些研究机构和部分院校成立非物质文化遗产研究中心，专门从事这一领域的研究。中国音乐家协会、中国舞蹈家协会、民间文艺家协会等组织和中国艺术研究院、中央美术学院、中国社会科学院、中国科学院、厦门大学等单位，纷纷加大对非物质文化遗产的整理和研究工作，出版了一批有重要影响和价值的图书。截至 2015 年 4 月，通过"百链云图书馆平台"以"非物质文化遗产"为名，对国内外 623 家图书馆的馆藏资源和电子资源进行检索，找到与"非物质文化遗产"相关的中文图书 1962 种。非物质文化遗产的保护和开发逐渐有了理论支撑。

③ 报刊、网络等媒介的关注

随着我国入选联合国非物质文化遗产代表项目的增加，政府部门对非物质文化遗产保护工作的重视及相关教育、科研的普及和深入，非物质文化遗产得到前所未有的重视，频频出现在各种媒体上，并在广大民众中迅速传播。2006 年 6 月中旬到 2008 年 4 月底，通过谷歌快讯检索"非物质文化遗产"，出现的相关报刊摘要和网络新闻报道有 2000 多条，而到 2015 年 4 月在百度上以"非物质文化遗产"为主题进行搜索，找到相关结果 641 万条。各地报刊、网络媒介对非物质文化遗产的关注程度之高，由此可见一斑。

非物质文化遗产在民众中的广泛传播，客观上为非物质文化遗产旅游的出现与发展进行了宣传与造势，为旅游开发提供了可能。

(4) 非物质文化遗产已逐步进入旅游市场

伴随着这股热潮，新疆首家非物质文化遗产项目保护园区挂牌，这标志着新疆非物质文化的保护已经搭上旅游的快车道，实现了非物质文化保护与旅游市场的对接；国内第一个非物质文化遗产主题公园落户成都，公园按照"传承历史文脉、保护文化遗产、融入生活方式、守望精神家园"的要求，坚持"与生态保护相结合，与产业化相结合，与市场化相结合"，形成文化内涵丰富、生态环境优美、人文与自然交相辉映的主题公园，成为国家 4A 级文化旅游景区。另外，如昆曲对于周庄旅游、刘三姐民歌对于桂林山水、纳西古乐对于丽江旅游产品的提升，各城市竞相依托景区举办当地富有特色的非物质文化遗产展以丰富旅游活动，这些现象的出现，说明非物质文化遗产的保护已经逐步有了旅游市场介入的空间。

非物质文化遗产的旅游利用是一个颇具争议的问题，主要源于近年来一些旅游开发对于文化遗产造成的负面影响。开发者保护意识淡薄，急功近利，开发利用方式水平低，法规制度不健全，政府监管力度不严等，由此造成的一些不良后果都使得人们对于旅游开发产生了片面的看法。但是，旅游开发与遗产保护本身并不相悖。在一些发达国家，文化遗产的保护与旅游发展已形成了良好的互动机制。例如，日本、韩国积极发掘本国民俗文化资源，保护、恢复传统礼仪节庆仪式，以此吸引大批国内外游客，创造了可观的经济收入。在意大利，文化遗产保护工作已不仅是单一的政府行为，还是一项全民的事业，文化遗产产业化已经成为意大利文化遗产保护工作的基本走向，文化遗产已不再是"死"的文物，而是一种重要的旅游资源与文化资源。在联合国教科文组织业已批准的非物质文化遗产中，日本的能剧与歌舞伎、印度尼西亚爪哇的哇扬皮影偶戏、意大利西西里岛的傀儡戏等富有当地民族特色的传统戏剧，都已成为所在国家用以吸引游客的一项利器。有较多国际旅行经验的游客都深有体会，了解其他民族的文化，领略其风情和习俗，莫过于怀着崇敬的心去浏览当地的非物质文化遗产。所以，如何在科学方法的指导下，通过非物质文化遗产的旅游开发，来促进非物质文化遗产的保护，并与旅游事业的发展相互促进、相得益彰，这是具有重大的理论意义和实践意义的研究课题。

1.1.2 研究意义

（1）理论意义

一是拓展非物质文化遗产学术研究视角，丰富其理论。中国非物质文化遗产经过数千年积累并传承至今，其中凝聚着中华民族的智慧与情感，昭示着共同的文化身份，联结着中华文化的过去与未来。如何保护和传承这些珍贵遗产，捍卫国家文化主权，维护世界文化多样性，是政府、社会和学界共同关注的重大课题。随着非物质文化遗产的保护热潮席卷全球，学术界对非物质文化遗产的研究也逐渐深入，从最初的概念解析、内涵和外延的探讨到非物质文化遗产的保护形式和措施，再到非物质文化遗产的价值评估、活化方式，各方专家学者都进行了许多探讨，包括对概念、价值的争论和辨析都展示了学术上百家争鸣的局面。本书从旅游视角切入非物质文化遗产的研究，借鉴国内外相关领域（地理学、旅游学、民俗学、民族学、文化学、经济学等）的研究成果，系统地探讨理论与评价方法，以期有利于学科之间的渗透与整合，有利于新学科增长点的产生；同蓬勃兴起的非物质文化遗产旅游热潮相适应，在一定程度上丰富非物质文化遗产的理论研究，拓展了学术视角。

二是推进旅游资源评价研究、旅游管理理论研究的发展。资源评价是进行区域旅游规划、旅游产品开发和管理的前提和基础。目前有关旅游资源评价的研究多侧重于自然旅游资源及以物质实体存在的人文旅游资源，对非物质形态的旅游资源评价研究尚不充分，存在许多不足，理论研究本身缺乏系统性、全面性和科学性，导致许多地区特别是欠发达地区在旅游开发中，在一定程度上还存在认识的盲目性、定位的模糊性和开发的随意性。本书试图运用定性和定量相结合的方法，构建带有普适性的非物质文化遗产旅游开发价值评价体系，为非物质文化遗产的产品提升、扩展改造提供科学依据；为国家和地区进行旅游资源分级规划和管理提供系统资料和判断对比标准；为合理利用资源，发挥整体效应准备条件，同时也推进旅游资源开发与管理研究的发展。

（2）实践意义

一是为保护、传承地方文脉与民族文化，探索延续与拓展的新途径。非物质文化遗产的保护势在必行，这已成为世界各国的共识。非物质文化遗产承载着一个国家、一个民族、一代代人共有的文化记忆，而这些记忆随着时间的推移又很容易被忽视和忘却，较之有形遗产而言，非物质文化遗产更为脆弱且不可再生，非物质文化的保护与传承工作任重而道远。书中对非物质文化遗产资源的赋存、分布、类型、特点和旅游开发的可行性等进行了系统分析和价值评价，希望有助于明晰人们对非物质文化遗产的深入认识，有助于保护、传承地方文脉与民族文化，并积极探索其延续与拓展的新途径。

二是为发掘、提升旅游产品的文化品位探寻理论指导。旅游资源的开发从广度和深度上来讲都是一个不断拓宽、发展和完善的过程，中国现代旅游业经过三十多年的发展，旅游者对旅游的认识已趋于成熟，不再满足于"走马观花"式的旅游方式，在旅游过程中追寻文化的价值和品味是旅游者的重要需求之一。因而物质文化旅游资源在进行外形展现的同时，更需要内在文化精神的开发和展示。另外，通过对一些无形的非物质文化的开发和展现，才能深入中国传统文化的核心，从而部分解决当前文化旅游产品由于文化含量较低难以满足旅游者的日益增长的文化需求的问题，并起到引导旅游者进行更高层次旅游的作用。非物质文化遗产旅游开发将进一步提升旅游资源品级，使旅游产品具有更高的观赏性、深厚的文化底蕴、独特的地域色彩、浓郁的历史意味和文化审美韵味，从而使游客能够丰富人生阅历，增加学识，置身浓郁的文化氛围中，获得新奇、震撼、悠闲的生活体验。

三是拓展地区经济发展道路，推进旅游业可持续发展。非物质文化遗产旅游开发具有广泛的社会效益、经济效益，在合理恰当的旅游利用方式下，非物质文化遗产的旅游开发能够有效地提升旅游资源的文化内涵，丰富游客的体验层次，并且延长旅游产业链条，提高旅游产业综合效益。非物质文化遗产的旅游开发研究目前还没有形成系统的理论体系。笔者进行相关研究，旨在寻找非物质文化遗产生产性保护的有效方式，通过旅游开发达到保护传承与开发利用的平衡，使非物质文化遗产资源适度转化为生产力，促进地方经济与社会可持续发展。

1.2 国内外非物质文化遗产旅游研究综述

1.2.1 国外关于遗产旅游研究的进展

"人类口头及非物质遗产"或"非物质文化遗产"的概念是 1997 年以来确立的，从文献阅读中发现目前国外关于非物质文化遗产旅游的研究大都是包含在遗产旅游的大框架之中，并没有明确将物质遗产与非物质文化遗产分开的理论研究体系。Elsevier Science 是世界上公认的高品位学术出版公司，也是全球最大的出版商，笔者于 2015 年 4 月在 Science Direct 上以"heritage tourism"为"题目、摘要、关键词"进行检索，得到记录 11188 条，近几年，每年相关研究的论文数量都在 600 篇左右。以"intangible culture heritage tourism"为主题进行检索，得到记录 969 条。以上数据说明：近年来，国际上遗产旅游的研究进入了一个较为繁荣的阶段。

笔者对 21 世纪以来的期刊论文和英国、加拿大、澳大利亚等国出版的几本关于遗产旅游的专著进行了分析。从研究内容来看，研究主题涉及非物质文化遗产旅游资源的保护、利用、管理、解说、价值与影响等各个方面以及有关真实性问题的研究。

（1）遗产旅游的影响

国外对于遗产旅游的影响早已进行了深入研究，且至今仍未间断，其中不少实证调查研究的结果证明了遗产旅游良好的发展前景以及旅游业对于遗产地及当地文化复苏的贡献，也有对遗产旅游带来负面影响及相应解决对策的研究。

澳大利亚的 Michael Pretes 通过实地调查分析了玻利维亚高地中的一

座殖民城市 Potosi 开展遗产旅游的价值所在，认为旅游为盖丘亚族矿工提供了一个展现他们故事、回顾西班牙占据时期悲剧历史的机会，成为讲述本地故事的载体。英国 Hyung yu Park 研究了非物质文化遗产如何展现民族主义，作者认为国内旅游者对遗产的观念和认识是形成和维护国家特征的关键。加拿大的 D. Ramsey 和 J. Everitt 分析研究了玛雅文化旅游景点的发展给伯里兹城带来的正面及负面的影响，正面影响表现在给当地带来了明显的教育和经济收益，负面影响主要表现在不利于对脆弱的历史文化的保护。此外，Antonio P. R 的研究指出遗产旅游活动也可能促使旅游产品空间结构与产品类型的变化。因为地租的影响，遗产地的旅游活动会逐渐向遗产地外围扩张，遗产地的游客数和旅游经营的成本与收益变化密切相关，旅游者的类型也会随之而改变，很容易导致遗产地走向衰落，进入一个"恶性循环（Vicious Circle）"，为此，他提出针对旅游需求增加、旅游区域扩大、短期旅游者增多、质量下降等问题，可采取分区、规划、增加中心区的接待能力等硬性干预对策，以及提前预订门票、差异化价格、税收、成立"超越地方的旅游权威机构"等软性干预对策。

（2）遗产旅游管理

保护是一个永恒的话题，尤其对于具有遗产价值的旅游资源来说更为重要。澳大利亚的 Michael S. Simons 提倡赋予遗产地知识产权。他探究了澳大利亚旅游业的国际知识产权，本土文化和遗产艺术，澳洲的原始居民，以及它们之间的重要联系。肯尼亚的 Kennedy I. Ondimu 调查了肯尼亚西部 Gusii 社区的文化遗产及其保护方面的情况，同时深入地探讨了旅游者游览文化遗产地的原因，其结果用于建立旅游吸引地的发展模型以引导文化遗产旅游的规划。Yandiver pame la. B（以乌兹别克斯坦的撒马尔罕地区的传统陶器制作手工艺为案例的非物质文化遗产中手工艺艺术的研究），以及 Recover and Discover：Manual Arts（恢复和再现手工艺艺术），通过分析具体案例阐述手工技艺类非物质文化遗产的艺术价值，并提出通过恢复失传工艺，再现其艺术和文化魅力从而促进遗产保护的观点。博物馆是许多国家保护非物质文化遗产的重要方式，也是重要的旅游项目。Kenji Yoshida 提出通过物质载体展现非物质文化遗产价值，认为博物馆展示是非物质文化遗产旅游开发的有效手段，也是增强大众保护意识的重要手段。

研究表明，国外研究文化遗产旅游管理问题的关键点是在旅游者对其外在价值的消费和文化遗产管理者对其内在价值的保护之间找到平衡，对能够满足旅游和文化遗产管理双重目标的合作伙伴关系能否实现提出了各自的看法。在理论上，大部分旅游和文化遗产管理的利益相关者都承认这种伙伴关系是能够为双方带来共同利益的。正如国际古遗址理事会在其第二份旅游宪章中指出："旅游能够捕捉到遗产的经济特点，并利用它们来产生资金、教育社区、影响政策而为保护服务。"然而在现实中，旅游和文化遗产管理似乎常常是不兼容的，对保护有益的未必对旅游有益；而对旅游有益的却极少对保护有益。在实践中，凡在文化遗产被作为商品化了的旅游产品而提供给访问者轻松消费的地方，文化价值即为商业利益所贬损。与此同时，大多数竞争者既表现出互补的利益，又表现出冲突的利益。由此可以看出，如何在保存文化遗产真实性与完整性的前提下，最大限度地发挥文化遗产全部价值，无疑是文化遗产旅游研究的一个难点。

(3) 遗产旅游解说

文化遗产解说和展示在西方的文化遗产开发利用研究方面占有重要地位。研究主要集中在文化遗产解说的概念、目的、形式和效果等方面。Boyd, S. W 指出遗产旅游与其他类型旅游的区别，通常在于游客在景点的学习兴趣以及是否愿意承认教育是遗产旅游体验的重要一环。Ham 等认为对文化遗产的解说要遵循五大原则。一是遗产解说不是学术意义上的教导或指导，虽然它确实涉及信息的传递；二是遗产解说对游客而言必须是愉快的，因为如果做得有趣、令人快乐，自由的参观者就可能对吸引物保持更长时间的注意力；三是遗产解说对游客而言必须是相关的，以便游客能够把遗产的解说与自己的参照联系起来；四是遗产解说必须有良好的组织，以便游客能够轻松地理解；五是遗产解说应该围绕一些主题，而不应该简单地展示互不相关的信息。英国的戴伦·J. 蒂莫西和斯蒂芬·W. 博伊德在其著作中详细论述了遗产解说的起源和发展，认为遗产解说可以发挥教育、娱乐、保护和可持续发展四个方面的作用，解说在遗产旅游中担当着重要的角色，成功的解说是实现可持续旅游发展的关键，也能促使大家更好地管理和保护遗产。成功的解说还可以提高游客体验的质量，产生思考型的游客，而思考型游客的增加又能正面影响遗产地的管理与保护工作。要引导这样的游客，成功的解说是十分必要的，它对游客具有极大的魅力和吸引力。所以思考型游客和成功的解说是实现遗产旅游可持续发展的重要条件。蒂莫西接着论述了提供遗产解说服务时要提供多种语言服务、了解文化差异以及使解说服务适用于社会的特殊群体。关于解说的方法，蒂莫西等指出除人工方法和非人工方法之外，新科技可以在解说中发挥作用以及游客自己使用解说工具的方式。其观点超越了各种形式正规教育的传统研究，把解说看作是娱乐的一环，是可持续发展的有机组成部分。尽管如此，对遗产解说的非议也与日俱增。其中议论最多的是，解说妨碍了游客在遗产地的自身感受。莫斯卡多认为，解说中心（interpretative center）的整体理念可以看作是思维过分活跃的产物。这种思维必然是经常用概念来代替经验，即遗产旅游景区的经理们认为需要解说之处事实上也许并不需要加以讲解，而一旦听到别人的讲解，游客就不会再有自身的直接体会了。而且如果讲解员过分热衷于宣传而不是介绍，那么解说有可能会妨碍游客的体验。

以上研究表明，文化遗产解说由于其出众的教育、游憩、启发等作用，以及形式多样的解说媒介，为游客体验和遗产管理提供了积极的支持。但遗产解说是适应旅游业发展的需求而产生的，它强调以多种解说方式提供文化遗产的相关历史背景和文化知识、旅游服务信息等，刺激游客对文化遗产资源的欣赏和理解，从而带动旅游消费和旅游经济的发展。对于遗产解说需要面向不同知识水平和文化背景的受众，成为遗产地有效的管理手段。

（4）遗产旅游者的需求与动机、行为与体验

Yaniv Poria, Richard Butler, David Airey 的《遗产旅游的核心》一文就"遗产旅游仅仅是表现在遗产地的旅游吗?"的观点提出质疑，并调查了四组参数"个人的性格""遗产地属性""知觉""认知和行为"（前期、中期和后期）之间的关系。文章提出并不是所有到遗产地旅游的人仅仅是去"看看""遗产"，或是从中得到一些教育或是玩得舒心而已。对有些人来说，遗产地旅游是一种情感体验，是去"感觉"的，而不仅仅是"看看"。由此显示了个人对遗产地的认知同其选择的旅游类型有关，个体的性格是存在差异的，遗产地的属性也是不一样的，由此决定了我们如何看待什么才是遗产旅游的核心。文章提出了"遗产旅游者"和"在遗产地的旅游者"的概念，认为有些人是把遗产当作属于自己的遗产来看待，具有主人翁意识，由于认知的不同促使其行为也发生改变，而另一部分人并不认为是自己的遗产，他们只是去遗产地游玩而已，它只是一个不同类型的旅游地，显示了漠然的态度。所以旅游者的认知不同，对遗产地的管理模式有着非常重要的影响，就此得出"认知"才是遗产旅游的核心的观点。结论指出旅游者的行为研究对遗产地的管理有很重要的意义。英国的 David Herbert 研究了文学遗产的旅游和遗产体验两者之间的关系，包括对文学旅游者的关注；他们从游览中得到什么类型的满足；是文学朝圣者，还是一般旅游者较多；对真实性和遗产保护的争议，与旅游体验关系如何。

多项研究显示，当今的文化遗产旅游者旅游动机是休闲和教育的需求。Krakover & Cohen 通过研究表明，如果人们在童年期间与同学或家人一起参观过博物馆或其他文化遗产地，那么他们成年后比那些没有类似童年经历的人更多地参观这类景点，这同时也引出了人们参观文化遗产的另一个重要原因——怀旧情结。Shackley 指出，除了崇拜以外，参

观文化遗产的主要原因还有遗产地拥有伟大的艺术作品、建筑价值，具有吸引人的环境和氛围，或者仅仅是作为很休闲的一天；Richards 通过研究发现，虽然本地游客与外地（或外国）旅游者之间在旅游动机方面并不存在巨大差异，但是外地（或外国）旅游者要比本地游客更热衷于寻求新体验和了解新事物。了解新事物并满足对独一无二和有趣地点的好奇心，是人们参观文化遗产旅游景点的最重要的原因之一。从国外研究文化遗产旅游者旅游动机的文献可以看出，文化遗产旅游者出游的动机主要包括：增长见识，获得知识；寻求文化身份认同或自豪感（个人、民族或国家与此处遗产有联系）；宗教信仰（如朝圣、祭拜等）；追求遗产真实性（原有的，没有改变的建筑形制、造型工艺等）；体验不同文化；获得愉悦和经历；满足"怀旧情结"（寻根或追寻历史、引起回忆）；逃离日常琐事，获得放松；科学研究；其他（如顺便参观，陪同家人或朋友）等。尤其是宗教信仰与追求遗产真实性，这两点是西方文化遗产旅游者有别于中国文化遗产旅游者的地方。

与我国探讨文化遗产本身的资源赋存与理论供给不同，国外有关文化遗产旅游的研究多从旅游者出发，探讨游客的体验和感受，提出游客认知是遗产旅游的核心观点，指明不同类型的旅游者、不同的旅游对象、不同的旅游方式、不同的旅游时间等和旅游质量的好坏有着密切的关系。

（5）真实性

澳大利亚的 Gordon Waitt 调查了旅游者在澳洲 The Rocks 对历史真实性的感知，认为所有旅游者对历史体现的感受都是真实的。旅游者的性别、收入、教育水平等一同被探究，以识别这些因素如何塑造旅游者的旅游体验和随后产生的真实性。英国的 Chris Halewood 和 Kevin Hannam 对欧洲维京遗产旅游做了深入的研究。基于定性的分析，论述了欧洲维京遗产旅游的地理尺度对不同类型的旅游者的体验做了简要的个案研究，由此提出了对真实性和改革观点的争论。加拿大的两名学者 Clare Fawcett 和 Patricia Cormack 通过对加拿大 Prince Edward Island 这一文学旅游地的研究，提出并非所有的（遗产地）监护人都将"真实性"定义为 real（真实的）和 unproducibal（不可制造的），更确切地说，不同的监护人会根据他们自己所认为的真实性进行构造，从而得出结论；对于现代主义者、理性主义者和折中主义者来说，对同一遗产地的真实性会有不同的解释。这两名学者所理解的遗产的真实性，已经有别于最初认为的遗产真实性必须和历史与事实保持一致，而明确地指出遗产真实性的诠释与该遗产的监护人有着密切的关系。美国的三名学者 Deepak Chhabra、Robert Healy、Erin Sills 论述了"阶段性的真实性"的概念，指出"从一定程度上说，（对于旅游的）包装改变了产品的本质，从而使得旅游者所追求的'真实性'变成旅游经历当中的'阶段性真实性'"。"从一定程度上说，任何文化都是'阶段性'的，都有一定的不真实性。文化本身就是被发明、被制造，其中元素被重新组织的。"在这个观点的基础上提出真实性是可以经过协商的，一种文化产品及其特性是人为的，其中的不真实性在某个时间过程中会成为真实的，继而认为"真实性"与旅游者自身因素有着直接关系。

（6）国外遗产旅游研究趋势

从现有文献来看，国外对遗产旅游与遗产管理的研究有以下几种趋势：从遗产地研究转向遗产旅游者研究，再到遗产旅游者与社区、政府等利益相关者的关系研究；从遗产保护的"硬"技术研究转向遗产保护的"软"技术研究；从遗产旅游的哲学与心理层面的研究转向遗产旅游市场研究，开始着手研究遗产的营销，将游客进行市场分层；从纪念物、文物、建筑等物质文化遗产的研究转向非物质文化遗产的研究；从着重遗产保护研究转向游客体验与遗产保护的互动研究。

综观 2000 年以来的国际遗产旅游研究，可以发现以下特点：第一，关注实践，重视基本理论，研究内容全面。较多的研究关注了遗产旅游吸引物（遗产旅游地）、遗产旅游营销、遗产旅游基本理论和遗产旅游管理，另外对遗产旅游相关行业、旅游者、遗产教育和数字网络技术应用等方面，都有涉及。基本理论的研究已经较为广泛地涉及遗产旅游的概念本质、影响、关系和旅游系统，基本理论的深度和广度已经基本接近理论的成熟。第二，研究视角多样。其中有热点专题：遗产旅游吸引物的产品化开发和产品营销、旅游地开发、遗产保护与旅游活动关系、主题旅游产品开发和遗产旅游形象等。热点内容分布广。第三，研究方法既有定性研究，又有定量研究，二者紧密结合运用，增加了案例研究的实用性和深度。市场调查和访问法、统计和数学方法、地理学和地理信息系统技术、各种模式分析方法等研究方法得到普遍应用。其中，案例研究法是最主要的研究方法，在相关论文中几乎每一篇都有相应的案例研究作为支撑。国外研究对于实证研究的重视以及进行实证研究时所体现的精准、深入，特别值得我们学习。

1.2.2　国内非物质文化遗产旅游研究的进展与动态

随着市场经济的发展，非物质文化遗产的保护与传承面临更多的机遇和挑战。非物质文化遗产具有突出而普遍的科学、历史、艺术等方面的价值，同时也具有巨大的直接或间接的经济价值，通过对非物质文化遗产的开发主要是旅游开发来促进地方经济文化的发展已成为我国不少地方普遍的做法。在开发过程中，由于思想认识、管理体制、立法滞后等问题的存在，出现不少破坏非物质文化遗产的现象，引发了一轮又一轮的保护开发之争。然而实践早已走在了理论的前面。到了 21 世纪，问题的实质已不是要不要开发的问题，而是如何进行开发、经营和管理，实现非物质文化遗产的"有效保护，合理利用"，从而使其传承后代，永续利用。各领域学者都在探求非物质文化遗产保护的途径，非物质文化遗产的旅游开发渐渐成为研究的热点。

从研究内容来看，主要集中在非物质文化遗产保护与旅游开发之间关系研究、非物质文化遗产旅游开发模式研究、国外非物质文化遗产旅游开发经验借鉴研究、区域非物质文化遗产旅游开发研究、专项非物质文化遗产旅游开发实证研究、非物质文化遗产旅游开发利益相关者研究等方面。

(1) 非物质文化遗产保护与旅游开发之间关系研究

在两者关系问题上，学者首先强调，两者的结合给非物质文化遗产保护和旅游业发展带来积极的一面。王健认为，非物质文化遗产与旅游有一种天然的渊源关系，将某些非物质文化遗产开发成旅游产品，既可以作为独具特色的旅游吸引物，促进旅游事业的发展，又可以作为保护和传承这些非物质文化遗产的重要手段。崔凤军指出，非物质文化遗产能够产生旅游品牌效应，同时旅游又是抢救、保护非物质文化遗产的重要渠道。陈天培认为，非物质文化遗产是重要的区域旅游资源，将非物质文化遗产的开发与保护工作与旅游产业结合起来，更能增强旅游业的地方特色和民族特色，提高本地旅游业的吸引力和竞争力。肖曾艳认为，非物质文化遗产的旅游开发能够为非物质文化遗产的保护注入资金，实现其独特的价值魅力，非物质文化遗产文化内涵的进一步挖掘又促进旅游开发进一步开展，从而形成非物质文化遗产保护与旅游开发的良性互动。

在充分肯定旅游开发对于非物质文化遗产带来很多积极作用的同时，一些学者也在一定程度上强调旅游开发应适度并尽量避免负面影响。刘茜指出，非物质文化遗产是发展旅游业的重要资源，但旅游开发与利用必须是在有利于保护的前提下科学有序地进行。张瑛认为，旅游在为非物质文化遗产提供了保护和展示的窗口，加强了保护资金的力度，培养了群众基础的同时，如果开发不当，其商业性质可能使得非物质文化遗产的本来面貌扭曲变形。刘建平认为，旅游开发对非物质文化遗产保护既有积极作用，但同时也有消极影响，发展旅游业和非物质文化遗产保护既对立又统一，因此，政府和社会各界应引起重视，提高认识，科学管理，实现非物质文化遗产保护和旅游开发的双赢，不能一味地追求经济利益而对非物质文化遗产随意开发，也不能因其负面影响而停止开发。

顾金孚指出非物质文化遗产旅游开发热潮下，有必要进行冷静的思考，警惕非物质文化遗产旅游开发过程中的不良倾向，这样才有利于促进非物质文化遗产保护、传承与旅游开发的良性互动。

（2）非物质文化遗产旅游开发模式研究

非物质文化遗产从文化资源转化为文化产品，这方面的研究大有可为。从目前的研究和发展现状来看，学者们提出的非物质文化遗产的产品化开发主要有以下七种模式：节事旅游开发模式、主题公园模式、旅游商品开发模式、旅游演艺模式、旅游形象经营模式、专题博物馆开发模式，与仿古街、古民居、古村镇等结合模式。此外，贾鸿雁还在文章中提出了原生地静态开发模式、原生地活态开发模式、原生地综合开发模式、异地集锦式开发模式等。然而任何一种开发模式都或隐或显地存在伤害遗产的可能性，建立健全由法律机制、行政机制、规划机制、经济机制、教育科研机制构成的保障机制是实现非物质文化遗产保护性旅游开发的必要之举。

（3）国外非物质文化遗产旅游开发经验借鉴研究

随着我国在2004年正式加入联合国教科文组织《保护非物质文化遗产公约》，我国对非物质文化遗产保护的意识越来越强，还需了解国外非物质文化遗产保护的现状，总结他们在保护与开发方面的成功经验和失败教训，以供我们参考和借鉴。在法律及制度保障上参考日本经验，在"文化遗产日"的设立和文化遗产大普查方面汲取法国经验，此外我国学者还主要关注：以全民动员走非物质文化遗产产业化道路的意大利经验，借助民间与市场力量拓宽非物质文化遗产保护经费筹措之路的英国经验，以"人类活的珍宝制度"及民俗村为例解读非物质文化遗产的韩国旅游开发方式。顾军、苑利在其著作中还系统地介绍了欧美发达国家及中国台湾地区、联合国教科文组织等国际组织在非物质文化遗产保护方面的主要措施和经验。刘魁立先生则对非物质文化遗产遗存丰富的国家如丹麦、罗马尼亚、俄罗斯、津巴布韦、瑞士、斯洛文尼亚、印度、埃及等所采取的保护措施进行了概述。

(4) 区域非物质文化遗产旅游开发研究

非物质文化遗产具有地域性的特点,非物质文化遗产对于各省市的旅游发展有着不容忽视的作用,非物质文化可以更好地体现地方风情和韵味。这方面的研究主要集中在非物质文化遗存厚重的部分省市、民族地区及旅游业相对发达的地区。如别金花、牛弘欢阐述了上海非物质文化遗产的旅游开发策略,伍鹏论证了非物质文化遗产是提升浙江旅游业核心竞争力的有效途径,刘丽华、何军提出了辽宁省非物质文化遗产保护与旅游利用机制构想,葛星、李建提出以适当的旅游开发加强山东省非物质文化遗产的保护,林庆等从不同角度阐述了云南非物质文化遗产代表项目的现状和旅游发展对策,王玉玲分析了新疆非物质文化遗产旅游的开发模式,潘年英、卢家鑫论述了贵州省非物质文化遗产的保护和利用的思路和办法,王凤丽则系统阐述了山西非物质文化遗产旅游开发对策。

以市或县、镇为单位对当地非物质文化遗产旅游开发的分析和研究,如符霞以西塘古镇为例的研究;张春梅对承德市非物质文化遗产旅游开发模式的分析;吴丽蓉提出了古徽州非物质文化遗产的旅游开发思路;还有众多学者分别以哈尔滨市、青岛市、福州市、宜昌市、宁波市、大连市、秦皇岛市、曲阜市等城市为例,分析其非物质文化遗产遗存状况及其旅游开发对策;于静静、蒋守芬、吴源等构建了胶东地区、祁门县非物质文化遗产旅游产品体系。

(5) 专项类别非物质文化遗产旅游开发实证研究

以旅游视角就某种或某类非物质文化遗产的保护和开发进行意义、原则和方法上的探讨,从文献看,目前这方面的研究主要集中在表演艺术类和手工技艺类非物质文化遗产资源上。如辛儒以河北省曲阳石雕技艺为例，提出将曲阳定位为一个旅游特色城镇，将石雕和地域的元素融入城镇建设、交通标识、基础服务设施等各个方面，使城镇的每一处细节都体现石雕的符号；陆军用昂谱理论分析了"锦绣漓江·刘三姐歌圩"的旅游开发；陈炜、高艳玲、陈幸以壮剧和壮族嘹歌为例，进行了西南民族地区非物质文化遗产保护和旅游开发可行性研究；陈金华等从资源、市场和产品三方面对泉州南音旅游进行系统的评价论证，为发展泉州南音旅游提出一些开发设想；吕智敏对四川手工技艺非物质文化遗产进行旅游开发研究；彭延炼、张琰飞以湘西苗族鼓舞为例，对以旅游开发作为民族地区非物质文化遗产保护的重要途径进行了分析；陈炜等分析了桂林彩调的文化内涵和价值，从民族地区戏曲类非物质文化遗产保护和开发上的不足入手，总结了导致彩调衰落的关键因素，分析了彩调旅游开发的优势，提出了对桂林彩调实施旅游开发的具体措施；格坡铁支从凉山彝族"火把节"民俗资源着手，提出了开发彝族非物质文化遗产的对策和措施；此外，还有关芳芳对刘三姐歌谣和德江傩戏的研究，王洁对兴国山歌的研究，以及陈国华以豫剧为例对河南省戏剧类非物质文化遗产旅游开发的研究等。

（6）非物质文化遗产旅游开发利益相关者研究

非物质文化遗产旅游开发利益相关者主要指在旅游开发过程中所涉及的各种利益群体或个人。"活态性"是非物质文化遗产的重要特征，因而对非物质文化遗产传承人的研究较多，重点是如何厘清非物质文化遗产传承人、政府、学者、社团、投资方、经营方、旅游者、当地居民等利益相关者之间的关系。赵德利认为，在非物质文化遗产保护过程中，政府是主导，文化学者是主脑，民间是主体。刘锡诚强调，保护和认证非物质文化遗产传承人是非物质文化遗产保护工作的根本，传承人问题，除了学理方面的问题以外，还有大量的属于政策方面的问题，需要文化主管部门在调研的基础上尽快给出办法并出台文件。苑利指出非物质文化遗产真正的传承人是指在文化遗产传承过程中直接参与制作、表演等文化活动，并愿意将自己的高超技艺或技能传授给政府指定人群的自然人或相关群体。由政府、学界、商界以及新闻媒体等共同构成的是非物质文化遗产保护主体。从表面看，保护主体与传承主体均基于遗产保护而生，但实际上两者功能完全不同。传承主体负责传承，保护主体负责非物质文化遗产的宣传、推动、弘扬等外围工作，政府如职责不清，其结果便是以"官俗"取代"民俗"，以伪遗产取代真遗产。安学斌分析、评价了作为文化重要主体的传承人的历史作用与现状，提出实现文化解困、保护传承人的相关措施，来实现优秀民族文化的抢救保护与开发利用。政府对于非物质文化遗产保护和开发的作用是被学者们强调的，作为主导者的政府应伴随着责任问题，没有责任约束的政府主导可能由于权力缺乏约束而异化甚至被滥用；政府应以资助传承团体及个人、建立"文化低保"、授予其荣誉称号等方式调动传承人的积极性，在坚守"原生态"中起到引导作用。石美玉等也就非物质文化遗产众多利益主体（传承人、开发商、消费者、社区、专家、政府、民间社团等）不同的利益诉求进行了分析，阐释了他们之间相互博弈、相互制衡，从而构成的复杂的关系圈。

1.2.3　文献述评与国外研究对本书的启示

综上所述，我国目前对非物质文化遗产旅游的研究非常广泛和细致，基本上已形成了多学科多层次综合研究的局面。在旅游业迅速发展的今天，如何将非物质文化遗产这一极具吸引力的旅游资源科学、合理地转化为旅游吸引物，使旅游发展和遗产保护相得益彰、相互促进，这是摆在众多学者面前的一个现实问题。

纵观我国近十年来非物质文化遗产旅游研究的现状可以发现：首先，我国目前非物质文化遗产旅游理论研究的总体水平还不高。尽管相关学术论文数量在急剧增多，但从发表刊物的级别、论文的理论创新等诸多方面来看，我国非物质文化遗产旅游研究的理论水平还较低，基础理论研究还很薄弱，尤其在基本概念内涵的界定和本质特征的确认上，还存在着很多不明朗处和不统一性，这不利于进一步的理论研究和实践操作。构建非物质文化遗产保护的理论框架和体系，在非物质文化遗产旅游研究中具有举足轻重的作用。其次，研究方法单一。已有的文献资料主要是定性研究和描述，缺少定量分析。如我国的非物质文化遗产种类繁多，但是由于民间文化长期不受重视致使对非物质文化遗产存在的种类、数量、整体状况和消失状况认识不清，在目前的研究成果中缺少具体的实证研究。地理学、经济学、统计学方法，虽然也大量运用，但是在数据来源和分析检验等环节上不够严密，又缺乏定量研究与定性研究的紧密结合，缺乏持续、系统、深入地进行跟踪研究。再次，研究对象不全面，研究视角单一。以地区或个案对非物质文化遗产旅游进行研究的论文分布而言，中西部地区明显偏少。我国中西部地区是华夏文明的发源地，经过几千年的发展，具有深厚的历史文化积淀。西部地区又是多民族聚居地，多民族文化相互融合孕育了许多灿烂的民间传统艺术。对于中西部地区的非物质文化遗产旅游的研究有待加强。同时，非物质文化遗产旅游涉及社会学、人类学和生态学领域，而我国目前的研究相对侧重于管理学、经济学、地理学、历史学等，对非物质文化遗产旅游者的行为、态度等心理和体验研究不足。

随着非物质文化遗产旅游的发展，我们应借鉴国外关于遗产旅游研究的成果，将以下几个方面的工作更加深入地进行下去。

在理论方面，深入开展非物质文化遗产旅游研究，首先要对非物质文化旅游的内涵、外延以及其形成、演进规律有充分的认识和理解，建立规范的遗产旅游与遗产管理研究体系。学者们只有在一个统一的基础上各抒己见，才能实现研究目的。其次，应该把非物质文化遗产旅游作为一门学科来研究，它的意义和重要性在非物质文化遗产世代传承的过程中会更加清晰。

在研究方法上，非物质文化遗产旅游研究应有所突破，根据自身与一般旅游地的不同而逐步建立起非物质文化遗产旅游研究的方法论，借鉴国外遗产研究的经验，在案例研究中运用市场调查、统计分析、数学、地理学等定量化技术方法，使定量分析和定性分析紧密结合，将案例研究向纵深推进。多学科多层次的综合研究仍是继续鼓励的发展方向。非物质文化遗产的旅游研究是一个综合课题，涉及旅游学、民俗学、文化学、人类学、社会学、美学等多个学科，所以综合多学科的理论知识和实践经验，加强学科之间的交流和融合，是今后非物质文化遗产研究的必然趋势。国际研究中对遗产旅游在管理和营销等视角之外，注入了对于心理学、社会学、人类学和生态学问题的深层关注，作为一个新的研究方向，应该引起我们的重视。

在研究内容上应有广博的视野，全面挖掘非物质文化遗产旅游的价值和意义，深度探讨非物质文化遗产旅游在各个发展阶段的问题和任务。国外学者在研究专题上突出了市场营销和旅游业行业研究的特色，而国内的研究突出了遗产旅游立法与管理研究的特色。这不仅表现出了不同的研究特色，还从深层次上反映出遗产旅游发展的不同政策背景和当前关注的主要问题的不同。由于我国特定的社会背景，加上遗产旅游发展的时间短，所以关注的是管理体制和法律规范等问题。而国际上更关注市场营销和相关行业协调发展问题。国际遗产旅游的研究热点是遗产旅游吸引物研究和遗产旅游产品的研究，我国遗产旅游的研究热点是不同类型遗产的价值与旅游开发以及遗产地的开发与保护。这表明我国在遗产旅游发展中关于遗产资源与遗产旅游资源开发还有许多基础层次的问题没有认识并加以规范，所以立法和管理受到关注。尽管如此，我们也应以发扬特色、积极创新的态度，促进研究与实践的深度结合，并发挥研究的导向作用。如加强对遗产旅游市场营销的研究，尤其是与市场相适应的遗产旅游产品开发和创新的研究。如何将遗产旅游资源研究引向市场化、产品化的方向，适应当前和未来旅游市场的需要，是需要我国遗产旅游实践者和理论界来共同努力解决的一个问题，而这个问题对于我国遗产旅游开发来说也是刻不容缓的。

在这里，有三个方面的问题值得关注：第一，加强非物质文化遗产的普查和营销研究。我国非物质文化遗产丰富，很多珍贵的非物质文化遗产面临消失的危险，因此应加强普查力度，与时间赛跑，使之尽快列入保护体系之中。同时，宣传营销是旅游者认知非物质文化遗产的重要信息来源，而在我国，非物质文化遗产营销一直是一个薄弱环节。第二，加强非物质文化遗产资源产品化研究。伴随着旅游业、文化产业、创意经济等以非物质文化为资源的行业的强势崛起，非物质文化遗产资源产品化，不仅可以带来可观的经济效益和良好的社会效益，而且可以成为非物质文化遗产开发式保护的良好途径。第三，重视个案研究、实证研究。国外非常重视遗产旅游与遗产管理的个案研究、实证研究，一方面，扎实的个案与实证研究更符合社会科学的研究范式；另一方面，调查翔实的个案与实证研究更能为实践做指导。非物质文化遗产的研究不应该只围绕课题进行纯粹的学术探讨，局限于学术研究的范畴。将学术成果真正应用到实践中去，将是研究者的主要任务之一。在这方面，今后应开展一些较深入和具体的研究，不能仅停留在原则和策略上。科学性和可操作性应是研究追求的目标，可持续发展应是研究的核心，而保护研究则应是研究的主题。

在研究形式上应广开渠道，争取政府、社会团体、企业、个人的支持，加强国内外的研究合作，开展横向和纵向的对比研究，使研究得到全社会的肯定和支持。

我国非物质文化遗产保护工作的方针是"保护为主，抢救第一，合理利用，传承发展"，合理开发和利用是积极保护非物质文化遗产的有效途径之一，而旅游利用在这方面扮演着十分重要的角色，尽快加强非物质文化遗产旅游开发的相关理论研究，形成具有普遍指导意义的开发模式体系，避免盲目开发利用对非物质文化遗产的不利影响，是摆在研究者面前的一个现实而紧迫的问题。

第2章 非物质文化遗产旅游相关概念的界定及理论基础

2.1 相关概念的界定

2.1.1 非物质文化遗产

（1）遗产

英文"遗产"（heritage）一词源于拉丁语，指"父亲留下的财产"。虽历经沧海桑田，其内涵没有根本的改变。然而，到了 20 世纪下半叶，该词从内涵到外延都发生了很大的变化。其内涵由原来的"父亲留下的财产"发展成为"祖先留给全人类的共同的文化财富"；其外延也由一般的物质财富发展成为看得见的"有形文化遗产"、看不见的"无形文化遗产"和天造地设的"自然遗产"。

遗产意识的先觉者是欧洲、北美洲以及亚洲那些率先进入富裕阶段的国家。当技术进步进入相对缓慢的阶段时，社会整体上减缓了生活和生产节奏，生活中增加了休闲内容，逐渐放慢脚步的人们开始反思此前失去了什么。尽管技术处于高度发展阶段，生产效率大幅度提高，物质和财富的积累远远超过日常所需，人们开始质疑消耗资源加足马力生产是否还有意义时，闲暇也就增加了。如今无论技术进步是快还是慢，只要居民的基本生活水平远高于温饱，关心失去了什么的人群总是在增大，人们依恋于记忆，开始怀旧，遗产意识于是在今天这个时代得到了前所未有的重视。在发展中国家，因为国际交往的日益密切也出现了遗产意识先觉者，在高歌猛进的社会中必有部分人群首先获取了保护意识，反思经济高速发展的负面影响。

1972年，联合国教科文组织颁布了以保护人类自然环境与人文环境为宗旨的《保护世界文化及自然遗产公约》，并于同日颁布《各国保护文化及自然遗产建议案》。这两份文件的颁布，使"自然遗产""文化遗产""世界遗产"等新鲜的字眼迅速传播开来，并很快成为国际社会交流中的一个重要话题。其后世界各国积极申报世界遗产名录的活动，更是让"遗产"这一理念普及开来。

之后各国学者对"遗产"的内涵和外延进行了研究。大多数研究认为，遗产与历史相关，"是那些社会希望继承的东西"，"这意味着遗产是具有选择性的"，社会通过某种价值体系来筛选遗产，"对历史的解释、保存至今的古建筑和文物以及公众与个人的记忆都被用来满足当代社会的需要，这其中包括个人对社会、种族和国家认同的需要以及为遗产产业（heritage industries）商品化提供经济资源的需要"。20世纪80年代中期开始，遗产大众化、商业化进程加快，遗产概念呈现一种动态的发展过程，从"祖辈传下来的"发展到"与个性概念密切相关的"象征性遗产，从物质遗产向非物质遗产发展，从国有遗产向社会、民族和社区拥有的遗产发展。换言之，遗产的概念由"特殊的"遗产系统走向"一般的"遗产系统，从作为历史的遗产时代走向作为纪念的遗产时代的过程。

随着遗产内涵的不断延伸与扩大，遗产的分类也越来越细化。20世纪70年代，爱尔兰将遗产分为科学遗产（scientific heritage）、历史艺术遗产（historic and artistic heritage）、文化遗产（cultural heritage）和风景遗产（landscape heritage），这一分类方式对欧洲影响很大。目前，国际上公认的遗产划分标准是 1982 年《世界遗产宪章》给出的分类方法，即文化遗产与自然遗产、非物质类遗产。

我国学者从研究实际出发，通常将世界遗产分为五大类型：文化遗产、自然遗产、双重遗产、文化景观遗产、非物质文化遗产。

人类对"遗产"，从任其自生自灭到小范围自发保护，直至发展为全球性协作保护；再从对有形文化遗产保护，扩展到对无形文化遗产直至自然遗产的保护，期间经历了一个十分漫长的过程。这一方面反映出人类社会对自身遗产价值的认识正在一步步走向深入，同时也反映出世界大多数国家和人民已逐渐摆脱了先前那种"以一种文明取代另一种文明"的简单、线性的价值取向，而是对处于各种不同时空状态下的不同民族、不同文化的广泛理解和认同，以及对人类祖先所创造的文明的尊重。

(2) 非物质文化遗产

① 名称的演变

关于"非物质文化遗产"这一概念的历史渊源，最早可以上溯到 1950 年日本颁布的《文化财保护法》中"无形文化财"的提法（文化遗产在日本、韩国被称为"文化财"），"无形文化财"指的是具有较高历史价值与艺术价值的传统戏剧、音乐、工艺技术及其他无形文化载体，而且也把表演艺术家、工艺美术家等这些无形"文化财"的传承人一并指定。1950 年，日本首次授予拥有精湛传统技艺的民间艺人"活的民族珍宝"（Living National Treasures）的美誉。1962 年，韩国政府在《文化财保护法》中将"文化财"分为四类，即有形、无形、民俗和纪念物，正式将无形文化遗产纳入国家文物普查和保护的法定范围。同样在亚洲，泰国于 1985 年开展了一项名为"国家级艺术大师的计划"（National Artists Project），在保护有形艺术杰作的同时也珍视创作者本人的无形价值。而在法国，自 20 世纪六七十年代以来，公众燃起了对包括舞蹈、歌曲、烹饪、手工艺品和民间传说在内的非物质遗产的浓厚兴趣。

1972 年，联合国教科文组织启动保护世界遗产工程，通过了《保护世界文化和自然遗产公约》，《公约》中所指的文化遗产是文物、建筑群和遗址三大类，显然都是物质遗产，而之后编制的世界遗产名录申报指南中所规定的提名列入《世界遗产名录》的文化遗产项目的鉴别标准中，很明显地纳入了对遗产的非物质文化（或艺术）的评价标准。在"独特的艺术成就""创造性的天才杰作""建筑艺术""文明或文化传统的特殊见证""与思想或信仰或文学艺术作品有联系"之类的表述中，指的正是那些非物质遗产，从这个意义上说，《世界遗产公约》为非物质文化遗产概念的确立奠定了坚实基础。随着保护非物质文化遗产浪潮的兴起，1977 年，联合国教科文组织（UNESCO）在保护遗产的文件中，首次将文化遗产划分为"有形文化遗产"和"无形文化遗产"两大类型。1982年，世界遗产委员会在墨西哥会议的文件中以"民间文化"来表述；1989 年，《关于保护传统文化与民间创作的建议（Recommendation on the Safeguarding of Traditional Culture and Folklore)》出台，提出了"民间创作"（或民间文化）的概念，启动了民间创作保护工程。1997 年，《宣布人类口头和非物质遗产代表作条例（Proclamation of Masterpieces of the oral and Intangible Heritage of Humanity)》颁布，正式提出了人类口头和非物质遗产并列的概念，启动了申报人类口头和非物质遗产代表作名录的工程。2001 年，首批人类口头和非物质遗产代表作的公布，在全世界产生了轰动效应。2001 年，联合国教科文组织通过了《世界文化多样性宣言》，强调世界各国各民族包括"非物质文化遗产"在内的全部文化遗产对于维护人类文化多样性的重要意义，并特别呼吁加强对非物质文化遗产的保护。2003 年，联合国教科文组织第 32 届大会通过了《保护非物质文化遗产公约》。至此，"非物质文化遗产"的名称和概念在国际性标准法律文件中正式确定并沿用至今。

从最初的"Nonphysical Heritage（非物质遗产)"到后来的"Oral and Intangible Heritage（口头与非物质遗产)"，再到最终使用的"the Intangible Cultural Heritage（非物质文化遗产)"，显示了人类对非物质文化遗产认识由形式到本质的递进，如图 2-1 所示。

图 2-1　非物质文化遗产名称的演变

非物质文化遗产的中文表达也经历了一番变化，先后有"非物质遗产""无形文化遗产""口传与非物质遗产""口述与无形遗产""口头和非物质遗产""非物质文化遗产"等表述形式。"非物质文化遗产"概念被正式引入中文语境是在 2001 年，我国向联合国申报第一批"人类口头和非物质遗产代表作"项目。围绕这一申报活动，"非物质文化遗产"渐渐引起关注。2004 年 8 月，我国以第八个签约国的快速反应加入该公约；2005 年 3 月 31 日，国务院颁布了《关于加强我国非物质文化遗产保护工作的意见》，同时还制定了相应的保护办法。从此，"非物质文化遗产"这一外来词语和概念正式进入中国官方语言并迅速被学术界所启用。2006 年随着《公约》正式生效，"非物质文化遗产"也成为一个正式的法定概念。

②"非物质文化遗产"概念辨析

科学地阐明"非物质文化遗产"的概念对于正确理解其内涵是十分重要的。"非物质文化遗产"其实是一个庞大的文化体系，涉及人类文化的各个范畴和形态，广义的非物质文化遗产应该包括前人创造并遗留的全部口头形态、非物质形态的文化遗产，但广义的概念用于文化分类，以及形成一个特殊的认识范畴是可以的，若用此概念去确定保护范围或划定学术研究范围，就太宽泛了，还会因此丧失科学性。比如，语言中的英语、汉语等，艺术中的交响乐、歌剧、芭蕾舞、话剧等，就目前而言，还没有必要纳入遗产名录，虽然它们也堪称"代表作"。学术上所说的"非物质文化遗产"的概念通常是指官方给出的定义。

"非物质文化遗产"的概念有很多版本，最为权威的是联合国教科文组织通过的《保护非物质文化遗产公约》中给出的定义。公约规定：非物质文化遗产是指被各群体、团体，有时为个人视为其文化遗产组成部分的各种社会实践、观念表达、表现形式、知识和技能及其有关的工具、实物、手工艺品和文化场所。各个群体和团体随着其所处环境，与自然界的相互关系和历史条件的变化不断使这种代代相传的非物质文化遗产得到创新，同时使他们自己具有一种认同感和历史感，从而促进了文化多样性和人类的创造力。当然，本公约所保护的不是非物质文化遗产的全部，而是其中最优秀的部分，在本公约中只考虑符合现有的国际人权文件，各群体、团体和个人之间相互尊重的需要和顺应可持续发展的非物质文化遗产。

从以上陈述中可以看出，非物质文化遗产概念的诞生，主要源于其本身的特质和处境：对于社会群体和人类文化的价值，与物质文化遗产和自然遗产之间的内在依存关系，当代社会所面临的危险境地和缺乏保护的事实。《公约》的制定，正是出于对非物质文化遗产的丰富内涵、深远意义、重要价值及其极不相称的脆弱处境的深刻认识。

国内学术界对"非物质文化遗产"概念的理解有两种意见：刘玉清、乌丙安等大多数人的意见是，基本认可《保护非物质文化遗产公约》中对非物质文化遗产的界定，但需根据中国实际情况加以补充和修改，以指导我们的理论研究和实践工作；而王宁、连冕、宋俊华等人的另一种意见认为，联合国教科文组织的定义主要吸收了国外（特别是发达国家）的意见，依据的是国外的文化传统和文化遗产的保护实践，而这些意见和依据都与我国实际情况有较大的差距，因此，要立足于我国文化遗产保护的实际情况，并吸收联合国教科文组织界定概念的经验，而不是照搬联合国教科文组织的定义。

"非物质文化遗产"这一概念目前虽然广泛流通并广泛应用于我国的文化界、旅游界、政府乃至广大民众之中，但"无论如何它在中国汉语文化语境中纯属另类"。有学者对全国 25 个省、市、自治区的学术界、文化界进行了初步抽样调查，结果有 85％左右的学者和 90％左右的各级文化工作者对"非物质文化遗产"的字面意义及其概念表示"不懂"或"难以理解"，只有 10％～15％的中青年学者和中青年专业文化工作者从外文词语上做出一些近似的中文解释。再加上我国所有正式文件中关于

"非物质文化遗产"的定义解释依然停留在联合国教科文组织的官方文件表述的直接翻译的层面。因此，在努力做到和国际接轨的同时，怎样才能使"非物质文化遗产"的科学概念更加贴近中国传统文化观念形态的实际，怎样才能在中国文化语境中取得全民的认同和共识是十分重要的。

解决这一问题的关键在于人们对"非物质"一词的不理解。首先，"非物质"的英文语词是 Intangible，译成中文后可以和以下五个词相对应："无形的""触摸不到的""不可捉摸的""难以确定的"及"模糊的"。当 Intangible 和 Cultural heritage（文化遗产）连接在一起的时候，就可能形成五个词组："无形文化遗产""触摸不到的文化遗产""不可捉摸的文化遗产""难以确定的文化遗产"和"模糊的文化遗产"。从语义学角度判定，后三组词语显然是不能成立的，而前两组词语是可以成立的，并且词义是极其接近的。但是，"无形的"并非就是"非物质的"，因为在中国的汉语文化语境中，"触摸不到的"是"非物质的"，但是并不是看不见的"无形的"。所以对"无形的"文化遗产不予认同。事实上，"无形的"源自 20 世纪五六十年代日本、韩国对本国民族的民间的文化遗产进行依法保护时，在保护法中称呼这种文化遗产为"无形文化财"和"有形文化财"。联合国教科文组织正是由日本和韩国在该组织工作的专家和官员将两国的"无形的"词语和概念引入联合国官方语言，才使用了 Intangible 这个术语和概念。我国引进了这个术语，并译成"非物质的"，应该理解为这种文化遗产既是看不见的也是摸不着的，因为它不是物质的遗产。如民间手工艺品是可以看得见摸得着的，但是，制作工艺品的艺人的手法技巧、艺术构思和行业规矩、信仰禁忌等往往都是人们难以看到和难以触摸到的。这就是"非物质的"文化遗产。手工艺品是物质的，是展示艺人绝技、绝艺的载体，而艺人的技艺是非物质的，只保护了那些精美的工艺品并不等于保护了非物质文化遗产，只能算作一种必不可少的保存，因为艺人离去，他身上承载的非物质遗产就会随之消亡，造成技术或艺术传承的断层，造成传统文化宝贵资源的巨大损失。因此，把握住"非物质"的概念及其内涵，不仅应该做到，而且能够做到。

其次，在中国专业学科和中国文化工作中与"非物质文化遗产"相似、相近、几乎相同而又耳熟能详的名词术语"精神文化遗产"可以作为对"非物质文化遗产"的直接解读。长期以来进行意识形态的科学社会主义教育，一直都是使用两种相对应的概念："物质文化""精神文化"。现在，既然有了"物质文化遗产"，当然相应地就会有"精神文化遗产"。按照通常的理解，"非物质的"文化自然就是"精神的"文化，正像对"物质文明"和"精神文明"的对应理解一样。在中国文化语境中，非物质的就是精神的；反之，非精神的也就是物质的。中国汉语思维的习惯模式从来就有对应词语的表述特征，特别是在表述重要的、关键的名词术语时，习惯性地使用对应词语，不习惯使用肯定与否定词的附加指代。比如，"光明"对应词是"黑暗"，不会说"非光明"或"不光明"。所以，以"精神的"去解释"非物质"更容易得到认同。但是，在中国文化语境中，"精神文化遗产"的内涵和外延远比现在所引进的"非物质文化遗产"的概念和范围大得多。精神文化的遗产不仅拥有文化行为、方式、事象和活动，同时还包括很多观念形态方面的文化元素。如文化传统中的道德观念，孝、悌、忠、信、礼、义、廉、耻，都属于精神文化遗产，这些思想观念只有当它们通过特定的表现形式或形态展现出来的时候，才可以称为今天所说的"非物质文化遗产"。如有代表性的祭祖仪式、传统的敬老节日都包含有"孝"和"礼"的观念，所以这些礼仪、节日习俗文化的传承就成为"非物质文化遗产"要保护的对象。但一些道德观念形态的"精神文化遗产"只能通过继承优秀传统的多种思想教育方式加以弘扬，不适合通过对"非物质文化遗产"表现形式、形态的保护方式进行操作。在这里，精神文明建设与非物质文化遗产保护是有明显区别的文化工程。从这个意义上说，"精神文化遗产"的概念难以取代"非物质文化遗产"这个特定的概念。

再次，与"非物质文化遗产"概念相近并在此概念引入前常用到的还有两个词："民俗"和"民族民间文化"。由于"非物质文化遗产"概念是个舶来品，在一些领域，尤其是民俗学、民族民间文化学界，在指陈"非物质文化遗产"时，可以见到形态各异的名称表述，其中最常见到的就是"民族民间文化"和"民俗"。1989 年联合国教科文组织通过《保护传统文化和民间创作建议案》，其中将"民间创作"定义为："民间创作（或民间文化）是指来自某一文化社区的全部创作，这些创作以传统为依据，由某一群体或一些个体所表达并被认为是符合社区期望的作为其文化和社会特性的表达形式；其准则和价值通过模仿或其他方式口头相传。它的形式包括：语言、文学、音乐、舞蹈、游戏、神话、礼仪、习惯、手工艺、建筑术及其他艺术。"这个定义与我国的民族民间文化概念类似。实际上，在我国先前启动的各项民族民间保护行动中，基本上是按照这个概念确定保护对象的。

"民俗"和"民族民间文化"的概念由来已久，并且在我国政府主导话语中根深蒂固。在相当长一段时间内，"民族民间文化"和"非物质文化遗产"两个概念同时使用，甚至在相同语境中相互置换。不过，这些概念是不可对等的。

晚清时期，西学传入，民俗观念作为民族革命意识的一部分，在知识分子和进步人士中迅速发展起来。20 世纪 20 年代以来，中国民俗学获得长足发展，与英国学者汤姆斯（William Thomas）1846 年创立的英文"Folklore"相对应的中文"民俗"概念亦随之普及，民俗概念的内涵和外延基本成形、稳固。"民俗，即民间风俗，指一个国家或民族中广大民众所创造、享用和传承的生活文化。"它起源于人类社会群体生活的需要，并服务于民众的日常生活。民俗文化是依附于人民的生活、习惯、情感与信仰而产生的文化，是"沟通民众物质生活和精神生活，反映民间社区的和集体的人群意愿，并主要通过人作为载体进行世代相沿和传承的生生不息的文化现象"。一切民俗都属于民间文化，其内涵丰富，形式多样，大致包括物质民俗、社会民俗、精神民俗、语言民俗四大类。从时间上看，既包括早已废止的古代民俗传统，也包括至今尚存的民俗传统，甚至时下盛行的民俗新风尚；从载体形态看，既包括以可见的物质形态存在的建筑民俗、器用民俗等，也包括口耳相传的民间文学、民间信仰等；从价值评议来看，既有值得大力弘扬的良风美俗，也有应该坚决摒弃的陋习恶俗。

与之相近却又不同的是民族民间文化的概念。民族民间文化在我国是一个约定俗成的概念，附带着较明显的民族意识和价值取向，更多地用于官方语境。文化部2000年11月在昆明召开了民族民间文化保护立法工作座谈会，在交流材料《加快〈民族民间文化保护法〉立法进程，推动文化事业发展》一文中，对"民族民间文化"定义为"某一特定民族代代相传，不断加工、修改，反映了该民族历史渊源、生活习俗、心理特征及所赖以生存的自然环境、群体特征、宗教信仰等诸多内容的文化表象"。对民族特性的反映，对民族文化的承载，是民族民间文化的第一要义，与民俗文化不同的是，民族民间文化以民族为宽泛的传承单位，基本排除了不利于民族形象建设和民族文化发展的成分。这个范畴更接近后来的非物质文化遗产的内涵。

在《保护非物质文化遗产公约》对非物质文化遗产的界定中，非物质文化遗产的创作主体不仅包括群体、团体，也包括个人，并且不局限于民间；非物质文化遗产的存在形态虽然包含有相关的工具、实物等物质载体，但保护对象是具有遗产价值的无形文化。

由此观之，非物质文化遗产与民俗、民族民间文化虽有交叉，但不存在涵盖或隶属的情况，在创作主体和内容范畴上都有差异，不可相互替代。非物质文化遗产并不全然是民间的文化创造，也包括一部分官方或个人创造并保留下来的文化遗产，如个人著述或独门绝技。民俗和民族民间文化的内容并不全然符合非物质文化遗产的鉴定要求。主要以物质形态存在的、不具有正面的科学历史文化价值的、非"活态"性的文化现象，都不属于非物质文化遗产。

2011年6月，我国正式颁布实施《中华人民共和国非物质文化遗产法》，将"非物质文化遗产"界定为"各族人民世代相传并视为其文化遗产组成部分的各种传统文化表现形式，以及与传统文化表现形式相关的实物和场所"。这使我们对非物质文化遗产的内涵和外延有了明确的理解。

2.1.2 文化旅游

当前文化旅游一词已被广泛地使用，但由于构成文化旅游的两大要素（文化和旅游）自身在内涵与外延上都存在着开放性、模糊性，有关文化旅游的研究也是仁者见仁，长期以来没有形成统一的认识。

加拿大学者 Bob Mckercher 和澳大利亚学者 Hilary du Cros 对大量文化旅游的定义做了总结，并概括为四种类型，见表 2-1。

表 2-1 关于文化旅游定义的不同观点

类　型	定　　　义	作　者
衍生于旅游的定义	文化旅游为特色旅游,在这一形式中,文化构成了吸引旅游者或激励人们旅行的基础	McIntosh&Goeldner,1999 Zeppel,1992 AP,1999
动机性定义	本质上出于文化动机而产生的人的运动,如游学、艺术表演和文化巡游,旅行去参加节庆或其他活动,访问历史遗址遗迹,旅行去研究自然、民俗或艺术,以及宗教朝圣	WTO,1985
动机性定义	由东道主社会以外的人所进行的访问活动,这种访问是完全地或部分地出于人们对该社会、地区、人群或机构在历史、艺术、科学或生活方式、遗产等方面的提供物的兴趣而从事的	加拿大安大略省 Silberberg,1995:361
经验性或意愿性定义	在最低限度上,文化旅游涉及对不同地方的独特社会结构、遗产和特殊品质的体验	加拿大旅游局,1991 Blackwell,1997
经验性或意愿性定义	旅游者希望通过对文化的体验,除获得娱乐之外还能得到教育	澳大利亚维多利亚州社区信息门户"VICNET",1996
经验性或意愿性定义	有机会了解某一地的意义、它与当地社会的联系、它的遗产及其文化和自然景观	澳大利亚遗产保护中心与澳大利亚旅游局 AHC&TCA,1999
经验性或意愿性定义	为获得更多了解而做的一次追求或探索	Baehleitner&Zins,1999 Hannabus,1999

续　表

类　型	定　义	作　者
操作性定义	文化旅游活动范围界定为对下列文化遗产资产的使用：考古遗址、博物馆、城堡、宫殿、历史建筑、著名建筑物、废墟、艺术品、雕塑、工艺品、画廊、节日、盛事、音乐舞蹈、民间艺术、剧院、原始文化、亚文化、民族社区、大小教堂以及能够代表民族及其文化的其他东西	Richard,1996 Goodrich,1997 Miller,1997

在我国，目前关于文化旅游的定义，有以下几种具有代表性的观点。

第一种观点认为文化旅游是一种旅游经营者的创意，一种旅游的方法。如郭丽华认为"文化旅游"既不是一种无形的服务，也不是一种经历，它是一种意识、一种思维、一种方法。它不可以同观光、度假等其他形式的旅游产品相提并论，但它要与各种旅游产品结合起来，作为一种意识，融入观光、度假等旅游产品服务中去，使游客在观光、度假的过程中领略目的地丰富的文化底蕴，从而获得一次更有意义的旅游经历。一句话，"文化旅游"绝不是一种"可供选择的商品"。对经营者来讲，它是一种创意；对旅游者来讲，它是一种意识、一种方法。孙喜林也认为"旅游是人们在休闲时间的一种文化创造、文化欣赏、文化建构的一种生命状态"。

第二种观点认为文化旅游是一种旅游产品。蒙吉军、崔凤军指出，文化旅游是指旅游产品的提供者为旅游产品的消费者提供的以学习、研究、考察游览国家（地区）文化为主要目的的旅游产品，如历史文化旅游、文学旅游、民俗文化旅游等。"文化旅游包括：历史名胜游、文化遗产游、名人故居游、博物馆游、会展游、留学游、回归自然游、生态文化游、宗教朝觐游、伦理道德游、红色旅游等一切涉及文化要素的旅游活动。"

第三种观点认为文化旅游是一种旅游类型，是一种行为和旅游的过程。如刘巧玲认为，文化旅游是旅游者为实现特殊的文化感受，对旅游资源文化内涵进行深入体验，从而得到全方位的精神和文化享受的一种旅游类型。"文化旅游是一种以观光、参与等行为为媒介，通过了解和熟悉特定文化群体（区域）的文化特性来达到以增长知识和陶冶情操为目的的全方位的精神上和文化上的旅游活动；是旅游者涉足、接触、观赏、体验异地文化及其环境氛围的过程，是通过对异地文化及其环境氛围的憧憬、遐想等文化介入冲动所导致的文化需求的满足。"

由学者们的定义可以看出，文化旅游是旅游学大范畴中的一个全新概念，是旅游活动中的一种以文化追求为核心的旅游方式，主要关注一个地区或国家在历史文化方面的精神的、物质的，或非物质的遗产，是一种高层次、高要求、高水平的现代旅游；是旅游主体在客体和中介的参与下"人文化成"的过程和结果，是以旅游为主线的综合性文化样式。随着社会文明不断进步、旅游者知识水平的提高与旅游经验日益丰富，人们的价值观和生活方式不断改变，对异地异质文化的渴求和憧憬引发了文化旅游。文化旅游是现代社会不同文化间的一种交流和互补现象，推动了不同文化间的了解。文化旅游切合了旅游者对文化差异或文化认同的需求，在旅游活动过程中使旅游者舒适、愉悦并受到教育，使旅游者提高文化素质，促进其身心健康的一种方式。在文化旅游中，要帮助旅游者不只停留在对文化物态的表象观望的层次上，而是要认识其深层次的文化内涵，这对保护文化多样性、挖掘和重塑传统文化具有重大意义。

2.1.3 遗产旅游

遗产旅游的产生与遗产概念和内涵的不断商业化紧密相关。尽管遗产旅游活动古已有之，但通常认为，1975 年欧洲的"建筑遗产年"是遗产旅游成为大众消费需求的标志，在这一年，随处可见介绍城市历史的"遗产中心（heritage center）"，极大促进了遗产保护。

很多学者对遗产旅游的起源进行过解释与分析，尽管他们观点并不一致，但基本都认为旅游者的文化与遗产的经历与体验需求是他们的主要动机，遗产旅游是一种经过升华的"怀旧思乡"（nostalgia）之情，"对现状的不满和对未来的失望使很多人开始'怀旧'，将过去的美好等同于将来的美好"，"怀旧与保守，强调秩序与传统，希望唤起过去的权威"，不管他们是"有意义的"还是"真实的"，或者只是一个肤浅的娱乐包装的"伪事件"，或者只是一个旅游者产生与构建他们自己的意义的旅游体验，也有人认为遗产旅游只是文化商品化的一种表现。英国学者戴伦·J. 蒂莫西和斯蒂芬·W. 博伊德在《遗产旅游》一书罗列并分析了一些关于遗产旅游的定义，分别从旅游者动机、旅游供给、旅游目的地等角度对遗产旅游进行了界定。不同的观点表明，有关遗产旅游确切含义的争论仍然进行。

应该说，遗产的概念不是在旅游力量的推动下生成的，自遗产概念出现之日起就被冠以保护的招牌，旅游改变不了这种由社会所决定的概念的初衷。为了不与保护的大前提发生冲突，旅游学界相继提出了诸如"保护第一，开发第二"，"保护与开发相协调"，"旅游促进遗产保护"等口号，它们分别体现了以保护的大框架来谈论旅游、保护与旅游并重、旅游第一兼顾保护的不同视角。今天，我们站在旅游立场上来界定遗产旅游，自然和文化学者不同，不仅存在着旅游与遗产孰轻孰重的问题，遗产物、利用者、制度、价值、稀缺度等许多关于遗产的关键词，从中选取的重点词汇不同，也会造成定义的视角差异。

遗产旅游，从构词上看，显然是以旅游为归属，遗产是一个修饰成分。那么，遗产旅游首先是一种旅游形式，而不是文化遗产管理形式。作为一种旅游的形式，启动遗产旅游的决定就首先是基于健康的、商业的旅游原因，其次才是遗产管理的原因。所有旅游活动都包含着对体验和产品的消费，遗产旅游也并无不同。遗产旅游者希望能消费各种不同的文化体验，为促进这种消费，遗产必须转化为文化旅游产品，这一转化过程通过将遗产转变为可被旅游者所利用的东西而实现遗产的潜在价值。遗产是没有被商品化的，是因其内在价值而被鉴别出来的；而旅游产品则是出于旅游消费的目的经过特别转化或商品化的遗产。那么，我们就必须坚持在保护的大框架下来研究这种转化，这是界定遗产旅游的基本出发点。

从旅游视角考虑遗产旅游，旅游是行为主体，遗产是客体对象物。一方面，旅游因旅游者而发，因而对遗产旅游者的研究是必不可少的，但遗产旅游现象的健康保持和发展却不能由旅游者一方说了算，遗产地居民、政府、企业等都在扮演重要角色，遗产旅游的研究就应该是指旅游者对遗产地的旅游行为及其所引发的遗产地利益相关者为发展经济、增强文化自豪感和保护遗产所做的一系列努力。另一方面，遗产旅游是以特定的资源冠名的一种旅游类型，当提出遗产概念时，保护成为压倒性的呼声，即使将遗产作为一种旅游资源。基于这样的分析，遗产旅游就是居民将异地具有历史或自然演化价值的存在作为吸引物并在社会各利益关系一致认可的保护第一氛围下所进行的一种特色旅游。

2.1.4　非物质文化遗产旅游

旅游资源无限化已经成为目前旅游业发展的趋势，随着社会发展、科技进步，以及人类对世界了解程度的加深，很多原本并没有被认为是旅游资源的东西如今已经成为炙手可热的旅游资源。因此，用发展、动态的观念来进行人文旅游资源的调查和评价是时代的必然。

20世纪80年代以来，随着欧洲的旅游走向成熟，旅游从业者开始对旅游产品进行市场细分，细分的依据包括旅行时间、旅游者年龄、文化层次、旅游地和旅游动机等。在单一的市场下，文化只能是旅游产品的一个内在特性，而在细分后的旅游形式中，非物质文化遗产本身就可以成为一种旅游产品，这就给非物质文化遗产旅游创造了极好的发展机会。

从旅游的角度考察，非物质文化遗产也是一种重要的旅游资源。文化是旅游资源的核心和灵魂，也是现代旅游业得以发展的坚实基础，因此，从理论层面讲，非物质文化遗产与物质文化遗产共同构成旅游业赖以发展的基石。随着旅游者对文化的需求与日俱增，实现自身文化权利的诉求也渐渐发展起来。非物质文化遗产作为民族智慧的结晶，地域文化多样性的体现和人类文明的承载，在国际一体化的影响下，不仅是游客观赏体验异域活态文化的重要资源基础，也是游客获得文化认知、确认文化身份的重要途径。

游客的旅游动机来源于地域间的文化差异，因此从实践层面讲，非物质文化遗产已经成为旅游地发展旅游的重要依托。旅游发展的实践证明，文化个性越突出，文化多样性色彩越鲜明，旅游产品就越受到游客的青睐，音乐、礼仪、节庆乃至谚语、信仰等等都可成为旅游吸引物。

非物质文化遗产旅游是指以非物质文化遗产作为旅游吸引物的旅游活动。非物质文化遗产以高品位的历史价值、艺术价值、文化价值和鲜明的地域特色吸引着游客，同时，又以参与性强、体验空间大、娱乐性强、休闲功能完备成为提升旅游产品层次、扩展旅游项目的重要资源。

作为一个新兴的领域，一个挑战性的问题是如何评价并使用这种特殊的资源，这也是今天非物质文化遗产旅游学术领域关注的两个问题：能否开发，怎样开发。由于将非物质文化遗产提供给旅游者消费，因而将某些变化强加给了非物质文化遗产。时间有限，对环境缺乏了解，渴望获得娱乐，这些都意味着非物质文化遗产的多数展示往往是肤浅的。在概念上，产品存在三个层次：核心层次、有形层次、扩展层次。今天的非物质文化遗产旅游大多只关注第二个层次，即非物质文化遗产的有形化利用，但对其内涵的挖掘（核心层次）、所在空间的保护和重视（扩展层次）都有待提高。因此，若想回答此类问题：该产品能满足哪种人的需求？该产品给利益相关者带来什么好处？只有深入了解遗产地和旅游市场，才能得到清晰的答案，否则，非物质文化遗产旅游是难以取得成功的。

2.2　非物质文化遗产旅游的理论基础

2.2.1　文化变迁理论

在人类学视野中，文化变迁一般指的是由于文化自身的发展或异文化间的接触交流造成的文化内容或者结构的变化。路易斯·S.史宾德勒和乔治·史宾德勒将文化变迁定义为："……不论是一个民族内部发展的结果，还是两个具有不同生活方式的民族之间接触所引起的，在一个民族生活方式上发生的任何变化。"归因于内部发展的变迁往往追溯到发明或发现，而归于外部发展或交往的变迁则常常追溯到借用或传播。

早在20世纪30年代，马林诺斯基（Bronislaw Malinowski）就对自己早年在特罗布里恩岛的调查进行反思，指出应该以动态的眼光研究所谓的"土人"，因为"他们已经成为全球社会的公民，正在和全球文明接触。他们实质上正受着多种文化的支配"。自人类学诞生起，学者们就重视文化的动态历程（cultural processes）问题。试图以文化变迁现象说明文化发展的普遍性，找出文化演进的一般规律。可以说，人类学的各个学派探究的都是文化变迁问题。早期进化论学派以进化理论来说明文发展的普遍性，认为人类文化普遍地由低级向高级、由简单向复杂发展进化。但进化论忽视了文化之间的接触、交流。传播学派侧重于文化的地理、空间和地方性变异，着重研究文化的横向散布，认为文化主要是在传播过程中发生变迁，显然传播论忽视了人类创造文化的能力。功能学派将文化或社会视为由众多要素组成的有机统一体，社会的运行有赖于文化体系中各个次属体系间保持一种均衡的最佳调适状态。在功能论的构架里，社会文化的变迁主要来自体系之外的刺激（如环境变迁、人口压力等），其研究取向同样否定了个人在社会文化变迁中所可能扮演的角色。而在后来兴起的新进化论者眼中，文化变迁几乎可以等同于物质技术创新、科技进步引发人们的生活、思想的变化，文化自身的作用完全被忽视。

王铭铭认为人类学进化论和传播论的本质是相同的，"进化论的时间主张人类文化的发展是从过去（the past）到现在（the present）的直线性的、不可回归的流动；传播论实质上'论证'的是这种直线性的、不可回归的时间在空间上的表现。前者的论点集中在历史发展的低级与高级比较和阶梯性排列之上，后者的论点则集中在全球文化的中心与边际的划分之上。他们的目标均是为了证实文化有高—低、现在—过去、中心—边际之分。这种时空定位法有两个貌似自相矛盾但实际上二元一体的特点。其一，进化论和传播论的研究囊括整个世界，把全球各种文化当成研究对象；其二，他们虽然强调对整个世界的研究，但是更强调对世界上的文化进行野蛮—文明、东方—西方、过去—现在、传统—现代、此地—异地等的对照"。

20世纪70年代以后，全球化问题日益受到关注，学者们不再从文化到文化，而是把文化与社会、环境、人等因素结合起来综合研究，并且更多地关注作为一个动态系统的文化过程，把历时性和共时性结合起来，揭示文化的演进轨迹和变迁过程。文化变迁的机制有3种表现形式。

一是文化传播，指某种文化因素或文化结构从一个社会向另一个社会或多个社会的转移和互动。文化传播有两种形式：有意传播和无意传播。有意文化传播指一个民族、一个国家有目的、有计划、有组织地输出文化，也指有目的、有计划、有组织地模仿、引进和吸收其他国家和民族的文化。这种情况也称为"文化移入"。"文化移入"的一个较为重要的现象是大规模的文化吸收，双方社会在文化移入过程中都会有变化，但变化的程度不同。无意的文化传播是指无目的、无计划、无组织地输出或模仿、吸收其他国家和民族的文化。

　　二是文化丧失，指因接受新事物而导致旧事物的丧失。前者导致后者的文化特征萎缩、解体、丧失，多元文化走向单一的文化，但这种取代并不一定是文明的特征。

　　三是文化涵化，指不同文化的个人组成群体，因持久地相互集中地接触，两者相互适应、借用，结果造成一方或多方原有的文化模式发生大规模的变迁。涵化在很大程度上取决于文化差异的程度，以及接触的环境、条件、频率和深度。史蒂文·瓦格认为："涵化（acculturation）是指由于文化长期直接接触，使得一种文化兼有另一种文化物质和非物质的属性。这种接触可以通过多种途径进行。它既可以是战争、纠纷、军事占领殖民统治的结果，也可以通过传教士或文化交流进行，还可以通过移民或劳动输出的方式，劳动力的自愿流动也是促成文化交流的因素之一。"

　　现代化进程的加速，使传统文化处于剧烈变化之中，这种变化过程不再是传统意义上缓慢的文化变迁，而是文化在各种内在与外在力量及权力交锋中的重组或重构。在一般的观念中，相对于农业文明来说，工业文明是一个新的社会形态，是一个比农业文明更先进更发达的文明，而现在已经到来或正在到来的后工业文明，又是一个比工业文明更先进和更发达的社会形态。所以当一个群体或一个国家还处于农业文明时期，与其他已经进入了工业文明的国家相比较，就会显得落后及经济发展程度不够，一个经济不够发达的国家在世界上既没有话语权，也没有竞争力，因此努力发展工业文明，摆脱落后的农业文明就是这些国家最重要的目标。为了达到这样的目标，其首要的任务就是要改变原有的社会制度，传统的文化观念，传统的生产方式和生活方式，包括生产技术，以全面实现自己的文化转型。中国在农业文明时期是一个大国强国，但由于其进入工业文明较晚，就成为一个巨大的弱者，饱受欺凌。在这样的历史背景中，中国人一度对于农业文明的一切都持严厉地批评态度，由新文化运动时期的"打倒孔家店""全盘西化""科技救国""实业救国"，到后来提出来的"砸碎旧世界，建立新世界"

"除旧立新""破除封建迷信"等，成为中国近一个世纪以来的最强音。在这样的背景下，传统文化变迁的速度极大地加快了。如当许多偏远的乡村修通了公路和架起了电线以后，传统的、手工的、农业文明状态的技术模式，开始被电动的、机械的、工业文明状态的技术模式所取代，技术所代表的不仅是一种劳动方式，更是一整套的文化模式及社会结构。

同时，我们也应该看到，在这种变迁和重构中，文化本身的功能在发生着变化。在西部地区调研时，我们发现一个规律，即许多文化现象，当它不再是人们日常生活的基本保障时（手工技艺是手艺人养家糊口或是基本生活的来源，民间歌舞是日常调节身心、表达情感的主要方式等），它就成为一种遗产，而变迁为一种表演展示的对象，这一变迁、展示的模式通常表现为：

①生活的日常器具、节日庆典、宗教祭祀的道具—民间艺术品—市场—现代人的家居、博物馆、美术馆；

②节日庆典、宗教祭祀、人生礼仪中的歌舞—可以欣赏的表演艺术—市场—旅游表演、庆典表演、剧院、舞台表演——文化产品；

③部分农民—民间艺术专业户—农民艺术家—文化商品牌。

在传统人类学家的眼里，只有传统的地方文化彻底解体，才会得到经济的发展，从而赶上发达地区的前进步伐。而新进化论者美国人类学家萨林斯通过对爱斯基摩人的文化变迁研究提出如下观点：非西方民族为了创造自己的现代性文化而展开的斗争，摧毁了在西方人当中业已被广泛接受的传统与变迁的对立、习俗与理性对立的观念，尤其明显的是，摧毁了20世纪著名的传统与发展对立的观念，爱斯基摩人从20世纪80年代开始，一方面，大规模引进现代的技术与便利的生活设施；另一方面，又在恢复他们的传统文化与仪式庆典，同时岛上移民的出走并没有使他们的文化丧失，他们反而将传统文化扩展到像奥里根和加利弗里亚这样遥远的同宗的居住地。在全球一体化的今天，整个人类社会的政治结构、经济结构和文化结构都在发生巨大的变化，如今在世界范围内的许多地方，民族的文化传统与文化遗产正成为一种人文资源，被用来建构和产生在全球一体化语境中的民族政治和民族文化的主体意识，同时也被活用为当地的文化和经济的新的建构方式，不仅重新模塑了文化，同时也成为新的经济增长点。因此，在世界范围内，许多民族文化和各地的民间文化呈现一种复兴状态，而这种复兴，就是传统文化的复活，但这种复活并不是在实用层面上，而是在精神层面，它是作为一种昔日的精神家园给予人们的寄托，让人们在这里看到自己的过去，或领略到不同地域的人文风光，甚至成为一种可以欣赏的活的艺术。这就是费孝通先生所讲的，一件文物或一种制度的功能可以变化，从满足这种需要转去满足另一种需要，从功能上来讲，它不再能从制度上物质上去满足现代生活的需要，但它却能从另一个层面，即从人们的心理需求和审美需求去满足人们的需要，这就是文化产业和旅游业能得到发展的根基，也是许多地方文化得以复兴的经济基础。20 世纪 80 年代以来我国加快了由农业文明向工业文明转化的步伐，传统的农耕文化结构发生巨大的改变。非物质文化遗产一部分随着传统产业和传统生活方式的改变而瓦解或消失了，但另一部分正在转化和重组，成为现代社会文化和经济发展中所需要的人文资源，成为重要的旅游资源。

2.2.2 文化资本理论

20 世纪 80 年代，法国社会学家皮埃尔·布迪厄在《资本的形式》一文中第一次完整地提出了文化资本理论。布迪厄认为，资本可以分为经济资本、文化资本和社会资本三种基本形式。文化资本又分为三种基本的形态：一是以精神和身体的持久性的形式体现的具体的状态；二是客观的状态，以文化商品的形式（图片、书籍、词典、工具、机器等）体现；三是体制的状态，以一种客观化的形式体现。文化本身具有价值并能转化成经济价值。文化产品，就是客观化的文化资本和经济资本的统一。布迪厄的文化资本理论，是文化产业的理论基础。特定的文化资本不仅指引人们对生产与消费活动做出合理的安排，而且最终决定人们需求的变化与观念的创新，是人类经济增长得以实现的"第一桶金"。

布迪厄之后，文化资本理论成为西方学界的一个热点话题。澳大利亚麦考瑞大学经济学教授戴维·思罗斯比认为："文化资本是以财富的形式具体表现出来的文化价值的积累。"他把"文化资本"分为"有形的文化资本"和"无形的文化资本"两种。"有形的文化资本的积累存在于被赋予了文化意义（通常称为'文化遗产'）的建筑、遗址、艺术品和诸如油画、雕塑及其他以私人物品形式而存在的人工品之中。无形的文化资本包括一系列与既定人群相符的想法、实践、信念、传统和价值。""无形的文化资本在其文化价值和经济价值之间有着不同的关系。举例来说，现存的音乐和文学的积累、文化风俗（习惯）和信念的积累或语言的积累，都有广泛的文化价值，但是却没有经济价值，因为它们不能作为财富进行交易。然而，有关这些无形文化资本的服务的流通会产生文化价值和经济价值。"

从某种程度上说，非物质文化遗产就是戴维·思罗斯比所说的"无形文化资本"，非物质文化遗产要成为文化资本，必须把它与相关服务联系起来，由非物质文化遗产相关的服务不断流动而产生文化资本的累积（也就是所谓的"文化附加值"），再由"文化资本"转为"经济资本"。

文化资本理论为我们奠定了非物质文化遗产的旅游开发的理论基础。文化资本是一种经济现象，文化价值能够产生经济价值，并在产生经济价值的过程中提升原来的文化价值。任由非物质文化遗产在文化的演变发展过程中自行衰落，而不进行必要的投资来维持和增加这种无形文化资本，这种忽视文化资本的行为很可能会导致文化体系的衰落甚至崩溃。非物质文化遗产的旅游开发实质上就是非物质文化遗产资源资本化的过程，就是非物质文化遗产的经济化和商品化，就是服务的流通。它以一种新的思维方式为非物质文化遗产提供了新的发展模式，即从资本的角度看待文化，一方面实现了产业的创新，而其中蕴藏的文化遗产资源，通过产业的形式得以传播和发扬，是发展和繁荣非物质文化遗产的有效途径。

2.2.3 舞台真实理论

（1）遗产保护界与旅游研究领域对"真实性"的不同诠释

原真性和完整性是世界遗产领域的核心理念，是世界遗产申报、评估、保护和环境整治的直接依据。遗产地开发利用、遗产维修、遗产保护、遗产展示等，无不围绕一个核心问题——在遗产地价值认知的基础上，如何进行遗产保护与适度地利用——这一问题由三个不同层次的子课题组成：遗产价值辨识、遗产保护、遗产利用。这其中，遗产的原真性和完整性认识居于三个层次的核心："遗产价值辨识"的本质，是如何认识遗产的原真性和完整性；"遗产保护"实际上是对遗产原真性、完整性相关要素的保护；"遗产利用"则应是以确保遗产原真性、完整性为前提的可持续利用。如图 2-2 所示。

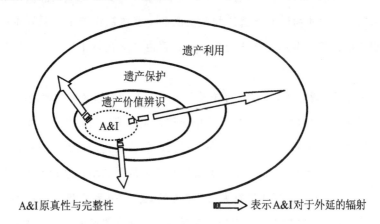

A&I原真性与完整性　　　　▮◻⟶ 表示A&I对于外延的辐射

图 2-2　原真性和完整性与遗产相关问题结构关系

"authenticity"一词源自拉丁语"权威的"（authoritative）和"起源的"（original）两词。在宗教占统治力量的中世纪，用来指宗教经本及宗教遗物的真实程度。在英文中其含义为"真正"（true）以反对"虚伪"（false），"真实"（real）以反对"伪造"（fake），"原作"（original）以反对"复制"（copy），"诚实"（honest）以反对"欺骗"（corrupt），"神圣"（sacred）以反对"世俗"（profane）。

在遗产领域真实性有四重含义。第一是所谓"真实的再现"，指从表面上看貌似真实，同时大多数讲解员和管理部门努力让该景点及其功能真实可靠，这是从事博物馆工作的专业人士的首要任务——令游客相信该景点的真实性；第二重含义是遗产不仅做到了环境条件上的逼真，而且历史再现准确、彻底，完美无缺地反映了历史原貌，其准确性可以得到历史学家的证实；第三重含义是绝对原版、毫无假冒，任何形式的复制和变更都会令遗产失真，在大多数情况下，真实性的这一重含义是无法实现的；第四重含义是指得到了官方或法律认可。

"Authenticity"引入遗产领域始于《威尼斯宪章》。根据徐嵩龄的理解，遗产保护国际法规文献中真实性概念的理解包括水平理解、垂直理解、形态特征理解三部分。水平理解将真实性要素分解为遗产的地点、位置、形态、法式、器物、材料、材质、环境、技艺、功能、精神、情感等方面；垂直理解指根据真实性信息的层次可以将真实性概念理解为物质层次真实性、知识层次真实性和精神价值与社会功能层次的真实性；形态特征指从遗产的时间、空间等角度可以认为遗产真实性具有时变性、多样性和相对性。

将"真实性"这一概念引入旅游研究中的第一人是美国社会学家麦克内尔，他提出了著名的"舞台真实"理论。而后随着人们对"真实性"理解的不断深入，对其研究逐渐分成四个流派，见表2-2。

"由于被运用于多个语境和层面，真实性是一个很难被定义的概念。"我国学者张朝枝对基于遗产保护的真实性概念和基于旅游研究的真实性概念的发展演变做了比较，有助于我们对这一概念的理解，见表2-3。

表 2-2　旅游研究中真实性概念的发展与比较

内容	客观主义真实性	建构主义真实性	后现代主义真实性	存在主义真实性
关注对象	旅游客体	旅游客体的建构以及旅游者关注何种客体	真假界限	客体与主体互动
代表人物	Boorstin(1964) MacCannell(1973)	Cohen(1988) Culler(1981)	Eco(1986) Baudrillard(1983)	Wang(1999) Steiner(2006)
主要观点	真实性是旅游客体内固有的一个特征,可用一个绝对的标准来衡量	真实性是一个社会建构的概念,是可变化的	真假没有严格界限	游客在个体内容以及个体之间寻找真实的感受,即使客体是假的
贡献	将真实性引入旅游动机研究中,使之成为旅游研究的核心概念之一	摒弃二元论观点,实现概念突破,解释了商品化与真实性的关系	—	为真实性研究树立崭新视角,对后现代体验旅游发展起到重要指导作用
局限	局限在旅游客体,真实性概念简化	难以把握商品化和真实性之间的度	完全否定了真实性概念	忽视旅游客体,不利于旅游业可持续发展

表 2-3　遗产保护界与旅游研究领域两种真实性概念的发展、演变及其内涵比较

比较内容	遗产保护界	旅游研究领域
学科背景	考古学为主体	社会学为主体
起源	讨论文化遗产保护为标准	讨论旅游者的动机
关注焦点	怎样的保护才是最好的保护,保护应该执行何种标准	"真""假"对旅游体验的影响,旅游者在乎什么样的"真"与"假"
发展过程	从强调物质遗产本身到强调物质遗产相关的非物质元素,从强调物质遗产的现状到强调物质遗产的时空演变过程,从物质之间的关系到强调物质与人的关系	从分析旅游者对客体的"真""假"辨别到讨论旅游客体"真"与"假"的构建式,再到完全从旅游主体的"真""假"体验态度,然后发展到旅游客体与主体的互动构建模式
发展动力	世界各国遗产保护的实践	对不断出现的新旅游现象的解释和解读
发展趋势	从文化遗产保护领域向文化与自然遗产、非物质遗产领域扩散	从主体关注逐渐向主体与客体相互作用关注

（2）"舞台真实"

"舞台真实"是舞台艺术中所使用的专业名词，后来被引入旅游人类学的研究当中，涉及很多社会文化问题，如文化商品化、文化变迁、传统文化的保护和创新等，因此又具有了社会学和人类学的特征和意义。

社会学家戈夫曼认为人生是一个大舞台，每个人都是舞台上的演员。社会成员通过"后台"的准备来实现在"前台"的演出。"后台"是带有神秘色彩的相对封闭区域，不随意对外展示，否则会造成社会的不安定。MacCannell 将舞台理论引入旅游研究，并提出了"舞台真实"，即在旅游开发中，文化旅游产品被当作"真实"搬上"前台"，向游客进行舞台化展示，也即"文化商品化"，通过对文化进行包装、裁剪、肢解、删减，从而使"真实性的文化再现（cultural representation of reality）"，实现文化的再创造，满足旅游者的真实文化体验。这种"舞台真实"，是为旅游者布置了一个旅游的文化舞台，而真正的文化场景却远离旅游者的视线，其目的在于避免由于大量旅游者侵入而对东道地（即"后台"）传统文化所造成的冲击和破坏。

后台真实的生活场景被当作旅游资源而包装成旅游产品的过程便是"舞台化""商品化"。从某种意义上说，商品化不一定会破坏文化的真实性，舞台化未尝不是保护文化真实性的一种有效手段。商品化会不断地为地方文化注入新的活力，成为民族身份的标志，成为当地人在外来公众面前自我表征的工具。商品化的、舞台化的产品所体现出的某些突出的当地特征会使游客认可该产品的真实性，从而满足游客的愿望。文化的舞台化、商品化在一定程度上能够起到保护当地文化的作用，甚至可以促进当地文化的创新和变革，使那些不为人们所知、渐渐被历史淘汰的古老文化重见天日，得以彰显和发扬，从而起到增强当地民族自豪感的作用。出于对传统文化的保护，防止由于大量旅游者直接侵入文化原生地而引发大规模的文化涵化、文化变迁等问题，这是舞台化的必要性。

而满足旅游者对于异域文化的猎奇心理，满足市场对文化旅游的需求，便使舞台化具有了可行性。Dann 的旅游驱动因子理论认为旅行决策中有两类因素，即推动型因素和拉动型因素。推动型因素是那些促使你想旅行的因素；拉动型因素是那些吸引你到哪里去旅行的因素。可以说，游客对摆脱现代工业社会的渴望，对异地特别是那些"传统"和"真实"地区的向往，往往会成为引起他们旅游的推动型因素。而某些代表着"过去""传统"和"真实"的地区本身所散发出的吸引力则构成旅游的拉动型因素。国外一些学者的研究表明，真实性是吸引游客的主要魅力所在，游客的满意度在一定程度上取决于他们是否认为自己获得了真实体验。而在今后，对真实体验的需求有望看涨，因为面对当今世界泛滥成灾的"迪士尼化"（Disney-ised）或"拉斯维加斯化"（Vegas-ised）的地方，人们更加迫切地要求并希望参观真正的自然文化景观。

但真正意义上的真实性是不存在的。一方面，包括研究者的描述，"任何描述都无法完整地恢复历史的原貌，因为历史并不是描述，而是一系列的事件和情景"；另一方面，虽然旅游者寻求某种形式的真实体验，但是如果面对真正意义上的真实情况，他们就不会游览遗产景点了，因为遗产景点的状况对于大多数旅游者来说过于乏味、脏乱，无法激起他们的想象力并且让人难以忍受。这是因为人们总是以现代人的眼光看待过去，这样，遗产与真实性不得不被净化和美化以迎合旅游者的意愿。从另一个角度说，"真""善""美"是整个人类的价值取向。旅游目的地所包含的"真"实际上反映了人类对客观世界的正确认识以及基于这种认识的文明实践活动，而游客对于"真"的追求实际上反映了对人类实践活动所创设的文明的一种怀念，于是人们希望自己看到的就是历史原本的样子，这是一种心理诉求，但是这种心理诉求与对善、美的追求和渴望是统一且密切联系的，这就决定了人们不仅仅求真，而且求善求美。毕竟，深度考察客观世界的规律性和科学真理的行为是学者们做的事情，从旅游者方面说，审美娱乐才是主要动机和目的。这样，游客虽然希望获得真实的经历，但不会愿意面对东道主社会的现实，旅游者渴望看到沉淀着回忆的传统与过去，但并不意味着想看到贫穷破败的村落、满眼污物的街巷和种种的不文明。这就表明，"本""源"所传达出来的"真实性"并不一定就是现代旅游者所期待的"真实"，那些与人类价值取向中的"美"和"善"不相符的"真"是不受欢迎的，即人们并非想看到所有的、完整的、历史的"真实"。就如美国未来学家所说，要形成一种"高技术与深厚感情的统一"，在人类最先进的科学技术和田园诗般的游牧、农耕文明之间"建立起一个新的平衡"。

（3）遗产旅游"真实性"的路径依赖

在遗产旅游活动中，不同利益相关者对遗产"真实性"的认知和理解并不是孤立的，而是通过旅游媒介构成了一个相互作用、相互关联的循环体。

遗产旅游者为了获取知识、"怀旧"或体验文化差异而外出旅游，渴望获得真实性旅游体验。而实际上，游客追求的是自己大脑建构的一种"原真印象"，即旅游者依据早期的学习或后期各种媒体累积形成的遗产地印象，旅游者旅游的过程就是有了出游动机和选择目标后，又主动收集关于遗产地的各类信息，在遗产地，通过自己的旅游经历，对此前形成的"原真印象"进行检验和修正，最终形成一个复合的感知原真性印象。

遗产旅游经营者开发遗产的目的就是为了获取最大的经济效益，因此，他们的行为是市场导向的，或者说是旅游者导向的。原生的、客观的"真实"往往不能吸引足够多的旅游消费者，不能产生可观的经济效益，而经过经营者包装的"真实"却往往能满足旅游者的需求。经营者为了创造更多的经济利益，便迎合消费者，根据游客的期望、想象和偏好来组织、设计文化遗产，构建出"舞台化"的"原真性效果"。这种"原真性效果"经过媒介宣传，促使旅游者在大脑中形成"原真印象"。当他们带着这样一种认知模型去体验遗产旅游产品时，就可能获得真实性体验。因此，在遗产旅游过程中，游客获得的真实性体验大多是建立在经营者所生产与制造出来的"原真性效果"基础之上的，即通过"舞台化"构建和展示的"原真性效果"，这为解决遗产保护与旅游开发的冲突提供了现实的可能性。

遗产地居民是当地文化的传承人和诠释者，他们所处的一种自然的生活状态就代表着本真的遗产地文化。在旅游尚未开发或开发初期，这种本真的目的地文化可以继续保持。这一时期，居民通常会对陌生的旅游者表现出传统的好客情感和行为，向旅游者展示真实的目的地文化，而旅游者可以通过旅游活动与遗产地居民接触、互动、交流而体验到传统的、地道的、真实的目的地文化。然而，随着旅游目的地商业化程度加深，遗产地居民的好客行为就会逐渐染上商业化色彩，本能的逐利心理使当地居民向游客展示目的地文化的行为具有了表演意义，其目的是通过发展旅游业为自己（也为本地）带来经济收益。随着旅游业的发展，这种表演性会逐渐增强，最终成为旅游经营者制造和生产"原真性效果"的一部分。

遗产地居民和旅游经营者开发遗产旅游的目的都是为了获得收益和利润，在某种意义上说，遗产地居民和遗产旅游经营者是利益共同体。旅游经营者通过媒介得知旅游者的偏好，在遗产地居民的协助下，构建和展示"舞台化"的真实场景来吸引旅游者，在经济效益最大化的目标下，他们往往并不在意旅游开发所造成的遗产真实性破坏以及文化"污染"。遗产地普通居民迫于提高生活水平的压力再加上缺乏对自身行为真实性与否的深远意义的判断能力，往往也会受到经济利益的驱使，加入到"原真性效果"的构建中，与遗产旅游经营者共同分享旅游收益。然而随着旅游业的不断发展，他们又会对旅游带来的文化商品化以及环境破坏等旅游外部性效应做出剧烈反应，对旅游的态度也呈现出"欣喜—冷淡—恼怒—对抗—排外"的"多克西现象"。这说明遗产地居民对遗产旅游开发有"获取经济效益"和"真实文化及环境保护"的双重利益诉求。然而，由于缺乏在旅游开发中的主导权和话语权，这两种利益诉求都很难完全实现。

专家学者是遗产真实性最权威的解读者和评判员，对旅游者"原真印象"的构建与遗产真实性保护起基础性的作用。专家学者通过各种传媒向公众解读遗产真实性，提高了旅游者对遗产真实性及重要性的认知水平，协助旅游者构建"原真印象"，再通过制定相关遗产真实性标准，为遗产地的甄别、保护提供必要的依据，并指导和监督旅游经营者的旅游开发行为。

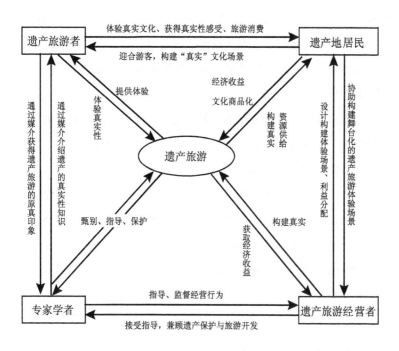

图2-3　遗产旅游利益相关者对"真实性"的路径依赖

2.2.4　旅游地理学理论

系统论认为，系统是由一组相互依存、相互作用和相互转化的客观事物所构成的具有一定目标和特定功能的整体。系统中各单元之间，有物质、能量、信息、人员和资金的流动；通过单元的有机组合，使整个系统具有统一的目标。系统方法是确定系统的组成、结构、功能和效用而对各要素、过程和关系进行考察的方法。旅游地理学是将旅游视为一个系统来进行研究的。南斯拉夫地理学家 Jolena Ambrozic 在 1979 年出版的《旅游地理学》一书中提出，旅游地理学的研究内容是：旅游的起因、人类旅游的可能与条件、旅游的诱人基础、旅游线路与类别的划分、不同的旅游点的设施、确定有发展潜力和有前途的新旅游区、研究游客流量的规律。我国学者郭来喜认为旅游地理学研究的内容主要有：旅游的起因及其产生的地理背景，旅游者的地域分布、移动规律与发展预测，旅游资源的类型与地域组合及其技术经济评价，适合不同对象的旅游线路组织与方案设计，旅游与环境保护，旅游业对地域经济综合体形成的作用与影响等。

　　非物质文化遗产作为区域重要的文化旅游资源，也在旅游地理学研究的范围内，需要用旅游地理学的基本理论和观点来指导研究。

　　① 区域的观点：地球表层最鲜明的特征之一是自然现象和人文现象分布的不均一性，即区域差异性。它吸引着人们去探究自己生存领域之内和之外的未知世界。因而，这种环境地域分异理论是认识旅游系统差别性和旅游系统存在环境差异性的重要途径，是进行旅游系统划分、旅游区划和旅游规划的理论基础，是人们分区分类利用旅游资源和旅游环境的理论依据。

　　② 综合的观点：旅游地理学的精髓在于它从各个组成要素的综合分析上认识地理环境及各个区域的规律。这种综合性的观点要求我们把旅游系统看作一个有机联系的综合体，一个多因子、多变量、多层次、多目标、多指标体系组成的复杂的动态系统。

　　③ 人地关系协调的观点：自古以来，关于人地关系不外乎两种观点：一是人类在自己生存和发展过程中不断认识自然、利用自然、改造自然，创造出更适合人类生存发展的地理环境；二是人类在利用和改造自然的过程中，始终要受到地理环境的影响和制约。因此协调人地关系是人类的根本任务，也是地理科学研究的核心问题，为此，要求旅游系统内部的主体、客体和媒体各要素之间协调发展，旅游系统与旅游环境

之间协调发展。

同时，旅游地理学基本的研究方法，野外考察法、社会调查法、统计调查分析法、旅游图表法及分类比较法都是指导本书研究的主要方法。非物质文化遗产资源的旅游开发研究，一方面，以旅游地理学基本理论和研究方法为基础；另一方面，丰富和加深了旅游地理学的研究内容。

第3章　非物质文化遗产旅游资源调查

旅游资源调查是进行旅游资源开发利用、旅游区域发展规划编制的基础工作之一，是进行资源评价的前期工作，它为后续的旅游产品开发提供前提条件。

3.1　非物质文化遗产旅游资源类别

根据目的不同，旅游资源分类可以有多种标准和方法。按资源的性质与成因，旅游资源可分为自然旅游资源和人文旅游资源两大系统，这是目前应用最广，也是最重要的分类系统。在此基础上，按照研究需要又有其他分类方式：如按资源的形态，可分为有形的旅游资源和无形的旅游资源两大类；按资源的存在空间层位分，有地上旅游资源、地下旅游资源、天上旅游资源、海底旅游资源四大类；按资源的作用、性质和不同用途分，有物质享受型旅游资源和精神享受型旅游资源两大类；按旅游活动的性质，可分为观赏性旅游资源、运动健身型旅游资源、特殊型旅游资源三大类；按吸引性质分，有场所吸引物旅游资源、事件吸引物旅游资源、其他吸引物旅游资源三类；按资源开发、利用的变化特征，可分为原生性旅游资源、萌生性旅游资源两大类等。

与我国学者从目的地属性和特征的角度对旅游资源进行分类不同，西方学者对旅游资源的分析更有人本主义色彩。西方地理学家和规划师在划分游憩资源时，较多地从资源使用者的角度考虑问题。如 Clawson 和 Knetsch 根据资源的特性和游客的体验性质，将游憩资源分为三类：使用者导向型游憩资源、资源基础型旅游资源、中间型游憩资源。

3.1.1　非物质文化遗产的特点

文化学、民俗学、民族学等领域的专家对非物质文化遗产的特点做了深入的研究，本书基于旅游开发视角，将非物质文化遗产特点概括为以下几个方面。

（1）活态性

非物质文化遗产的活态性表现为：从文化现象本身来看，非物质文化遗产具有诞生、发展、衰竭、消亡的生命历程；从时间上看，非物质文化遗产处于不断扬弃和裂变状态；从与外界的关系来看，非物质文化遗产具有信息传递和能源交换功能，能够接收外界刺激并予以反馈。非物质文化遗产的各种表现形式——口头语言、表演艺术、传统手工艺、各种知识和实践等都具有鲜活的生命力，是动态的而非静态的，是发展的而非停滞的，是有机的而非机械的。随着时代的变化，非物质文化遗产也逐渐发展，其发展变化与所处时代有密切的关系，正如有形文化遗产被打上时代的烙印一样，非物质文化遗产也具有时代的烙印。

非物质文化遗产活态性的根本来源在于人。非物质文化遗产重视人的价值，重视活的、动态的、精神的因素，重视技术、技能的高超、精湛和独创，重视人的创造力，以及通过非物质文化遗产反映出来的世界观、价值观、审美观和情感、智慧、思维方式、表达方式等。人是非物质文化遗产的创造者，又是非物质文化遗产的传承者，同时，人也是非物质文化遗产的一个组成部分，通过言语、表演、记忆、实践，人被内化、固定为非物质文化遗产的一个构件，非物质文化遗产储存在人的脑海里，储存在人类社会的记忆里，以人为载体，并且只能经由人的语言和行为才能表达出来。简言之，非物质文化遗产的创造、传播、享用都是以人为主体的。"人"的思想观点和言行举止的变化随时都会影响这个体系，引发一系列的反应，使之呈现出一种在动态中发展前进的演变格局。活态性是非物质文化遗产的存在方式，堪称非物质文化遗产最本质的特征。

（2）地域性

非物质文化遗产的地域性有三层含义：一是对地域环境的依赖，二是对地域环境的反映，三是对地域环境的适应。

非物质文化遗产对地域环境的依赖，在于非物质文化的起源、形态、传承都在一定程度上依赖于所处环境的地理、资源、人口、经济、文化等因素。黄河摆渡诞生羊皮筏子，农耕村落盛行社火庙会，高原山地有花儿传唱……这些都体现了环境对于非物质文化遗产的支撑。

非物质文化遗产是对地域环境的反映。文化本身具有认识、解释、反映环境的功能，非物质文化遗产的各个组成部分，包括物质的和非物质的，无一不是取自环境、来自环境，即便人的意识也深受地域环境影响，在自然环境和社会环境的滋养孕育下形成。因此，在非物质文化遗产的表象或内涵中，带有地域环境的内容或烙印，既理所当然，也不可避免，这是非物质文化遗产地域性的一个重要特征。

非物质文化遗产对地域环境的适应，体现在非物质文化遗产的传播、流动中对不同地理环境跨地域的适应，对不同时代环境跨时间的适应，对不同民族群体跨文化的适应。在一个文化体系中，地理、时代、民族，这些因素并不是彼此独立的，而是有着复杂的联系，构造出一个立体的、多维的生态环境。非物质文化遗产对环境主动适应力越强，被淘汰的概率就越低，生命力也越能持久。事实证明，如今濒危的非物质文化遗产基本上是那些对某一项或多项环境因素高度依赖并且适应力较差的文化事象。一则梁祝民间故事在我国流传千年，有汉族版、壮族版、苗族版、土家族版等，故事在不同地域不同民族中流传着不同的异文，反映了不同的民族风情。非物质文化遗产不但可以突破地域和民族的界限，而且能够在保留核心要素的基础上进行适当的加工调整，以满足不同地域和民族的审美需求，既加强了作品的魅力，又促进了民族文化的交融，充分体现了民间口头文学在传播过程中对生态环境的适应能力。

《非物质文化遗产公约》指出："各个群体和团体随着其所处环境、与自然界的相互关系和历史条件的变化不断使这种代代相传的非物质文化遗产得到创新，同时使他们自己具有一种认同感和历史感，从而促进了文化多样性和人类的创造力。"正如一方水土养一方人，特定的自然环境和人文环境孕育了特定的非物质文化遗产，非物质文化遗产从诞生到发展都不是孤立存在于人的精神领域，而是始终与特定的共同体和环境等因素联系在一起，只有在与其适应的群体和环境中，非物质文化遗产才具有活态性和强烈的目的指向，才具有鲜活的生命力，也只有在特定的生长环境中，非物质文化遗产才能保持其原生性。离开了特定地域环境，便失去了其赖以存在的土壤和条件，也就谈不上保护、传承和发展。地域性既体现又进一步强化了非物质文化遗产的民族性。

（3）传承性

传播包括空间上的横向传播和时间上的纵向延续，非物质文化遗产的传承性指在代际的纵向传播和承续，传承性本是非物质文化遗产的内在动力和特性，要求非物质文化在传与承的实践中代代相传，绵延不断。既要有人传，又要有人承。传者曾经是承者，承者也将是传者，传与承陈陈相因又环环相扣。非物质文化遗产无法像自然遗产和物质遗产那样"不劳而获"，而是必须经过传授与习得才能继承和享用，依靠口传心授、耳濡目染的方式，这个过程往往需要付出极大的心力。

非物质文化遗产的传承性源自实际需要。非物质文化遗产是由一定的共同体、团体或个人创造的，是对自然界认知的流露，是共同体、团体和个人情感的一种表达和表现形式，是各种制度的社会实践。这些表达和实践只有得到共同体内成员的认可，能够引起人们情感上的共鸣和文化价值上的认同，能被共同体或个人所接受，才能成为其民族的文化财产。比如，民居建筑艺术和织造技艺、民间医药知识等是为了满足人类最基本的生存需要而存在，酿酒技艺、蜡染技艺、陶瓷烧制技艺等是为了提高生活质量而诞生，而口头传统、表演艺术、社会风俗等文化事象则承载着教育、记忆、凝聚、娱乐等社会功能。在不同时代，传承的原因也可能发生变化。过去，许多非物质文化遗产的传承人都是为了养家糊口才选择子承父业或拜师学艺。现代，非物质文化遗产的价值得到普遍认可，并且从实用价值为主转变为艺术价值、文化价值为主，例如年画和剪纸艺术的传承更多出于弘扬传统文化、发掘民族艺术魅力的目的。

在传媒尚不发达的时候，非物质文化遗产的传承主要依靠口传心授、行为示范等亲身教育和现场指导，师傅和徒弟是亲密长久的一对一、面对面的关系，这种"家庭作坊式"的传承模式以高成本、低效率的代价获得人才合格率高、知识保真性强的优势，同时也有相应的风险。当今，非物质文化遗产面临的最大问题就是传承问题。许多罕见、珍贵的民间艺术濒危，正是因为其传承受到威胁。近几十年来，社会结构转型，城市化进程加快，产业分化加剧，就业方式发生变革，国民教育体系逐步完善……诸多因素合力导致许多传统行业后继乏人，一些民间绝活随着艺人年事的增长变成"古稀"之物，甚至出现人亡艺亡的遗憾局面。传承非物质文化遗产往往比传承物质文化遗产更需要专门的知识和技术。非物质文化遗产的传承者往往同时是其创造者，如皮影戏传承内容包括制皮、雕镂、操纵、演唱、伴奏等技艺及其道具，所以皮影戏的传承人不仅是道具保管员，还是能够制作和表演皮影的创造者，需要专门的皮影戏知识和技能。

（4）变异性

非物质文化遗产的变异性是指在非物质文化遗产传承和扩展过程中引起的自发和渐进的变化。非物质文化遗产靠语言和行为传承，这种方式决定了它在历时和共时的传承过程中，不断适应周围环境并做出相应变化。变异性实际上是非物质文化遗产文化机能的自身调适，也是非物质文化遗产生命力所在。文化在不同时空的流播、代际的传承，都可导致非物质文化遗产的形态、内容或价值发生或多或少的变异。在不同的时间、不同的场合，同一项非物质文化遗产体现出来的不同形态，从古至今，虽然一脉相承，但并非一成不变；从发源地到流播地，虽然魅力不减，却是各有千秋。例如，甘肃陇南市西和县的乞巧节，原本传承主体是当地12岁以上的未婚少女，然而这一群体大多在校读书或参加工作、外出打工，当地三四十岁以上的中老年妇女逐渐成为节日活动的主体，使这一古老的节俗活动始终有着旺盛的生命力。再如中国的傩俗，原是一种古老的巫术行为，承担着驱鬼逐疫的任务。文献记载，早在殷商时期，民间傩俗就已经上升为宫廷的傩祭和傩仪。每年除夕夜，巫师都要着玄衣朱裳，执戈扬盾，头戴黄金四目的面具，在宫廷各处驱鬼逐疫。从汉代至唐、宋，傩祭仪礼不断变异、扩充和完善，规模越来越大。唐代以后，随着民间艺术的发展和社会的进步，宫廷傩仪的性质发生了很大变化，神秘气氛逐渐减弱，娱乐成分不断增加，到宋代特别是南宋时期终于演变成傩戏。

在传播过程中，阐释非物质文化遗产的意义需要受众参与，不同受众的不同理解会产生不同的非物质文化遗产"文本"。实际上可以认为，由于人的能动性，非物质文化从一个人到另一个人的传递势必会发生变异。甚至，在同一个人身上，由于人内传播的存在，以及人和外界的联系与交流，非物质文化也会发生变异。变异带来的可能是有进步意义的创新，可能是文化的交融整合，也可能是科学文化艺术价值的退步甚至更糟糕的负面效果。不能简单地认定变异的"好""坏"，同样，也不能对变异抱有单纯的欢迎期盼或害怕排斥的心态。

（5）综合性

非物质文化遗产是一定环境、文化和时代精神的产物，必然与当时的社会生活存在千丝万缕的关系。从其构成因素看，非物质文化遗产往往是各种表现形式的综合。口头遗产以口头文学为主体且最具代表性，是人类历史最悠久的文化品种之一，它形成之初就是与其他形式综合共生的。从现有的民族志和人种志材料观察，神话都是在祭仪、典礼、说唱中讲述的；重要的口头说唱，大多有伴奏、伴舞，是诗、乐、舞、仪式的综合统一；史诗、叙事诗更是又说又唱；山歌、情歌也是既有音乐又有文学的，且歌且舞且诗。舞蹈从古至今都没有和节奏、音乐、服饰、装扮、乐器等分离过，戏剧亦更是文学、音乐、舞蹈、美术等的综合艺术，至于节日、民俗庆典、祭仪等更没能例外。从功能来看，非物质文化遗产往往具有认识、欣赏、历史、娱乐、消遣、教育、科学等多种作用。例如，藏戏是我国较为古老的民族剧种之一，至今仍然流传于西藏、四川、青海、甘肃和云贵等地，以及印度等国，其主要剧目有《文成公主》《诺桑王子》等八大传统剧目。藏戏通过民族歌舞、民族说唱等综合性的表演形式来展现故事内容，离开其中任何一种形式，都会削弱其完整性和艺术魅力。

3.1.2 非物质文化遗产的分类

由于对非物质文化遗产的自觉保护实践和相应理论探索，都是相当晚近的事，因此，目前无论是国际还是国内，相关的理论研究还非常薄弱，联合国教科文组织五批"非物质文化遗产代表作名录"及我国四批"国家级非物质文化遗产名录"的公布，宣示着我们已经进入"名录"时代。非物质文化遗产学科研究及实地考察、登录、保护、展示、利用、管理、申报代表作等实践活动都需要建立一套较为全面、科学、合理的非物质文化遗产分类体系。对此，国际社会、我国政府和相关领域的学者做了必要的探索，并提出了一些非物质文化遗产的分类体系。虽然这些分类体系并不完善，但对于我们进一步探索和完善非物质文化遗产理论研究，仍具有重要的借鉴意义。

1998 年，联合国教科文组织通过了《宣布人类口头和非物质遗产代表作条例》，该文件对"人类口头和非物质遗产"的界定和分类为："口头和非物质遗产是指来自某一文化社区的全部创作，这些创作以传统为依据，由某一群体或一些个体所表达并被认为是符合社区期望的作为其文化和社会特性的表达形式；其准则和价值通过模仿或其他方式口头相传。它的形式包括：语言、文学、音乐、舞蹈、游戏、神话、礼仪、习惯、手工艺、建筑术及其他艺术。""除了这些例子以外，还将考虑传播与信息的传统形式。"在该文件中，还明确将人类口头和非物质遗产分为两大类："民间传统文化表现形式"和"文化空间"，并且提出了"文化空间"就是"某种集中举行流行的与传统的文化活动的场所，或一段定期举行的特定活动的时间"。

2003 年，《保护非物质文化遗产公约》中将非物质文化遗产分为 5 大类型，包括：

① 口头传说和表述，包括作为非物质文化遗产媒介的语言；

② 表演艺术；

③ 社会风俗、礼仪、节庆；

④ 有关自然界和宇宙的知识和实践；

⑤ 传统手工技艺技能。

我国根据实际工作需要对非物质文化遗产分类也进行了探讨。2005年，国务院办公厅发布《关于加强我国非物质文化遗产保护工作的意见》，确立了代表作名录体系的保护方式。之后，国家每两年评定一次国家级非物质文化遗产，分为 10 个类别：民间文学、传统音乐（民间音乐）、传统舞蹈（民间舞蹈）、传统戏剧、曲艺、传统体育游艺与杂技（杂技与竞技）、传统美术（民间美术）、传统手工技艺、传统医药、民俗。

由中国艺术研究院中国民族民间文化保护工程国家中心编写的《中国民族民间文化保护工程普查工作手册》第二部分"非物质文化遗产分类代码"对非物质文化遗产做了较系统的分类，它将非物质文化遗产分为两层：第一层是按照学科领域将其分为 16 个一级类别，在其之下又细分出来一些二级类别。这 16 个一级基本类别是：民族语言，民间文学，民间美术，民间音乐，民间舞蹈，戏曲，曲艺，民间杂技，民间手工技艺，生产商贸习俗，消费习俗，人生礼俗，岁时节令，民间信仰，民间知识，游艺、传统体育与竞技。在每一个基本类别之下又有细分，比如"游艺、传统体育与竞技"就细分为室内游戏、庭院游戏、智能游戏、助兴游戏、博弈游戏、赛力竞技、技巧竞赛、杂耍（艺）竞技及其他 9 类；再如"民间知识"细分为医药卫生、物候天象、灾害、数理知识、测量、纪事、营造及其他 8 种。

2011 年颁行的《中华人民共和国非物质文化遗产法》总则中将非物质文化遗产概括为 6 种类型，包括：

① 传统口头文学以及作为其载体的语言；

② 传统美术、书法、音乐、舞蹈、戏剧、曲艺和杂技；

③ 传统技艺、医药和历法；

④ 传统礼仪、节庆等民俗；

⑤ 传统体育和游艺；

⑥ 其他非物质文化遗产。

除这些政策及法规性文件外，学者们从学术研究的角度将非物质文化遗产进行分类。比较有代表性的是王文章主编的《非物质文化遗产概论》和向云驹主编的《人类口头与非物质遗产》两部著作中的分类方式。王文章把非物质文化遗产分为 13 大类：语言（民族语言、方言），民间文学，传统音乐，传统舞蹈，传统戏剧，曲艺，杂技，传统武术、体育与竞技，传统美术、工艺美术，传统手工技艺及其他工艺技术，传统医学和药学，民俗，文化空间。

而向云驹提出了"人体文化"的概念，认为非物质文化是一种典型的人体文化。人体器官、行为和传人是非物质文化遗产的载体，也是非物质文化遗产的主体和对象，并以此种文化的载体特性作为分类原则，将非物质文化的具体形态分为四大类：口头文化、形体文化、综合文化、当下的造型艺术。

3.1.3　对"国标"《中国旅游资源分类、调查与评价》的分析

目前我国具有国家规范性质的实战操作型旅游资源分类方案最典型
代表是国家质量监督检查检疫总局发布的国家标准《旅游资源分类、调
查与评价》（GB/T18972—2003），将旅游资源分为地文景观、水域风光、
生物景观、气象气候与自然景象、遗址遗迹、建筑与设施、旅游商品和
人文活动等8个主类及31个亚类155个基本类型。其中只有旅游商品和
人文活动涉及非物质文化遗产的部分类型，见表3-1。

表 3-1　《旅游资源分类、调查与评价》关于非物质文化遗产资源的分类

主　类	亚　类	基　本　类　型
G 旅游商品	GA 地方旅游商品	GAA 菜品饮食；GAB 农林畜产品及制品；GAC 水产品与制品；GAD 中草药材及制品；GAE 传统手工产品与工艺；GAF 日用工业品；GAG 其他物品
H 人文活动	HA 人物记录	HAA 人物；HAB 事件
	HB 艺术	HBA 文艺团体；HBB 文学艺术作品
	HC 民间习俗	HCA 地方习俗与民间礼仪；HCB 民间节庆；HCC 民间演艺；HCD 民间健身活动与赛事；HCE 宗教活动；HCF 庙会与民间集会；HCG 饮食习俗；HCH 特色服饰
	HD 现代节庆	HAD 旅游节；HDB 文化节；HDC 商贸农事节；HDD 体育节

自2003年版"国标"颁布以来，各级旅游部门基本都以此为依据开
展工作。笔者认为这一分类结构对于非物质文化遗产旅游资源来说存在
以下三点不足：第一，只注重非物质文化遗产旅游资源的物态表现形式，
缺乏非物质资源其他表现形态的反映，如传统医药只在旅游商品类别中
以中草药材及制品体现，而中医对生命疾病认知观念、中医诊法、中药
知识与炮制技艺、中医组方理论与制剂技艺、中医疗法、中医养生方法、

医药卫生民俗等其他表现形态都没有反映；第二，对文化空间的认识不足，对于非物质文化遗产旅游资源来说，具有文化意义或性质的场所或环境不仅是文化存在的背景，其本身就是非物质文化遗产旅游资源的绝对吸引要素；第三，涵盖内容不全面，如语言、民间知识这些重要的非物质文化遗产旅游资源在分类体系中是缺项。

3.1.4　基于非物质文化遗产旅游资源存在形态的分类

非物质文化遗产不能独立存在，它必须依附于某种特定的载体方能显示、储存与传承，非物质文化遗产内容要表达出来，总是要寻找一定的载体形式，才能为旅游者所观赏和体验，而非物质文化遗产的多样性直接导致了承载非物质文化遗产信息的载体的多种多样。一般来说，非物质文化遗产主要以物质实体、人和空间为载体。

在现实生活中，物质类文化遗产与非物质文化遗产并非截然不同的两种事物，而是一个事物的两个方面，任何一种文化遗产，大到建筑，小到剪纸，都是由"物质"与"精神（非物质）"这样相互依凭的两个方面共同构成的。所谓"物质类文化遗产"，就是通过艺人的表演或匠人的制作，将他们的智慧、经验与技艺"有形化""物质化"，如建筑或剪纸；而所谓"非物质文化遗产"，就是艺人在表演或制作过程中所施用的各种技艺与技能。任何物质类文化遗产都具有"非物质"成分，任何非物质文化遗产也都具有"物质"成分。纯粹的"物质类文化遗产"或"非物质文化遗产"在现实生活中是根本不存在的。习惯上我们将文化遗产解构为"物质"与"非物质"，或是"有形"与"无形"，只是出于研究方便，而不是说文化遗产本身就是以这样两种完全不同的状态分别出现的。物质实体是非物质文化遗产积淀、贮存和展现的手段之一。

人作为文化的载体是指人通过言谈、举止、行为、服饰等身体上的信息承载和显示非物质文化内涵。在非物质文化遗产中，真正的材料性物质、器物、实物是次要的、不重要的，它的主要价值和主体价值是非物化的，它的本质是人自身。"非物质"不是没有物质，而是不以物理材料物质为主，是以人为其物质的一种特殊的文化遗产，如口头文学是以人的语言为其物质形式，民间音乐以人的声腔系统等为其物质形式，民间舞蹈和民俗礼仪以人的肢体动作和行为为物质载体，在无人之境、无人表演、行为静止时，非物质文化遗产是无迹可寻的。非物质文化遗产以人为本体，以人为主体，以人为载体，以人为活体，是一种"人体文化"。

"文化空间"一词首先出现在联合国教科文组织的《宣布人类口头和非物质遗产代表作条例》之中，"文化空间"被指定为非物质文化遗产的重要形态，指一个具有文化意义或性质的物理空间、场所、地点。"文化空间"的人类学概念被确定为一个集中了民间和传统文化活动的地点，但也被确定为以某一周期（周期、季节、日程表等）或是某一事件为特点的一段时间。这段时间和这一地点的存在取决于按传统方式进行的文化活动本身的存在。文化空间从其自然属性而言，必须是一个独在的文化场，即具有一定的物理、地理空间或场所，这个场所有时具有文化景观遗产那样的景观价值，有时只是普通的场所，有时是神圣的场所，有时甚至是不固定的场所（如游牧民族的居无定所），但是有固定的时间和随意的场所相结合。文化空间从其文化属性看，往往具有综合性、多样性、岁时性、神圣性、族群性、娱乐性等等，文化属性的表现形态则有岁时性的民间节日、神圣的宗教聚会纪念日、周期性的民间集贸市场、娱乐性的歌会舞节、盛大的祭祀礼仪及其场所等等。综合自然属性和文化属性的文化空间就成为活态的、生态的文化遗产，是非物质文化遗产最为集中、最为典型、最为生动的形态和形式。

基于以上分析，笔者将非物质文化遗产按其资源存在形态分为四大类：物质实体类、活动艺术类、知识实践类和文化空间类。再结合具体非物质遗产旅游资源分出亚类和基本类型，如图3-1所示。

这个分类法需说明两点：第一，非物质文化遗产旅游资源必然依托载体而存在，始终离不开载体，它们是一种内容与形式的关系。非物质

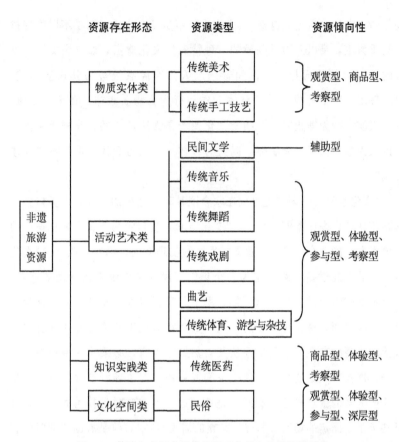

图 3-1 基于存在形态的非物质文化遗产旅游资源分类

文化的本质是人类通过一定的象征符号和媒介实现的人与人之间的沟通、交流和互动，这种过程又物化为语言、艺术品以及行为活动等文化载体而得以展现。因而，非物质文化内容的丰富性要求载体形式多种多样，从一般的物质形态到抽象的符号体系，非物质文化的载体几乎囊括了人类所能动用的各种手段，甚至很多非物质文化直接利用人体自身的行为、活动、口头文化等形式作为载体。但非物质文化遗产旅游资源与其载体之间并非一对一的对应关系，而是一种复杂的网状交叉结构。有时同一非物质文化遗产旅游资源可以用不同的载体形式来表现，或一种非物质文化遗产旅游资源需用多种载体形式来表现；反之同一载体也可表现不同的非物质文化遗产资源的内容。所以，上述分类法是就某项非物质文化遗产旅游资源的主要载体形式来分类的。

　　第二，上述分类法中的类型设置是一种建议，应该说，所涵盖的内容并不全面。亚类是根据国务院已颁行的三批国家级非物质文化遗产名录的内容划分的，而那些至今还未列入名录的项目如民族语言、民俗知识等内容则没有专门分出类别。所以，该分类方法将随着今后越来越多的非物质文化遗产旅游资源得以发掘和重视而补充完善。

3.2　非物质文化遗产旅游资源调查

　　我国国家级非物质文化遗产名录项目统计详见表3-2和表3-3。

表3-2　我国国家级非物质文化遗产名录项目统计

——第一批、第二批、第三批、第四批及扩展项目

地　区 ＼ 项目类别	民间文学	民间音乐	民间舞蹈	民间美术	传统戏剧	曲艺	体育，游艺与杂技	传统手工技艺	传统医药	民俗	合计
北京市	7	3	6	12	5	4	9	19	4	4	73
天津市	1	3	0	2	4	6	3	2	2	2	25
河北省	5	9	6	11	22	6	19	12	3	8	101
山西省	10	12	8	12	23	9	4	14	3	13	108
内蒙古自治区	5	17	4	4	1	5	8	13	4	14	75
宁夏回族自治区	1	3	0	3	1	1	0	1	1	3	14
新疆维吾尔自治区	10	14	7	8	3	4	5	14	3	13	81
青海省	8	10	7	6	2	4	2	6	2	12	59
陕西省	3	8	5	7	12	6	2	5	1	8	57
甘肃省	4	8	7	8	11	5	0	9	1	11	64

项目类别 地　区	民间 文学	民间 音乐	民间 舞蹈	民间 美术	传统 戏剧	曲艺	体育， 游艺与 杂技	传统 手工 技艺	传统 医药	民俗	合计
四川省	6	13	13	15	7	3	1	19	1	7	85
云南省	14	9	25	4	8	1	0	12	4	16	93
贵州省	7	10	15	7	14	1	0	18	8	20	100
西藏自治区	3	4	25	6	2	0	1	13	2	11	67
重庆市	3	14	2	5	2	4	1	6	3	2	42
辽宁省	6	5	6	9	7	7	1	4	2	3	50
吉林省	2	4	4	2	1	6	1	3	2	7	32
黑龙江省	0	5	1	3	1	7	1	4	1	4	27
湖北省	19	17	4	11	18	10	4	4	2	5	94
湖南省	5	13	7	11	13	6	1	8	2	8	74
河南省	8	7	7	10	18	2	7	8	3	6	76
安徽省	3	8	6	8	14	2	2	14	2	6	65
山东省	16	12	5	14	16	11	15	7	3	7	106
江苏省	12	15	9	24	16	9	1	34	6	12	138
浙江省	13	13	13	26	19	22	8	36	6	11	167
福建省	3	5	6	11	15	6	6	19	2	13	86
上海市	2	4	2	9	5	4	2	12	5	3	48
广东省	2	8	12	20	12	4	2	12	5	11	88
广西壮族自治区	6	7	3	1	6	2	0	4	1	14	44

续 表

项目类别 地区	民间文学	民间音乐	民间舞蹈	民间美术	传统戏剧	曲艺	体育,游艺与杂技	传统手工技艺	传统医药	民俗	合计
海南省	0	8	1	2	4	0	0	4	0	15	34
江西省	2	6	5	10	10	3	1	10	1	6	54
香港特别行政区	0	2	1	0	1	0	0	1	0	3	8
澳门特别行政区	0	0	0	1	1	1	0	1	0	4	8
合 计	186	276	222	282	294	161	107	348	85	282	2243

表 3-3 我国各省、自治区、直辖市级非物质文化遗产名录项目统计

项目类别 地 区	民间文学	民间音乐	民间舞蹈	民间美术	传统戏剧	曲艺	体育,游艺与杂技	传统手工技艺	传统医药	民俗
北京市	17	9	26	18	10	12	23	60	9	18
天津市	7	13	24	7	7	14	24	41	12	8
河北省	42	57	70	40	82	24	81	139	9	69
山西省	51	34	50	42	39	14	19	94	16	59
内蒙古自治区	29	55	26	33	12	10	35	78	22	109
宁夏回族自治区	3	4	8	13	2	2	9	15	3	9
新疆维吾尔自治区	21	47	26	17	2	7	22	75	6	48
青海省	22	28	21	17	9	8	10	31	11	49
陕西省	51	53	53	55	33	26	14	129	4	58
甘肃省	21	26	39	17	20	21	14	53	7	32
四川省	30	69	57	14	11	13	15	132	14	76
云南省	23	29	49	8	9	15	10	53	10	56

项目类别 地　区	民间 文学	民间 音乐	民间 舞蹈	民间 美术	传统 戏剧	曲艺	体育， 游艺与 杂技	传统手工 技艺	传统 医药	民俗
贵州省	21	51	52	13	26	11	25	74	9	131
西藏自治区	11	28	88	9	12	9	7	75	12	46
重庆市	18	70	41	29	13	8	16	90	10	25
辽宁省	22	29	26	48	24	17	10	41	6	21
吉林省	21	21	26	37	3	14	19	93	13	37
黑龙江省	23	21	32	36	5	16	14	53	7	43
湖北省	36	46	26	16	28	30	7	41	11	16
湖南省	29	38	16	10	32	14	21	34	4	39
河南省	49	35	52	44	48	18	38	78	15	37
安徽省	13	30	37	34	24	35	15	91	11	44
山东省	55	33	51	48	33	25	37	86	11	30
江苏省	39	28	39	40	23	17	7	101	18	17
浙江省	71	37	83	100	48	24	52	151	22	138
福建省	16	31	28	16	38	14	26	103	8	48
上海市	11	19	10	34	12	7	12	64	15	16
广东省	16	33	71	41	26	9	9	75	16	84
广西壮族自治区	9	44	35	2	10	10	5	50	5	61
海南省	5	7	13	5	1	0	1	24	2	11
江西省	33	37	86	25	46	22	7	127	15	89

　　注：广西壮族自治区的第二批共有 86 项，因为没能找到具体名录，所以没有统计在内。

第4章　非物质文化遗产旅游
资源开发价值评价

4.1　非物质文化遗产的旅游性质

4.1.1　从文化遗产到旅游资源

所谓非物质文化遗产的旅游开发是将非物质文化遗产作为旅游资源转化为旅游产品的过程,并对这种特殊的资源进行一系列旅游活动的一种行为。所谓旅游资源是指自然界和人类社会中能对旅游者产生吸引力,可以为旅游业开发利用并产生经济效益、社会效益和环境效益的各种事物和因素。旅游资源具有作为现代旅游活动的客体的基本属性,具有能对游客产生吸引力的属性,具有开发后能产生经济、社会、生态效益的属性。基于前文关于非物质文化遗产概念和相关理论的分析,非物质文化遗产具有作为旅游资源的可能性。非物质文化遗产具有民族性、区域性、传承性及变异性,这些特征恰恰是旅游资源的存在吸引力的内在要素。非物质文化遗产是一种区域性明显、渗透性极强、涵盖面极广、内容极为丰富的人文现象,这就决定了非物质文化遗产现象对旅游资源作用的多样性和区域性。

首先,非物质文化遗产植根于人类社会生活特定的时空关系中,是传统文化的活的记忆，是原生态的历史遗存，包含丰富多彩的历史文化，具有无可替代的历史价值、文化价值和精神价值；非物质文化遗产从不同侧面展现了不同地域和民族的生活风貌、审美情趣和艺术创造力，较好地保存了大量艺术作品，特色鲜明，反映了历史审美风尚和审美标准，极具审美、观赏价值；非物质文化遗产作为一种社会文化形态，是规范人们思想观念、行为方式的基本力量，是伦理道德观念、民间风俗习惯的缩影，它所体现的人生礼仪、社交礼节、生活习惯、生产传统是世代相传的民间教化的重要知识来源，具有教育功能和价值；非物质文化遗产还是对不同历史时期生产力发展状况、科技发展程度、人类创造能力和认识水平的原生态反映和保留，是现代人获取科技信息的源泉，为不同专业领域的专家学者多角度、多侧面、多学科进行考察研究提供了范本，具有科考价值。这些都构成了对不同层次旅游者的吸引力，旅游者通过旅游活动，可以从中动态地了解历史，认识文化，体验社会，得到美的熏陶。

旅游的动力很大程度上来自于地域文化的差异性，旅游业的成功取决于对不同文化与社会区域的差异的认识和促进。非物质文化遗产是特定的人群在特定的区域长期生活积淀下来的文化，这种地域性使得非物质文化遗产有着各自独立的特色和魅力。比如民间歌舞，新疆的热烈奔放，内蒙古的辽阔雄浑，西藏的高远空灵，西北的苍凉凝重，江南的清新典雅，等等，其民族特色和地域特色都非常鲜明。对于旅游者来说，区域特色越明显，文化差异越大，就越会激发人们的好奇心和想象力，从而引发旅游者的旅游兴趣和动机。

其次，非物质文化遗产作为一种文化资本，具有旅游产业价值，开发利用非物质文化遗产资源，将非物质文化遗产这一古老而独特的文化现象应用于旅游业中，能丰富游客的体验层次，提升旅游产品的文化内涵，拓宽旅游产品的类型，从而提高旅游地的知名度，促进地区旅游经济的发展。同时对非物质文化遗产进行旅游开发，能使游客在观赏、娱乐、体验中陶冶情操，增长知识，激发爱国热情，促进精神文明建设，增进各民族、各区域间的了解，从而获得良好的社会效益。

4.1.2　非物质文化遗产旅游开发的影响

非物质文化遗产旅游开发的影响主要指对遗产地经济、环境和社会以及遗产本身的影响。根据文献和调研，笔者将这种影响的主要表现加以总结，见表4-1。

表4-1　非物质文化遗产旅游开发的影响

内容	正 面 影 响	负 面 影 响
经济	遗产地、旅游企业、当地政府获得收益，创造工作机会，可能会促进对遗产地的投资，可能会带来外汇收入	旅游设施和服务的建设需要公共资金，可能会挪用教育、医疗等其他项目的资金；过多游客造成的拥挤可能会导致的成本；旅游兴起会导致当地自主创新能力和传统风格的丧失
环境	在一定程度上唤起经营者的环境保护意识，促使遗产地政府改善环境质量并提高本地的清洁度	生物环境退化，土壤板结，水质量退化，空气污染，给公共资源造成负担，未经规划的设施带来建筑风格不协调和旅游体验的改变
社会	为游客带来有益的文化体验，增强文化认同和文化自信心、自豪感，改善基础设施	如果游客对当地风俗和礼仪不了解或不尊重，会伤害当地人的感情；富裕游客的到来使当地人产生自卑感，可能导致当地年轻人生活方式的改变；旅游收入只流向有限几个部门，在社区内引起分裂和不满；可能引起疾病传染及犯罪活动
遗产文化	促进对遗产的保留、恢复、传承和发展	商品化、舞台化
	创新＋变异：如学习外来语言，增多交流机会，同时本地方言变异 　　　　　　经济繁荣，设施改善，生活质量提高，同时传统价值体系和生活方式发生变化 传承＋虚假：民间文学得到传承，同时出现杜撰的虚假传说	

总体来说，非物质文化遗产旅游带来的影响是多方面的，虽然这种影响具有双重性，但正面影响要多于负面影响，这正是遗产旅游越来越兴旺的根本原因。

与商务旅游、休闲旅游等其他旅游形式相比，旅游对非物质文化遗产造成的社会文化影响是最广泛也是最显著的。遗产概念自提出之日起，就是以需要珍惜和保护的面貌呈现在世人面前。遗产概念源自发达国家，他们将这个初衷保持得非常好。当非物质文化遗产概念来到中国，这一观念让我们身旁那些原本无足轻重的存在顷刻间重要起来。然而我国地域发展不平衡，作为一个发展中国家，处于贫困线以下的人口数量还很大，我们没有足够的人力、物力、财力和时间来保护遗产。发展是主流趋势，经济主导着社会的主体价值观，虽然我们接受并认同非物质文化遗产保护的重要性，但贫困问题不解决，遗产保护就会打折扣。追求富裕的物质生活是不可抗拒的力量。面对新近引入的概念，人们很容易就想到这是机会，"也许有利可图，这样的条件反射机制是因为工农业领域长期不能领先世界所决定的"，依托非物质文化遗产资源来发展旅游就是在如此的氛围中被隆重推出的。此时，精神食粮被当作了生产资料，期望获利的机构都争相申报遗产，实则更多是为了经济目的。非物质文化遗产主要是以口传身授的方式存在于民众的心理、行为和语言之中，存在于人们的生存空间之中，对这样一种资源进行旅游开发，需要我们建立一套科学的评估体系，客观审视旅游活动与遗产保护的关系，因为并非所有的非物质文化遗产都适合进行旅游开发，也并非所有的旅游开发方式都有助于其保护与可持续发展，盲目开发或无序开发都可能造成非物质文化遗产的破坏，对非物质文化遗产旅游开发的适宜性进行客观评价，能有效规避非物质文化遗产保护与旅游开发向恶性循环发展的风险，进而实现文化遗产保护与旅游开发的良性互动和发展。

4.2 非物质文化遗产旅游资源开发价值评价体系的构建

4.2.1 构建非物质文化遗产旅游资源开发价值评价体系的目的

　　当下，非物质文化遗产所面临的困境，既是理论认识问题，也是实践问题。非物质文化遗产的概念是从西方引入的，但在以旅游开发的方式对待非物质文化遗产问题时，各国的国情和文化遗产的情况不一样，在这种情况下，构建一套自己的非物质文化遗产评价体系势在必行，它的使命就是为非物质文化遗产的旅游开发找到一套科学的、自成体系的，又能得到国际社会公认的操作办法。在非物质文化遗产旅游资源开发价值认知上，因为不同社会群体与个人自身知识局限以及关注领域与价值倾向不同，必然存在局限性和狭隘性。非物质文化遗产旅游资源开发价值评价绝不是一种象牙塔里的纯学问，而应该是对政府和民众都有实际应用价值的学问。这种学问是否具有生命力，也在于它是否具备强有力的实践性或者说可操作性。避免片面评价，广泛参考大众媒体意见，以客观科学的角度，全面诠释非物质文化遗产的旅游开发价值，是构建非物质文化遗产旅游开发价值评价体系应考虑的问题。

　　根据文献资料对资源价值分类的归纳，旅游资源的总价值包括使用价值和非使用价值，如图 4-1 所示。

　　在这些价值构成中，非物质文化遗产的利用者（旅游经营者）注重使用价值，往往把能够产生经济收益的价值纳入决策中，而忽视了社会、文化和环境价值；而非物质文化遗产的直接管理者（文化部门）则更注重非使用价值，即非物质文化遗产未来选择利用的余地，能为子孙后代永续利用的价值、保留价值等，强调保护，但对影响非物质文化遗产的因素，其历史、艺术和社会等价值以及潜在的经济价值则难以量化，即

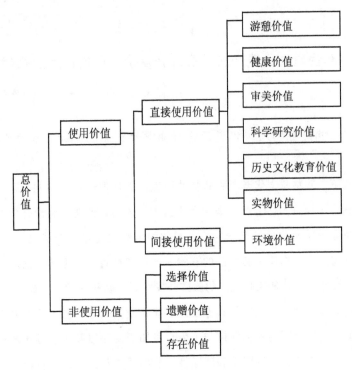

图 4-1　旅游资源价值构成

可以使量化，其结果也可能集中于某一被关注的量。我国目前关于非物质文化遗产价值的评价停留在定性分析层面，缺乏必要的定量分析，虽然定性评价是目前遗产评价最为有效的途径，也是定量评价的基础，但定量评价更容易被用来改变人们对非物质文化遗产的态度，更加直观且有说服力。因而，本书构建的非物质文化旅游资源开发价值评价体系会将综合评价与专项评价相结合、定性评价与定量评价相结合，力求系统全面地阐述非物质文化遗产的旅游开发价值，使以旅游方式对非物质文化遗产保护和利用更有说服力。

本书立足旅游视角对非物质文化遗产旅游开发价值进行评价，对于旅游业来说，主要目的有以下几点：

一是规划的目的。通过对区域内非物质文化遗产旅游资源本体、资源生命力和承载力的综合评价，直接为区域旅游开发的重点、步骤等宏观规划与开发研究提供理论依据。

二是开发的目的。通过对非物质文化遗产旅游资源特点、结构和功能的评价，在宏观规划的指导下，为新旅游产品的开发方向、建设项目提供论证材料，为已经开发和部分开发的老旅游景点提供改造和扩大的依据。

三是管理的目的。通过对非物质文化遗产旅游资源的质量、规模、水平的鉴定，为资源的分级管理提供系列资料，也对开发产品过程中出现的生态环境问题和行业管理问题的修正提供依据。

4.2.2　评价主体

评价主体，即由谁来对非物质文化遗产资源的旅游开发价值进行评价，评价主体不同，往往会因为各自不同的知识背景、关注领域和价值倾向，对评价目标进行片面评价。为做到客观全面，应该选择与评价对象相关联的各类人作为评价主体。

非物资文化遗产旅游因旅游者而引发，但非物质文化遗产旅游现象的健康保持和发展却不能由旅游者一方说了算，非物质文化遗产研究的专家学者、遗产地居民、政府、旅游企业等利益相关者都扮演了重要角色。本研究的评价主体包括非物质文化遗产保护的专家学者（高校教师、文化界人士）、旅游界人士、政府主管部门及遗产地居民和旅游者。

4.2.3　评价原则

"保护第一"原则。旅游是对非物质文化遗产开发利用的一种方式，我们在开发利用的同时应当履行保护的义务。"保护第一"是国际社会和世界各国都强调的理念。在实践中，对非物质文化遗产旅游开发价值的评价也要强调这一理念，以激励旅游开发者在组织管理非物质文化遗产过程中保护优先的行为。

　　实事求是原则。非物质文化遗产旅游资源的评价工作，要从客观实际出发，即在实际调查的基础上，运用遗产学、地理学、管理学、人类学等相关理论和知识，对非物质文化遗产旅游资源的属性、价值等内容给予正确、科学的解释，做出实事求是的评价。

　　全面系统原则。非物质文化遗产旅游资源的价值和功能是多方面、多层次、多类型的，就其价值而言有文化、美学、科考、观赏、历史、社会等价值，功能上有观光、度假、娱乐、健身、科普等；作为旅游资源的开发还涉及开发的自然、社会、经济、环境和区位、投资、客源等开发条件，还要综合考虑遗产文化的承载力。

　　综合效益原则。非物质文化遗产旅游资源的调查与评价不仅出于保护目的，也是为其开发利用服务的，开发利用的目的就是为了获得预期的综合效益，包括社会、生态与经济等三方面的效益，充分、合理利用非物质文化遗产旅游资源，发挥其潜在的资源优势，以获得最大的综合效益，而不只是考虑经济效益。

4.2.4　评价内容

　　本研究的评价对象并非针对非物质文化遗产本体，而是将非物质文化遗产作为旅游开发的客体——旅游资源。旅游资源评价就是从合理开发利用和保护旅游资源以及取得最大社会经济效益的角度出发，运用某种方法，对一定区域内旅游资源本身的价值及其外部开发条件等进行综合评判和鉴定的过程。通过评价，可以对旅游资源的品位、特质、开发条件等有一个全面而客观的认识，从而明确该旅游资源在同类旅游资源或在所处区域中的地位，确定不同旅游资源的开发序位，为制定旅游开发规划等提供科学的判断标准或理论依据。20 世纪 50 年代以来，国外旅游资源评价一直就是地理、环境、经济、社会等学科研究的重点问题。研究主要从旅游资源的视觉质量评价、人类文化遗产价值评价和货币价值评价 3 个方面进行，多学科融合研究已成为国外旅游资源评价理论创新和方法创新的主要动力。我国自20世纪70年代末在吸收国外相关研究成果的基础上，在旅游资源的分类、美学评价、适宜性技术评价等方面的研究获得较大进展。何效祖按照单项旅游资源类型评价、旅游资源价值综合评价和旅游资源综合开发价值评价3个方面进行归类分析，总结出国内外主要的旅游资源评价研究共有32种类型，84个学派或方法，106种代表性评价方法。这些研究为旅游视角下的非物质文化遗产价值评价提供了可借鉴的理论和方法。

旅游资源评价的内容和范围较广，在借鉴国内外学者的观点和实际调研的基础上，可以把非物质文化遗产旅游资源开发价值的评价分为三个方面：一是非物质文化遗产作为旅游资源的吸引力，即其资源品质、地域独特性、遗产所在地环境质量、遗产的使用价值等，这些是吸引游客的关键因素，也是非物质文化遗产旅游开发的生命线和产生效应的内力；二是非物质文化遗产旅游资源生命力，即其开发条件，这是旅游资源开发可行性的重要制约因素；三是非物质文化遗产旅游资源的承载力，即利益相关者对遗产的认知和保护意识以及产品化转化对遗产的影响等，这关系到遗产的永续传承和遗产旅游的可持续发展。

4.2.5　评价指标的选取

目前，绝大多数的非物质文化遗产旅游研究是站在遗产保护的角度来分析问题，却难以体现旅游的特点。这里，借助旅游景观学的相关理论来分析非物质文化遗产的旅游性质。

同济大学刘滨谊教授在21世纪初提出过"三元"理论，他认为，新一代的中国旅游规划，实践深度要从宏观的策划这一元走向宏观策划、时空规划、单体设计的三元；实践内容要从以客源市场为主的一元扩展为客源市场、生态环保、美景创造的三元；理论研究要从产业经济为主的一元扩展为产业经济、游客心理行为、时空形态格局的三元。刘滨谊教授指出三元理论的核心为"AVC三力"，即一个旅游地的吸引力（Attraction)、生命力（Validity）和承载力（Capacity）；将 AVC 三者统筹兼顾、时空布局，才有可能将旅游资源进行可持续的开发利用。这是一套旅游景观设计规划理论，其实践意义在于：增强发展的可持续性，扩大以景区生态环境保护为前提的各种容量。

吸引力最大化地将组织理论的精神运用到整体分析过程中，以磁体及其发出的磁场物的吸引力作比，旅游目的地好比磁体和磁场，游客好比磁性物。针对旅游资源的特征，以旅游体验构成的各个角度深入分析吸引力因子作用的路径和方式，提出一种以体验为目标，以旅游项目为导向的规划方法，从传统被动的、资源配置的规划方法转向主动的、以发掘人的内在需求为提升点的新的规划方法。吸引力可以使旅游地具有更加鲜明的市场形象，具有市场识别、满足游客需求的能力，是旅游地赖以生存的基础。生命力是指旅游地在经济、社会、环境三方面生存成长、发展壮大的能力。旅游系统内部及其与环境之间发生着相互作用，生命力的研究的目标是为了确保旅游项目产品的经营管理和开发策略的准确性，使景区得到可持续发展。承载力是指旅游地的经济投入产出量、游客居民与社会文化容纳量、生态环境承受容量三方面的承载、接待、容纳能力，用于解决资源保护和旅游发展之间的矛盾。

非物质文化遗产价值的评价是有绝对标准的，即联合国教科文组织《宣布人类口头和非物质遗产代表作条例》中所确定的评定标准。这些标准不因某个人的喜爱程度而转移或变化，但是非物质文化遗产作为旅游资源则不一样，旅游资源的评价标准是相对的、动态的，随旅游市场而变动的。旅游资源品位的高低与游客的喜爱程度紧密相关。它此时为大众喜欢，引来大量游客，它是高含量的旅游资源，时过境迁，一旦不再为旅游者所青睐，它就含量骤减，甚至算不上旅游资源了。因而，用评价非物质文化遗产的指标来评价非物质文化遗产旅游资源并不完全适用。同时，非物质文遗产又是一种特殊的旅游资源。一方面，在全球化时代，文化的多样性发展越来越受到关注，各个国家和民族都希望以自己独特的文化身份立足于世界文化之林，非物质文化遗产开始成为文化认同的重要标志，成为民族与国家人文精神的载体；另一方面，非物质经济、符号经济、旅游经济的兴起，使非物质文化遗产成为文化产业开发的对象，非物质文化遗产被人们发掘出资源的价值，随即有了文化产品的概念。作为传统人文精神载体的非物质文化遗产与市场结合，给予非物质文化遗产以新的活力和新的意义，但活力带来的可能会是一种变化，要有活力就必须与社会的发展结合。在商业化时代，只要进入社会发展就有可能被商品化，而商品化的后果往往会带来非物质文化遗产意义的空洞化、形式的雷同化。开发与保护的关系成为学者和文化政策的制定者们所关注和讨论的。有一段时期多数人只敢提保护，不敢轻言开发和利用，但实践早已走在了理论的前面，文化产业、旅游业的发展就是这种实践的结果。实际的情况是旅游业发展和非物质文化遗产的保护已成为有机的整体，旅游业是对非物质文化遗产保护方式的一种探索过程，同时也是将所保护的非物质文化遗产对外展示的过程，而这种展示本身就带有旅游的性质，也带有保护与开发的性质。但这样的方式在实践过程中存在许多问题。现阶段我国的非物质文化遗产保护是政府主导，专家倡导，而真正的文化传承者或广大民众却缺乏文化自觉，旅游业的开发者和经营者也缺少理论的依据和指导，这些往往造成非物质文化遗产旅游开发城市化、表面化，甚至呆板化、庸俗化。因此，在旅游开发视角下对非物质文化遗产的吸引力、生命力、承载力进行综合评价，以提高非物质文化遗产旅游开发和保护传承的有效性，成为一种必要。

AVC理论是基于资源筹划、旅游策划、风景名胜区规划的学科综合。通过对于一个地区或某种资源的AVC分析，可以使旅游地具有鲜明的市场形象与强大的吸引力，保持该地旺盛的生命力，提高该地作为旅游地的经济、社会、生态环境等多方面的承载力，从而实现旅游规划"市场卖点—生命周期—可持续利用"的三位一体的发展模式。吸引力、生命力、承载力三者是有机联系的整体，是一个多因子、多变量、多层次、多目标、多指标体系组成的复杂的动态系统，是多元素的综合体。

本书运用这一理论来构建非物质文化遗产旅游开发的价值评价体系。

（1）非物质文化遗产旅游资源吸引力评价

① 遗产资源的品质

旅游资源要具有能对游客产生吸引力的属性。非物质文化遗产旅游资源的吸引力首先取决于其资源的品质，即等级、知名度和丰度。我国以建立名录体系的方式对非物质文化遗产进行认定和保护。按照UNESCO《宣布人类口头和非物质遗产代表作条例》，被宣布为人类口头和非物质遗产代表作的文化场所或形式应有特殊的价值，应证明：具有特殊价值的非物质遗产的高度集中，或从历史、艺术、人种学、社会学、人类学、语言学或文学角度来看是具有特殊价值的民间和传统文化表现形式。在评估有关遗产的价值时，评审委员会的标准为：有作为人类创作天才代表作的特殊价值；扎根于有关社区的文化传统或文化史；具有确认各民族和有关文化社区特性之手段的作用，具有灵感和文化间交流之源泉以及使各民族和各社区关系接近的重要作用，目前对有关社区有文化和社会影响；杰出地运用了专门技能，是否发挥了技术才能；具有作为一种活的文化传统之唯一见证的价值。

《中华人民共和国非物质文化遗产法》第十八条规定：国务院建立国家级非物质文化遗产代表性项目名录，将体现中华民族优秀传统文化，具有重大历史、文学、艺术、科学价值的非物质文化遗产项目列入名录予以保护。省、自治区、直辖市人民政府建立地方非物质文化遗产代表性项目名录，将本行政区域内体现中华民族优秀传统文化，具有历史、文学、艺术、科学价值的非物质文化遗产项目列入名录予以保护。

由此可知，非物质文化遗产的等级（世界级、国家级、省级、市级、县级）体现着其内在的文化、历史、艺术、科学等价值的高低和影响的大小，也决定着对游客吸引力的大小。

非物质文化遗产旅游资源的知名度决定着其客源市场，一般来说，等级越高，则知名度越高，对游客越具有吸引力。

非物质文化遗产旅游资源的丰度是指区域内非物质文化遗产旅游资源种类的多少，遗产地的资源丰度影响着可以从事的旅游活动种类以及遗产旅游地的总体变化特性。资源构成种类越多，开发后旅游产品越丰富多彩，吸引力越大，因此资源价值也越高。对非物质文化遗产进行普查和编目是进行旅游开发的前提，目的在于搞清楚遗产的数量、类型、种类和分布特征，以确定一个地区是否有遗产集群存在，这些遗产中是否拥有共同的主题。这也是帮助规划者和开发者将遗产组合成旅游节点、区域、网络或主题化线路的重要依据。

② 遗产地域独特性

非物质文化遗产旅游资源的地域独特性评价有稀缺度与奇特度、适游期长度与使用范围两个指标。正是区域旅游资源之间存在差异性，才形成旅游者的空间流动。对于旅游者来说，地域特色越鲜明，文化差异越大，就越会激发人们的好奇心和想象力，从而引发旅游者的旅游兴趣和动机。虽然关键性的遗产集聚是重要的，但是更重要的是要识别出标志遗产：那些的确是独特的或出众的、能够将人们吸引到该目的地的遗产。

③ 遗产地环境质量

非物质文化遗产地的环境质量首先指一般意义上环境的舒适度和安全度，优美的自然环境会强化非物质文化遗产体验的质量，而平淡或不安全的环境则会消解其吸引力。这里的环境质量还指环境对遗产的易保护性。2005 年，国务院办公厅发布《关于加强我国非物质文化遗产保护工作的意见》，对文化空间的概念界定为"定期举行传统文化活动或集中展现传统文化表现形式的场所"。文化空间概念使各种非物质文化遗产与传统环境联系起来，这种环境能促使旅游者对非物质文化遗产价值进行解释和吸收，非物质文化遗产与周边环境的协调性对提高体验质量，帮助旅游者将非物质文化遗产置于背景之中从而更好地理解它的意义与重要性发挥重要的作用。同样，进行非物质文化遗产旅游开发价值评价的目的，是要从市场的角度和文化分析的角度来看，旅游用途是否可以接受并受到欢迎，如果是，那么就像许多欢迎所有游客的宗教寺庙一样，当文化被商品化时出现的问题会少一些。但是如果旅游是一种入侵性的或可能产生冲突的活动，那么旅游的价值就必须重新考虑，或者需要制定一个旅游者行为管理计划。

④ 遗产使用价值

遗产使用价值是指非物质文化遗产可用于旅游开发的深度和广度、塑造或提供体验的能力、是否有依托的著名景区（点）。

旅游资源的旅游功能是指旅游资源能够满足某种旅游活动需求的作用。比如，美学观赏性强的旅游资源可以开展观光旅游，文化、科学价值高的旅游资源适合开展修学旅游、探险旅游等。一项旅游资源若兼有两种或两种以上的旅游功能，就能吸引多个游客群，适合进行多种旅游活动，那么其价值就较大。非物质文化遗产大多具有无形性的特点，在对非物质文化遗产进行旅游开发的过程中，必须运用一定的手段和方式将其合理地展现出来，即非物质文化遗产的有形化。在这个过程中，物质载体主要表现为"人"、物品或空间。如口头文学的表达者、戏曲艺术的表演者、手工艺技术的传承人，或手工艺品、节庆活动举行的场所等，非物质文化遗产的物质载体越丰富，展示的方式也就越多样，旅游开发的程度也就越深越广，塑造或提供体验的能力也就越强。除了物质载体外，目前对非物质文化遗产旅游开发的有形化还有一种常见的方式，就是将其与物质遗产或实地景物结合起来，或开发为鉴赏类旅游产品，或开发为休闲类旅游产品并穿插于旅游活动中，增添旅游项目的文化内涵和档次。旅游景区或景点如果没有一定的文化内涵是不会给游客留下深刻印象和回味的，反过来，非物质文化遗产如果没有可依托的著名景区（点），也会影响旅游者对其购买欲。某种非物质文化遗产旅游资源所传布的地区周围若有名山、名湖、名河、名泉、名岛、名城，或有一定知名度的景区，不但有利于旅游资源成规模的开发，而且后者会对该项非物质文化遗产旅游资源起到带动作用，产生规模效应。

（2）非物质文化遗产旅游资源生命力评价

① 旅游部门对遗产的管理能力

没有对技术、参与人员的能力以及他们的融资渠道做出评价，任何评价都是不完整的。实现旅游规划设想，以可持续的方式将非物质文化遗产作为旅游吸引物来进行管理的能力，是与直接参与者的技术直接相关的。人的因素有可能成为一种致命缺陷。由于重大的管理问题，好的主意可能变成失败的项目。如果管理者不具备相关技术，那么他们是否有获得技术的能力或者购买技术的资金，即融资能力。非物质文化遗产旅游资源是需要持续维护的，需要有足够的资金来保证它的可持续发展，通常情况下，获得用于保护的资金是比较困难的，而且为持续性的维护工作筹措资金要比为一次性的开发项目筹集资金更困难一些。

② 旅游开发条件

作为一项可以自由决定的活动，旅游产品或体验的成功与否，是与遗产地旅游的整体表现联系在一起的。旅游开发是旅游资源评价的最终目的，是一项涉及社会、经济、文化、环境等多部门、多领域的系统工程，非物质文化遗产旅游资源自身条件固然非常重要，但旅游开发还要受许多外部客观条件的影响和制约。所以，对遗产地的区位条件、市场定位，遗产旅游开发对地区经济贡献、客源条件、基础设施条件进行评价，对于确定遗产地是否有机会开发新产品或扩展现有产品具有非常重要的意义。

第一，区位条件。区位条件主要是指非物质文化遗产旅游资源所在区域的地理位置、交通条件以及该项非物质文化遗产旅游资源与其所在区域内的其他旅游资源、周边区域旅游资源的关系等。非物质文化遗产旅游资源所在地的地理位置及交通条件决定着游客的可进入性，也在很大程度上决定了遗产的使用水平。如果非物质文化遗产旅游资源位置偏僻，交通不便，可进入性较差，那么非物质文化遗产旅游资源即便是一流的，也难以成为热点旅游地。通常，通道越轻松、便捷、直接，非物质文化遗产旅游资源赢得高访问量的潜力就越大。或者说，不便捷的通道可能对遗产访问者起到阻碍的作用，除非旅途本身就是一个值得追求的目标。对孤立或偏远的遗产，旅游者首先必须克服他所感觉到的距离障碍才会开始旅行，如果旅游者感觉到这样的旅行会耗费太多时间而得到的回报太少，则会影响其选择。一处旅游资源与其所在区域其他旅游资源、周边地区旅游资源的关系，一般为互补关系或替代关系。为前者关系时，旅游资源之间可以相互映衬，产生聚集效应，能够更多地吸引旅游者；为后者关系时，它们之间会相互竞争、相互取代，引起游客分流。与旅游网络节点地接近度高，或距离网络节点地位置便捷的非物质文化遗产比那些孤立的或偏远的遗产有更大的吸引力。

第二，市场定位。目的地的市场定位不仅会影响旅游活动的种类，而且会影响其规模以及所提供体验的深度。那些因非物质文化遗产旅游资源而非其他资源被市场所知晓的目的地，会有更大的机会来发挥其潜力。例如，在拉斯维加斯这样一个目的地，它提供深刻的历史文化旅游体验的能力要比费城困难得多。如果市场条件不利，或者计划项目与目的地形象或目的地其他产品不融合，那么它成功开发的希望也是有限的。

第三，遗产旅游开发对地区经济贡献。旅游业是经济型产业，必须进行投入产出分析。对非物质文化遗产旅游资源开发后的经济效益进行评估，不仅要估算投资量、投资回收期等直接的经济指标，而且还应评估关联带动作用下的乘数效应所带来的综合经济效益。

第四，客源条件。一定数量的客源是维持旅游经济活动的必要条件，游客数量与旅游经济效益直接相关。再好的旅游资源，若没有一定量的游客来支持，旅游资源开发就不会产生良好的效益。旅游资源的客源条件可以从两方面进行分析。其一是在空间方面，分析非物质文化遗产旅游资源所能吸引的客源范围、最大辐射半径、吸引客源的层次及特点。具体包括：主要客源地有哪些，与主要客源地的距离及交通条件，主要客源地的人口特征及该地社会、经济、文化状况。其二是在时间方面，分析客源季节变化可能形成的旅游淡旺季。这与非物质文化遗产旅游资源所在地的气候特征有一定关系。评价客源条件需要与非物质文化遗产旅游资源的价值、区位条件等因素结合起来综合考虑。

第五，遗产地基础设施条件。基础设施条件是指水、电、交通、邮政、通讯等公共设施系统的完善程度、先进程度。这些设施直接影响非物质文化遗产旅游资源的可进入性和旅游服务质量。

（3）非物质文化遗产旅游资源承载力评价

① 利益相关者对遗产的认知和保护意识

1984 年弗里曼提出了利益相关者理论，是指企业的经营管理者为综合平衡各个利益相关者的利益要求而进行的管理活动。由于非物质文化遗产旅游资源的开发涉及多个层面和群体，主要有政府、遗产地居民、旅游者、旅游经营者，他们对非物质文化遗产的认知和保护意识直接影响着对非物质文化遗产的使用。对利益相关者的考虑已被公认为对所有开发为旅游用途的遗产进行可持续管理的重要组成部分。在旅游开发过程中，各利益相关者都会考虑自己是否实现了利益的最大化，他们之间既存在利益冲突也存在相互依赖。在非物质文化遗产旅游资源众多的利益主体中，政府作为特殊的利益主体，具有超越于其他任何经济利益体之上的调控能力，能够将保护放在开发利用之上，非物质文化遗产的保护和旅游开发需要政府的行为；非物质文化遗产与旅游利用的结合，必然吸引大量开发商进入这一市场，从而形成复杂的商品经济联系；旅游消费者是非物质文化遗产旅游产品的最终检验者；遗产地居民作为非物质文化遗产传承的"大土壤"，往往既是重要的文化遗产传承人，又是广泛的受众群体。因而，非物质文化遗产旅游开发不是个人的事情，而是整个社区或地区的事情，在开发时认真处理与利益相关者的关系，只有这样才能达到效益的最大化。

② 目前传承状况

目前传承状况是指非物质文化遗产的普及状况、传承人状况和研究状况。普及状况是指非物质文化遗产旅游资源所传布的地域和人群数量，普及面越广的非物质文化遗产旅游资源，旅游开发的承载力越强。传承人状况是指非物质文化遗产传承者的数量和年龄结构是否合理，在传承上是否受传承习俗和传承方式的影响，以及传承人感受其艺术价值大小的能力等。加强非物质文化遗产旅游资源的科学研究是增强其承载力的主要方式和手段，已有一定研究基础的非物质文化遗产旅游资源在产品化过程中对可能出现的影响或损坏会有更有效的防止或减少措施。

③ 遗产产品化对遗产（地）形成负面影响的可能性

旅游容量是指在一定时间条件下，一定旅游资源的空间范围内的旅游活动能力，即在不严重影响旅游资源特性、质量及旅游者体验的前提下，旅游资源的特质和空间规模所能连续维持的最高旅游利用水平，又称为旅游承载力或饱和度。它主要受旅游资源的自然特性、旅游功能、旅游活动方式及旅游者偏好等多种因素的影响，涉及旅游者心理需求、旅游资源保护、生态平衡、旅游社会经济效益等多方面的问题。在一定时间、一定范围内，接待的旅游者并非越多越好。超过合理的旅游容量，最终只会得不偿失。当然，在充分满足上述条件下，旅游容量越大，旅游资源价值就越高。

非物质文化遗产旅游资源的旅游容量则是指遗产产品化对遗产的内在价值及对遗产地社会生活方式和文化传统形成负面影响的可能性。旅游本质上是一种人与人之间社会文化的交流。大量游客的引入也带来了异质文化思想和观念，从而引起与地方传统思想文化的交流与碰撞。从本质上来说，旅游由于将非物质文化遗产提供给旅游者消费，必然会将某些变化，从形式到内容，强加给非物质文化遗产，那么，遗产本身的坚固性决定着可以充分开发其市场潜力，如果遗产结构脆弱或其文化价值对游客带来的冲击比较敏感，则需加强旅游管理。关于非物质文化遗产旅游开发价值评价理想指标的总结，可见表4-2。

表 4-2 非物质文化遗产旅游开发价值评价理想指标

A 目标层	B 项目评价层	C 要素评价层	D 因子评价层
A 非物质文化遗产旅游开发价值	B1 遗产吸引力	C1 遗产资源品质	D1 遗产等级
			D2 遗产知名度
			D3 遗产丰度
		C2 遗产地域独特性	D4 稀缺度与奇特度
			D5 适游期长度与使用范围
		C3 遗产地环境质量	D6 环境舒适度与安全度
			D7 环境对遗产的易保护性
		C4 遗产使用价值	D8 可用于旅游开发的深度和广度
			D9 塑造、提供体验的能力
			D10 是否有依托的著名景区（点）
		C5 旅游部门对遗产的管理能力	D11 技术与人员
			D12 融资能力
	B2 遗产生命力	C6 旅游开发条件	D13 遗产地区位条件
			D14 遗产地的市场定位
			D15 遗产旅游开发对地区经济贡献
			D16 遗产地客源条件
			D17 遗产地基础设施条件
	B3 遗产承载力	C7 利益相关者对遗产的认知和保护意识	D18 政府
			D19 当地居民
			D20 旅游者
			D21 旅游经营者
		C8 目前传承状况	D22 普及状况
			D23 传承人状况
			D24 研究状况
		C9 遗产产品化可能造成的负面影响	D25 遗产
			D26 遗产地社会生活方式和文化传统

4.2.6　评价方法

综观国内外现有的旅游资源评价研究，多集中于对自然旅游资源的评价，而对人文旅游资源的评价，首先其使用的评价方法大多为定性评价，如应用较多的体验型评价法、"三三六"评价法、"八度"评价法等。也有些方法看似定量，实则带有很大的主观随意性，很难进行科学的、量化的评价，往往不同专业的规划专家会得出不同的评价结果。能否正确认识人文旅游资源及其开发价值，往往与专家个人视野和对旅游市场情况的把握有关。在资源评价方法日臻完善的今天，为了避免主观色彩、个人感情色彩的出现，对人文旅游资源的评价应坚持定性与定量相结合、力求定量评价为主的原则，既从理论方面进行深入、全面的论证分析，又要根据一定的评价标准和评价模型，将各种评价因素客观量化，定量分析比较，把定性描述用定量关系来表示，使之更具有操作性。其次，就评价对象而言，目前的评价体系主要是针对以物质形态存在于客观世界的资源，而对以非物质形态存在的文化资源的评价研究还存在许多不足，理论研究本身缺乏系统性、全面性和科学性，导致许多地区特别是欠发达地区在旅游开发中，在一定程度上还存在认识的盲目性、定位的模糊性和开发的随意性。已有的一些非物质文化遗产旅游价值评价研究或侧重非物质文化遗产旅游开发的经济效益的评价，或侧重遗产资源本体价值的评价。

本书立足开发利用层面对非物质文化遗产旅游资源开发价值进行综合评价，主要采用层次分析法和德尔菲法两种定性与定量相结合的方法。

层次分析方法（Analytical Hierarchy Process），又称解析递阶过程，是美国著名的运筹学家、匹兹堡大学教授萨蒂（T. L. Saaty）提出的一种系统分析方法，将与决策有关的元素进行层次分解，在此基础之上进行定性和定量分析的决策方法，主要用于求解层次结构或网络结构的复杂评估系统的评估问题，迄今已在我国的科技、管理、军事等领域得到广泛应用。层次分析法的基本思路是根据系统的具体性质和要求，将要识别的复杂问题分为若干层次，建立层次模型，再由专家和决策者对所列指标通过两两比较重要程度而逐层进行判断评分，确定评价因子的权重，进而利用计算判断矩阵的特征向量确定下层指标对上层指标的贡献程度，从而得到基层指标对总体目标或综合评价指标重要性的排列结果。层次分析法目前在旅游资源评价、旅游环境承载力、生态预警等方面都有运用。

德尔菲法（Delphi Method）又称专家征询法，系美国兰德公司数学家赫尔默和达尔奇（Olaf Helmer&Dalky）在 20 世纪 60 年代首先提出并投入应用。德尔菲法是在缺乏历史数据或动向数据的情况下，或者在现有模型需要高水平主观判断的情况下使用的，以问卷的形式对专家进行意见征询，然后汇总专家意见并以之作为问题解答的一种方法。基本程序是：首先确定征询主题，然后是选择所要征询的专家，专家要求有广泛的代表性，一般应包括研究层、管理层和决策层的专家，人数一般以 20~50 人为宜；再后就是设计意见征询表并回收、整理意见，进行继续征询，最后得出解答问题的结论。由于被征询人是本领域的专家，而且各专家是在独立思考不受其他人影响的情况下给出自己的意见，最后结论的可靠程度高。

本书应用的德尔菲法征询非物质文化遗产评价指标的选取，采用登门拜访和电子邮件的方式，进行了三轮调查，共发出问卷 40 份，最终收回有效问卷 24 份，24 位专家分别为高校、科研机构从事非物质文化遗产及旅游管理研究的专家学者 19 位，政府机构决策人员 3 位，旅游部门管理者和经营者 2 位。

4.2.7　非物质文化遗产旅游资源开发价值评价体系的确立

（1）问卷统计

根据层次分析法的标度理论，因子间相对重要性分为九级，极其重要、重要得多、明显重要、稍显重要、同等重要的标定值分别为 9、7、

5、3、1，介于其间的分别以 8、6、4、2 来标定，而稍不重要、不重要、很不重要、极不重要则对应 1/3、1/5、1/7、1/9。见表 4-3 至表 4-5。

表 4-3　综合评价层中各指标的赋值人数

有效回答：24人	极其重要(9)	重要得多(7)	明显重要(5)	稍显重要(3)	同等重要(1)	稍不重要$\left(\frac{1}{3}\right)$	不重要$\left(\frac{1}{5}\right)$	很不重要$\left(\frac{1}{7}\right)$	极不重要$\left(\frac{1}{9}\right)$
B2 比 B1		1	3	3	4	8	4	1	
B3 比 B1	1	3	2	4	2	7	3	2	
B3 比 B2			3	7	7	4	2		1

表 4-4　要素评价层中各指标的赋值人数

有效回答：24人	极其重要(9)	重要得多(7)	明显重要(5)	稍显重要(3)	同等重要(1)	稍不重要$\left(\frac{1}{3}\right)$	不重要$\left(\frac{1}{5}\right)$	很不重要$\left(\frac{1}{7}\right)$	极不重要$\left(\frac{1}{9}\right)$
C2 比 C1		4	3	7	1	6			
C3 比 C1		3	5	9	5	1			
C4 比 C1	2	6	3	2	3	2	5		
C3 比 C2		2	7	1	6	7			
C4 比 C2		5	3	2	5	7			
C4 比 C3	4	5	9	3	2				
C6 比 C5		3		5	10		4	2	
C8 比 C7		3	7	7	4	1	1		
C9 比 C7		2	3	3	10	3			
C9 比 C8		2	1	1	9	7	1	1	

表4-5 因子评价层中各指标的赋值人数

有效回答：24人	极其重要（9）	重要得多（7）	明显重要（5）	稍显重要（3）	同等重要（1）	稍不重要$\left(\frac{1}{3}\right)$	不重要$\left(\frac{1}{5}\right)$	很不重要$\left(\frac{1}{7}\right)$	极不重要$\left(\frac{1}{9}\right)$
D2 比 D1		2	1	4	3	5	5	4	
D3 比 D1	1		3	5	6	7	1	1	
D3 比 D2			1	11	5	5	2		
D5 比 D4			2	3	1	7	4	3	4
D7 比 D6		1	8	6	4	2	2	1	
D9 比 D8			2	10	4	8			
D10 比 D8	1	2	4	6	5	5		1	
D10 比 D9		1	3	9	4	5	2		
D12 比 D11	2	1	7	1	7	1	3	2	
D14 比 D13		2	3	4	4	10		1	
D15 比 D13			4	10	3	6		1	
D16 比 D13		1	7	4	8	1	3		
D17 比 D13			3	4	4	10	3		
D15 比 D14		1	1	10	3	9			
D16 比 D14			4	15	4	1			
D17 比 D14		1	3	6	4	10			
D16 比 D15	1	2	12	5	2	2			
D17 比 D15	1	2	8	5	7	1			
D17 比 D16			3	3	11	5	2		
D19 比 D18		4	1	3	3	3	8	2	

有效回答:24人	极其重要(9)	重要得多(7)	明显重要(5)	稍显重要(3)	同等重要(1)	稍不重要$\left(\frac{1}{3}\right)$	不重要$\left(\frac{1}{5}\right)$	很不重要$\left(\frac{1}{7}\right)$	极不重要$\left(\frac{1}{9}\right)$
D20 比 D18	1		2	2	3	6	2	3	5
D21 比 D18		3	2	4	2	8	2	2	1
D20 比 D19		1		5	3	7	4	2	
D21 比 D19		2	6	5	4	4	2	1	
D21 比 D20	2		4	7	6	2	3		
D23 比 D22	2	2	3		1	6	5	1	1
D24 比 D22			5	4	7	5	2	1	
D24 比 D23				6	7	2	6	3	
D26 比 D25	1	1	9	5	3	1	2	2	

（2）获取最终标定值

以加权的方法确定所有专家意见的代表位置，然后得到相应的标度值。专家意见代表位置为：

$$B = \frac{\sum_{i=1}^{m} n_i a_i}{m - i}$$

B 为专家意见代表位置，m 为专家总数，n_i 是给出第 i 种意见的专家人数，a_i 是第 i 种专家意见的对应序号。

（3）判断矩阵的一致性检验

第一步，计算一致性指标 CI。

$$CI = \frac{\lambda_{\max} - n}{n - 1}$$

第二步，查找相应的平均随机一致性指标 RI，见表4-6。

表4-6 平均随机一致性指标 RI

n	1	2	3	4	5	6	7	8	9
RI	0	0	0.58	0.90	1.21	1.24	1.32	1.41	1.45

第三步，计算一致性比例 CR。

$$CR = \frac{CI}{RI}$$

当 $CR < 0.10$ 时，判断矩阵的一致性是可以接受的。

（4）计算各指标权重

由于数字较复杂，因此各指标的权重是利用 MATLAB（矩阵实验室）软件处理所得，见表4-7至表4-20。

表4-7 综合评价层因子判断矩阵及权重

A	B1	B2	B3	W（权重）	CR
B1	1	1.6787	2.4878	0.4952	
B2	0.5957	1	1.9496	0.3232	0.0072
B3	0.4020	0.5129	1	0.1816	

表4-8 要素评价层因子判断矩阵及权重(1)

B1	C1	C2	C3	C4	W（权重）	CR
C1	1	2.2468	1.7830	3.7308	0.4335	
C2	0.4451	1	1.8435	2.3072	0.2613	
C3	0.5609	0.5424	1	2.2783	0.2018	0.0277
C4	0.2680	0.4334	0.4389	1	0.1034	

表4-9 要素评价层因子判断矩阵及权重(2)

B2	C5	C6	W（权重）
C5	1	3.6124	0.7832
C6	0.2768	1	0.2168

表 4-10　要素评价层因子判断矩阵及权重(3)

C7	1	2.2468	1.7424	0.4966	
C8	0.4451	1	1.4197	0.2704	0.0352
C9	0.5739	0.7044	1	0.2330	

表 4-11　因子评价层因子判断矩阵及权重(1)

C1	D1	D2	D3	W(权重)	CR
D1	1	1.6190	2.0729	0.4694	
D2	0.6177	1	1.9594	0.3341	0.0174
D3	0.4824	0.5104	1	0.1965	

表 4-12　因子评价层因子判断矩阵及权重(2)

C2	D4	D5	W(权重)
D4	1	1.0438	0.5107
D5	0.9580	1	0.4893

表 4-13　因子评价层因子判断矩阵及权重(3)

C3	D6	D7	W(权重)
D6	1	3.0526	0.7532
D7	0.3276	1	0.2468

表 4-14　因子评价层因子判断矩阵及权重(4)

C4	D8	D9	D10	W(权重)	CR
D8	1	2.0290	2.9482	0.5350	
D9	0.4929	1	2.3942	0.3114	0.0240
D10	0.3392	0.4177	1	0.1536	

表 4-15　因子评价层因子判断矩阵及权重(5)

C5	D11	D12	W(权重)
D11	1	3.0965	0.7559
D12	0.3229	1	0.2441

表 4-16　因子评价层因子判断矩阵及权重(6)

C6	D13	D14	D15	D16	D17	W(权重)	CR
D13	1	2.1077	2.3975	2.7362	1.5188	0.3367	
D14	0.4745	1	2.0870	3.0145	2.0580	0.2566	
D15	0.4171	0.4792	1	2.5681	2.1101	0.1825	0.0689
D16	0.3655	0.3317	0.3894	1	1.6116	0.1082	
D17	0.6584	0.4859	0.4739	0.6205	1	0.1160	

表 4-17　因子评价层因子判断矩阵及权重(7)

C7	D18	D19	D20	D21	W(权重)	CR
D18	1	2.0820	1.3645	2.1071	0.3645	
D19	0.4803	1	1.6704	2.8207	0.2825	
D20	0.7329	0.5987	1	2.8812	0.2404	0.0612
D21	0.4746	0.3545	0.3471	1	0.1126	

表 4-18　因子评价层因子判断矩阵及权重(8)

C8	D22	D23	D24	W(权重)	CR
D22	1	2.6197	2.0091	0.5342	
D23	0.3817	1	1.1868	0.2359	0.0183
D24	0.4977	0.8426	1	0.2299	

表 4-19　因子评价层因子判断矩阵及权重(9)

C9	D25	D26	W(权重)
D25	1	3.5226	0.7789
D26	0.2839	1	0.2211

表 4-20　非物质文化遗产旅游资源开发价值指标权重分配

	B	W_B	CR_B	C	W_C	CR_C	D	W_D	CR_D
A	B1	0.4952	0.0072	C1	0.4335	0.0277	D1	0.4696	0.0174
							D2	0.3341	
							D3	0.1965	
				C2	0.2613		D4	0.5107	—
							D5	0.4893	
				C3	0.2018		D6	0.7532	—
							D7	0.2468	
				C4	0.1034		D8	0.5350	0.0240
							D9	0.3114	
							D10	0.1536	
	B2	0.3232		C5	0.7632	—	D11	0.7559	—
							D12	0.2441	
				C6	0.2168		D13	0.3367	0.0689
							D14	0.2566	
							D15	0.1825	
							D16	0.1082	
							D17	0.1160	
	B3	0.1816		C7	0.4966	0.0352	D18	0.3645	0.0612
							D19	0.2825	
							D20	0.2404	
							D21	0.1126	
				C8	0.2704		D22	0.5342	0.0183
							D23	0.2359	
							D24	0.2299	
				C9	0.2330		D25	0.7789	—
							D26	0.2211	

注：W 为各项指标权重，CR 为个指标一致性比例。

（5）非物质文化遗产旅游资源开发价值评价体系的确立

根据各评价层的权重，以100分赋予各指标以分值并加以整理，即可得到非物质文化遗产资源开发定量评价参数，见表4-21。

表4-21 非物质文化遗产旅游开发价值评价体系

A 目标层	B 项目评价层		C 要素评价层		D 因子评价层	
	指标	分值	指标	分值	指标	分值
非物质文化遗产开发价值评价指标100	B1 遗产吸引力	49.52	C1 遗产资源品质	43.35	D1 遗产等级	46.94
					D2 遗产知名度	33.41
					D3 遗产丰度	19.65
			C2 遗产地域独特性	26.13	D4 稀缺度与奇特度	51.07
					D5 适游期长度与使用范围	48.93
			C3 遗产地环境质量	20.18	D6 环境舒适度与安全度	75.32
					D7 环境对遗产的易保护性	24.68
			C4 遗产使用价值	10.34	D8 可用于旅游开发的深度和广度	53.50
					D9 塑造、提供体验的能力	31.14
					D10 是否有依托的著名景区	15.36
	B2 遗产生命力	32.32	C5 旅游部门对遗产的管理能力	78.32	D11 技术与人员	75.59
					D12 融资能力	24.41
			C6 旅游开发条件	21.68	D13 遗产地区位条件	33.67
					D14 遗产地市场定位	25.66
					D15 遗产旅游开发对地区经济贡献	18.25
					D16 遗产的客源条件	10.82
					D17 遗产地基础设施条件	11.60

续　表

A 目标层		B 项目评价层		C 要素评价层		D 因子评价层	
		指标	分值	指标	分值	指标	分值
非物质文化遗产开发价值评价指标100		B3 遗产承载力	18.16	C7 利益相关者对遗产的认知和保护意识	49.66	D18 政府	36.45
						D19 当地居民	28.25
						D20 旅游者	24.04
						D21 旅游经营者	11.26
				C8 目前传承状况	27.04	D22 普及状况	53.42
						D23 传承人状况	23.59
						D24 研究状况	22.99
				C9 遗产产品化可能造成负面影响	23.30	D25 遗产	77.89
						D26 遗产地社会生活方式和文化传统	22.11

　　分析表 4-21 可以反映出，对非物质文化遗产旅游资源开发价值的评价，首先应分析遗产的吸引力，其次是生命力和承载力。这与中外学者关于遗产旅游的一些基本理论是一致的。"遗产旅游是以历史久远的或者是自然特征突出的地域为目的地的一类旅游活动。""遗产旅游者游览旅游景点的主要动机源于该景点的遗产特色。"遗产旅游是在内部心理需要的"推力"和外部环境刺激的"拉力"双重作用下产生的。所以无论旅游需求还是供给，非物质文化遗产本身的吸引力都居于核心位置。遗产资源的基础价值和质量是非物质文化遗产旅游开发的基础和保障，没有高品质的非物质文化遗产旅游资源是难以吸引到大量游客的。事实上，并不是所有的非物质文化遗产都适合进行旅游开发。生命力和承载力评价因素之和在评价体系中所占的比例超过了一半，说明旅游在本质上是一种商业活动，旅游目的地发展旅游的目的是因为旅游能给他们提供经济效益，同时也为了从旅游所创造的财富中自然产生社会效益。了解非

物质文化遗产旅游开发的生命力和承载力是重要的，因为这将决定某项非物质文化遗产是否可以被开发，应以怎样的形式开发等问题。

4.2.8　非物质文化遗产旅游开发价值评价赋值标准

确定了指标体系中各要素、因子的权重，还需对每个因子按一定分级给定评分标准。采用模糊数学五分制记分法，评分标准见表 4-22。

表 4-22　非物质文化遗产旅游开发价值评价赋值表

评价因子	赋值依据	赋值
D1 遗产等级	世界级、国家级、省级、市级、未列入名录及散落民间的	10　8　6　4　2
D2 遗产知名度	在世界、全国、范围、区域或当地范围内知名	10　8　6　4　2
D3 遗产丰度	遗产资源的规模及体量	10　8　6　4　2
D4 稀缺度与奇特度	遗产整体或局部的稀缺程度和奇特程度	10　8　6　4　2
D5 适游期长度与使用范围	适宜旅游的时间长度和使用	10　8　6　4　2
D6 环境舒适度与安全度	遗产地自然环境的舒适度与安全度	10　8　6　4　2
D7 环境对遗产的易保护性	遗产地人文环境、传统文化氛围是否浓郁及对遗产的易保护性	10　8　6　4　2
D8 可用于旅游开发的深度和广度	遗产可用于旅游开发的深度和广度	10　8　6　4　2
D9 塑造、提供体验的能力	遗产塑造或提供体验能力	10　8　6　4　2
D10 是否有依托的著名景区	是否有世界、全国、区域、当地著名景区可依托	10　8　6　4　2
D11 技术与人员	遗产开发人员的专业水平和用于遗产开发的技术水平	10　8　6　4　2
D12 融资能力	在国内外有很强的融资能力	10　8　6　4　2

评价因子	赋值依据	赋值
D13 遗产地区位条件	遗产所在地区位条件、可进入性	10　8　6　4　2
D14 遗产地的市场定位	遗产地市场定位是否有利于遗产保护与开发	10　8　6　4　2
D15 遗产旅游开发对地区经济贡献	遗产旅游开发对当地经济贡献	10　8　6　4　2
D16 遗产地客源条件	遗产地原有的客源条件	10　8　6　4　2
D17 遗产地基础设施条件	遗产地各项基础设施水平	10　8　6　4　2
D18 政府	遗产地各级地方政府的遗产保护意识	10　8　6　4　2
D19 当地居民	遗产地居民的遗产保护意识	10　8　6　4　2
D20 旅游者	旅游者的遗产保护意识	10　8　6　4　2
D21 旅游经营者	旅游经营者的遗产保护意识	10　8　6　4　2
D22 普及状况	遗产在传布地的普及范围、层次	10　8　6　4　2
D23 传承人状况	传承人数量、年龄结构	10　8　6　4　2
D24 研究状况	遗产已有的研究水平和研究状况	10　8　6　4　2
D25 遗产	遗产产品化对遗产原真性损害程度（从低到高）	10　8　6　4　2
D26 遗产地社会生活方式和文化传统	遗产产品化对当地社会生活方式和文化传统可能造成负面影响的范围和程度（从低到高）	10　8　6　4　2

在广泛调研的基础上，征求专家学者、各级政府管理人员和旅游开发经营者、游客、遗产地居民等利益相关者的意见，请相关人士对所要评价的非物质文化遗产评价因子赋值，然后根据按照旅游地的评估数学模型公式，算出各个评价对象的得分值之后，可将非物质文化遗产旅游资源按其综合开发价值分为 4 个等级：

$$s = \sum_{i=1}^{p} \left[\sum_{j=1}^{m} \left(\sum_{k=1}^{n} R_k W_k \right) W_j \right] W_i$$

R_k——第 k 个"评价因子"的得分；

W_k——第 k 个"评价因子"的权重；

W_j——第 j 个"评价要素"的权重；

W_i——第 i 个"评价项目"的权重；

n——"评价因子"的个数；

m——"评价要素"的个数；

p——"评价项目"的个数；

s——被评价资源的综合得分。

表 4-23　非物质文化遗产旅游开发价值等级表

等级	优　秀	良　好	一　般	较差
分值	S ≧ 85	70 ≦ s ＜ 85	55 ≦ s ＜ 70	s ＜ 50

注：表中等级划分标准参考了相关文献中有关非物质文化遗产的价值等级划分方法。

第5章 非物质文化遗产旅游市场 分析及产品化转型研究

与一般商品生产不同的是，旅游产品的开发及销售一般情况下只能在吸引物（旅游资源）所在地进行，必须依靠旅游者自行前来购买才能实现经济的运转。因而在任何形式的旅游中，旅游者是主体，任何情况下，旅游产品开发或旅游规划都离不开客源市场研究。决定旅游业发展的因素，并不完全取决于资源，更在于客源市场可靠度，旅游界对市场导向的认识，经过长期探索和实践，已经形成市场—资源—产品—市场的基本思路，即从分析研究市场出发，针对市场需求，对资源进行筛选、加工和再创造，然后设计、制作、组合成适销对路的旅游产品，并通过市场营销推向市场。

对于非物质文化遗产旅游而言，旅游市场研究的目的在于通过适当的途径和方法，了解旅游市场总体态势和游客对非物质文化遗产旅游产品的需求状况。一般地，把已有市场状态的调查、分析和预测，称为市场的表层研究，它是决定旅游资源开发的走向和规模的基础数据。如果不仅看到客源市场需求，还能根据客源市场的潜在特征和旅游地特征，设计符合市场潜势的旅游区形象已达到吸引更多旅游者前往的目的，就称为市场的里层研究。本书就非物质文化遗产旅游的表层问题做一讨论。

5.1　案例调研区域概况及调研方法

5.1.1　调研区域非物质文化遗产旅游现状

本调研选择莲花山"花儿"的主要传唱地区冶力关风景区。冶力关风景区位于青藏高原的东北边缘，甘南藏族自治州卓尼、临潭两县境内，北距甘肃省省会兰州市160公里，西南距甘南藏族自治州州府合作市90公里，交通便利。景区森林覆盖率为63%，植被覆盖率92.0%，年平均气温5.1℃～6.7℃之间，属湿润的高原气候，高寒湿润，气温年差较小，月差较大，雨热同季，垂直差异显著。冶木河贯穿全区，自西向东流入洮河。地质构造复杂，地貌奇特。冶木河上游地势平缓，有牧草丰茂的天然牧场，也有地势陡峭、沟深谷窄的练珠峡。下游以林海苍茫、清溪潺洄、曲径通幽的沟壑为主。这里有闻名遐迩的莲花山国家级自然保护区，绿涛茫茫的国家森林公园，景色秀美的冶木峡，波光潋滟的天池冶海，神态逼真的十里睡佛，峰峦叠嶂的石林佳境，怪异幽静的赤壁幽谷等省级地质公园，这一切汇聚成了兼华岳之险、藏峨眉之秀、具西湖之柔的秀丽景色，被美国最具权威的旅游杂志《视野》《探险》评选为人一生要去的世界50个地方之一。由于多民族文化的长期融合与发展，得以在节日、婚嫁、服饰、饮食、习俗等方面兼容八方精华，是一处民族风情独特、自然风光优美的旅游度假胜地，是镶嵌在中国大西北的一块绿宝石。

丰富的旅游资源、良好的生态环境和便捷的交通区位等得天独厚的条件，使冶力关成为中心城市最有发展潜力的近程休闲度假旅游区。从2004年起，临潭县瞄准省会绿色休闲旅游市场，以"山水大观园"为建设目标，大力发展城市依托型休闲度假旅游风景区，冶力关景区知名度在甘宁青声名鹊起，景区游客从 2004 年开始的 4 万人迅速发展到 2006 年的 43 万，增长近 10 倍；门票收入从 2004 年的 20 万元飙升到 2006 年的 800 万元，几乎是以 40 倍的速度递增。现在，冶力关风景区的游客人数和旅游收入在甘肃旅游业，特别是在甘南旅游业中占有重要的比例。

甘肃省继敦煌之后的旅游热点中就有甘南藏族自治州，它位于甘肃西南部，正在甘肃、青海和四川三省的交界地带，是丝绸之路的重要组成部分，基于独特的地理优势，甘南州州委、州政府提出了发展"大旅游、大产业、大发展"的指导思想。每年甘南藏族自治州的旅游旺季一般是每年 5～10 月，近年来，全州近 1/3 的游客特别是国内游客及旅游收入来自临潭县。2010 年，甘南藏族自治州 5～10 月旅游旺季期间，国内游客总人数为 157.86 万人次，旅游综合收入为 53477 万元，其中临潭县游客人数为 49.23 万人次，旅游综合收入 16987 万元，游客人数及旅游综合收入均占全州的 31%，临潭县冶力关景区是可以反映整个甘南州旅游业发展状况的。调研时间选择在游客人数最多的 7 月中下旬，因而，调研区域和时间的选择是有一定的代表性的。

一直以来，冶力关风景区以"山水冶力关、生态大观园"为主题形象宣传自己的旅游品牌，在激烈的市场竞争中已逐渐乏力，文化内涵单薄，底蕴不足。单一的旅游产品已难以满足旅游者日益多样化的需求，冶力关风景区目前最为突出的问题是旅游产品匮乏，现有观光产品极不适应市场需求。如洮州博物馆馆长所言："现在的冶力关旅游，只有躯壳，没有灵魂。"2007 年，北京绿维创景规划设计院接受临潭县委托，编制冶力关风景区修建性详细规划和设计方案。规划和设计的目标是把冶力关打造为省会经济圈内最有魅力的 5A 级休闲度假旅游区。为实现这一目标，首先要解决的问题是整合资源，设计新的旅游产品和游憩项目，形成观光、生态休闲、会议度假、运动康体、养生、文化体验、特色餐饮购物全系列产品。作为旅游业而言，旅游的核心吸引物是其赖以发展的基础。"花儿"的独特魅力正可以成为冶力关旅游业发展的最佳旅游核心吸引物。深入挖掘莲花山"花儿"的文化内涵，打造以"花儿"文化为主题的旅游产品，是充实冶力关景区旅游内容，提升旅游产品内涵的有效手段，更是传承和发扬"花儿"文化的最佳途径。

5.1.2　调研方法

经验抽样问卷调查法（Experience Sampling Method，ESM）调查法作为数据收集方法在 20 世纪下半叶大量使用，它是通过口头或书面提问的方式收集信息的数据收集方法。口头提问方式为访谈法，书面提问方式则是通过问卷调查得以实现。问卷调查资料的可信度取决于调查对象的抽样方法，其中经验抽样法较有典型意义，这种方法强调旅游现场的游客回忆和判断有较强的情景意义。经验抽样法实际上是游客自我报告的问卷调查，其优点是，它将关于情景的问题同源于被试个人的问题区别对待，尽量减小因为旅游者记忆力可靠度及信息处理工程的差异导致的抽样信息的误差。这一抽样方法主要关注当前的状况，因此它得到的游憩情景的资料是其他传统方法难以获得的。

参与快速评估法（Participatory Rapid Appraisal，PRA）此方法作为对问卷调查法的补充提高，实质上为半开放式的定性研究方法。通过设定开放式问题，由掌握较高沟通、调查技能的调查者与被调查者进行面对面的、一对一的访谈。在研究中用于了解旅游者对旅游地非物质文化遗产旅游开发的评价、建议。参与性快速评估法是针对被调查者特点，专门设计的由调查者与被调查者共同合作，以被调查者为主而完成的对某一问题的认识与诊断的程序、方法与工具。与传统的问卷调查法相比，PRA 是一种强调"基础"参与性的研究方法。问卷调查法是一种定量研究的方法，其目的是要寻求将数据定量表示的方法，并要采用统计分析的方式，得到带有规律性的结论。但不足是有些问题可能涉及潜意识，无法提供准确答案；有些问题又涉及被调查者的隐私，或对他们的自我形象有消极作用，他们可能不愿意回答。而 PRA 则是一种半开放式的定性研究方法，通过面对面的、一对一的访谈，以揭示游客对某一问题的潜在动机、态度、信念和情感等。这种方法可以获得比较全面、可靠的材料，能在一定程度上倾听调查对象的意见。如在调查中主要采取与被调查者讨论方式："你是否赞成对非物质文化遗产进行旅游开发？如何规避负面的影响？"这样以调查对象为主体，充分发掘调查对象的主观能动性，目的是获取一些深层次的不可预料的答案，增强所得资料或答案的可信度。

5.2 非物质文化遗产旅游者

　　旅游经营者和旅游营销人员通常都是根据旅游者的人口统计特征、地理分布特征以及消费心理特征等来为其产品和服务划分市场。人口统计特征有助于了解参加非物质文化遗产旅游的游客类型。受教育程度、性别、年龄、收入水平以及工作类型等是非物质文化遗产旅游管理者需要了解的最主要的旅游者信息。学者们普遍认为，这些信息有助于遗产旅游的经营者和营销人员根据所总结出来的规律来确定消费者的意愿和需求；从传统意义上讲，地理分布细分永远是根据旅游者居住的地点来加以划分，这有助于了解旅游者在抵达目的地时的空间行为、旅行和参观等规律；消费心理特征的理论依据是，人们的行为受到其态度的影响，而人们的态度是基于其个人生活的方方面面而形成的。霍尔和麦克阿瑟认为，人口统计特征和地理分布特征属于客观型衡量因素，因为这些特征更易于辨认和衡量，消费心理特征及行为特征则属于推断型衡量因素，因为衡量起来较为困难。关于遗产旅游者的特征，如图 5-1 所示。

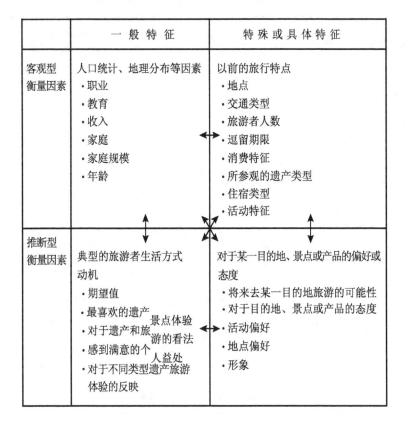

	一 般 特 征	特 殊 或 具 体 特 征
客观型衡量因素	人口统计、地理分布等因素 ·职业 ·教育 ·收入 ·家庭 ·家庭规模 ·年龄	以前的旅行特点 ·地点 ·交通类型 ·旅游者人数 ·逗留期限 ·消费特征 ·所参观的遗产类型 ·住宿类型 ·活动特征
推断型衡量因素	典型的旅游者生活方式动机 ·期望值 ·最喜欢的遗产景点体验 ·对于遗产和旅游的看法 ·感到满意的个人益处 ·对于不同类型遗产旅游体验的反映	对于某一目的地、景点或产品的偏好或态度 ·将来去某一目的地旅游的可能性 ·对于目的地、景点或产品的态度 ·活动偏好 ·地点偏好 ·形象

图 5-1 遗产旅游者特征

5.2.1 非物质文化遗产旅游者客观型衡量因素调查与分析

(1) 非物质文化遗产旅游者人口统计特征

笔者于 2012 年 7 月 20—25 日、2013 年 7 月 25—28 日在非物质文化遗产莲花山"花儿"的主要传布地甘肃临潭县冶力关景区，对前来参观游览的游客进行了客源市场调研，共发放《非物质文化遗产旅游开发价值评估游客调查问卷》700 份，问卷回收率 100%，其中有效问卷 676 份，有效率为 96.57%。

表 5-1 非物质文化遗产旅游市场调查游客统计

属性	特 征	频数 n=676	比例%	属性	特 征	频数 n=676	比例%
性别	男	313	46.30		学生	128	18.93
	女	363	53.69		企业员工	127	18.78
年龄	18 岁以下	22	3.25	职业	公务员	101	14.94
	18—45 岁	495	73.24		个体户	87	11.39
	46—55 岁	113	16.72		教师	58	8.58
	56 岁以上	46	6.80		离退休人员	44	6.51
文化程度	初中及以下	59	8.76		自由职业者及其他	131	19.38
	高中或中专	167	24.70	月收入	1000 元以下	151	22.33
	大专或本科	405	59.91		1000—2999 元	305	45.12
	硕士及以上	45	6.65		3000—5000 元	220	32.54

表 5-2 非物质文化遗产旅游市场调查问题统计

问 题	选 项	频数 n=676	比例%
1. 您此次旅游的主要目的(可多选)	了解考察当地"非遗"	74	10.95
	学习体验	251	37.13
	度假休闲	292	43.19
	探险猎奇	67	9.91
	宗教朝拜	73	10.79
	交友探亲	124	18.34
	其 他	47	6.95

续　表

问　　题	选　项	频数 n＝676	比例％
2. 您了解非物质文化遗产吗？	非常了解	30	4.43
	比较了解	169	25.0
	了　解	258	38.17
	不了解	191	28.25
	根本不了解	28	4.14
3. 您是通过何种渠道了解非物质文化遗产的（可多选）	旅游宣传册	175	25.89
	广播电视	296	43.79
	朋友介绍	209	30.92
	教科书	62	9.17
	报纸杂志	152	22.49
	网　络	226	33.43
	"非遗"展示会	83	12.28
	其　他	41	6.06
4. 如果有与非物质文化遗产相关的表演或展示活动，您有兴趣观看或参与吗？	非常有兴趣	96	14.20
	比较有兴趣	199	29.44
	有兴趣	279	41.27
	兴趣不大	87	12.87
	没兴趣	15	2.22

续　表

问　　题	选　项	频数 n＝676	比例％
5. 您对观看过的非物质文化遗产的展示或表演满意吗？	非常满意	56	8.28
	比较满意	194	28.69
	满　意	313	46.30
	不满意	100	14.79
	非常不满意	13	1.92
6. 本次旅游，您对当地非物质文化遗产的体验程度是	有深刻体验	47	6.95
	体验比较深刻	81	11.98
	有了一定了解	347	51.33
	肤浅体验	177	26.18
	没感觉	24	3.55
7. 您选择旅游目的地最主要的标准是什么？	景点名气	185	27.36
	个人喜好	222	32.84
	旅游项目是否多样	137	20.26
	家人朋友推荐	110	16.27
	旅行社推介	22	3.25
8. 您参与非物质文化遗产旅游活动主要的阻碍因素有哪些？	不了解	140	20.71
	产品参与性不强	168	24.85
	产品没有特色	209	30.91
	没兴趣	53	7.84
	其　他	106	15.68
9. 下列措施您认为对非物质文化遗产保护传承最有效的是	政府重视	152	22.48
	加大宣传	225	33.28
	形式内容不断创新	138	20.41
	文化产业化	161	23.81

从调查数据统计结果看，首先，受教育程度较高是"非遗"旅游者所具有的最主要特征之一，以下两个选项说明大专或本科及以上学历的旅游者出行的主要目的是"学习体验""度假休闲"，这一人群对"非遗""了解"和"比较了解"者占70%，并有86%的人对"非遗"表演或展示表现出不同程度的兴趣。这一结果与国内外其他学者关于"遗产旅游者的平均受教育程度要高于一般公众"的命题相符合。因此，教育可以被视为一种可以提高人们对非物质文化遗产兴趣和了解程度的机制，而这种兴趣和了解程度正是促使人们前往非物质文化遗产地旅游的重要原因。

表5-3 游客受教育程度与非物质文化遗产旅游相关性

问 题	选项	初中及以下(59)	高中或中专(167)	大专或本科(405)	硕士及以上(45)	总计(676)
出行目的	了解考察当地"非遗"	4	21	38	11	74
	学习体验	10	42	180	19	251
	度假休闲	17	74	177	24	292
	探险猎奇	3	9	51	4	67
	宗教朝拜	10	19	38	6	73
	交友探亲	17	29	73	5	124
	其 他	4	17	25	1	47
是否了解"非遗"	非常了解	7	7	14	2	30
	比较了解	9	29	112	19	169
	了 解	17	61	161	19	258
	不了解	22	61	103	5	191
	根本不了解	4	9	15	0	28
是否有兴趣观看或参与"非遗"表演及展示活动	非常有兴趣	7	22	59	8	96
	比较有兴趣	11	42	134	12	199
	有兴趣	23	75	163	18	279
	兴趣不大	11	26	46	4	87
	没兴趣	7	2	3	3	15

其次，从职业和收入看，由于对"非遗"感兴趣的旅游者受教育程度较高，所以在经济状况方面拥有较高和稳定收入的职业如教师、公务员、企业员工是"非遗"旅游的主要人群，同时，学生群体也表现出对"非遗"旅游的兴趣，这与他们的受教育程度及广泛接受媒体的宣传相关。

表 5-4　游客职业特征与非物质文化遗产旅游相关性

问　　题	选项	企业员工 (127)	公务员 (101)	个体户 (87)	教师 (58)	学生 (128)	离退休人员 (44)	自由职业者及其他 (131)	总计 (676)
出行目的	了解考察当地"非遗"	7	6	7	9	29	3	13	74
	学习体验	24	41	24	46	77	15	24	251
	度假休闲	52	61	42	30	30	20	57	292
	探险猎奇	12	8	9	6	23	4	5	67
	宗教朝拜	16	12	20	0	5	5	15	73
	交友探亲	24	10	25	10	14	16	25	124
	其他	20	1	7	0	9	1	9	47
是否了解"非遗"	非常了解	7	5	3	3	4	0	8	30
	比较了解	37	27	12	29	26	10	28	169
	了解	42	48	25	19	59	16	49	258
	不了解	33	18	44	7	32	16	43	191
	根本不了解	8	3	3	0	7	2	5	28
是否有兴趣观看或参与"非遗"表演及展示活动	非常有兴趣	21	14	12	7	19	4	19	96
	比较有兴趣	32	28	23	27	44	11	34	199
	有兴趣	52	48	37	20	48	18	56	279
	兴趣不大	22	11	12	4	15	7	16	87
	没兴趣	0	0	3	0	2	4	6	15

再次，就性别而言，对"非遗"有兴趣女性旅游者要多于男性，这反映出一种现象，"非遗"表演和展示对女性旅游者更具吸引力。对"非遗"表演或展示表现出感兴趣的女性游客所占的比例总体要高于男性游客，如图 5-2 所示。

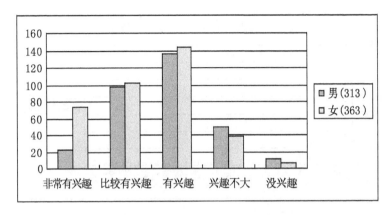

图 5-2 游客性别特征与非物质文化遗产旅游相关性

以上调查结果与国际范围遗产旅游所呈现的总体特征是相符合的，即遗产旅游者与整个旅游大众相比，年龄更大、受教育更好、经济也更富裕，妇女构成了这一市场的主要部分。因为随着人们年龄逐渐增大，教育程度的提高，人们对自己的文化之根、历史事物、更深刻地理解过去，以及了解不同的生活方式和文化、体验不同的事物，会表现出更大的兴趣。

（2）非物质文化遗产旅游者地理分布特征

根据客源地或居住地来划分"非遗"旅游者，被调查的 676 名游客全部为国内游客，其中甘肃省内游客 289 人，省外游客共 397 人。可以看出"非遗"旅游第一类旅游者是本省居民，特别以兰州游客居多，他们通常在周末来冶力关景区进行二日游或三日游，见表 5-5；第二类旅游者以甘肃省周边省（自治区）游客为主，包括陕西、四川、宁夏等；第三类旅游者为国内其他省份游客，他们通常是旅行社安排的旅游线路中在遗产地停留并参观该地的"非遗"旅游景点。如图 5-3 所示。

表 5-5　甘肃省内游客地理分布特征

地区	兰州	定西	天水	平凉	庆阳	临夏	甘南	武威	张掖	陇南	其他	合计
游客人数	117	12	34	28	6	28	24	18	5	7	10	289

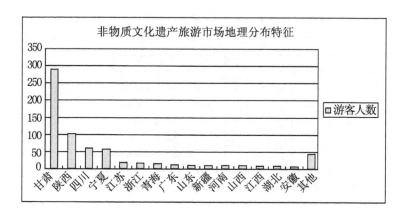

图 5-3　全国游客的地理分布特征

5.2.2　非物质文化遗产旅游者推断型衡量因素

以旅游者的访问动机、对产品的体验程度来对"非遗"旅游市场进行划分。加拿大学者鲍勃·麦克切尔和澳大利亚学者希拉里·克罗斯以文化旅游在关于访问目的地的总体决策中的重要性及其体验的深度将文化旅游者划分为五种类型：意外发现性文化旅游者、目标明确性文化旅游者、偶然型文化旅游者、随意型文化旅游者、观光型文化旅游者。

笔者认为，旅游者在旅行期间会参加一系列多样化的活动，有些活动直接与旅行的主要目的相关，但是多数活动则不然。而任何关于旅游者定义的使用，都隐含了或使人感觉到了对于首要目的的强烈暗示。如将某人标签为商务旅行者，则意味着此人访问某一目的地的首要原因是执行商务工作。同样，称某人为探亲访友旅游者，是指他选择某一目的地的第一原因是看望亲戚朋友。因此人们会认为，使用文化旅游者这个标签也暗示了首要目的，即旅游者是受文化旅游原因的驱动而旅行，在旅行过程中会追求深刻的文化体验。

文化旅旅游者被定义为在旅行期间的某个时段访问特定的文化或异常吸引物、博物馆、美术馆和历史遗址，参加文化或遗产游览活动，出席节日庆典，观看现场演出，或者参加其他特定活动的人，无论访问目的地的原因是什么。这样，世界旅游组织在20世纪90年代中期预测文化旅游占全部旅行的37％，而且其需求正以每年15％的速度增长。根据研究，去欧洲旅行的约67％的美国人希望文化旅游体验成为他们旅行的部分内容。由一家美国购物中心开发商所做的研究报告说，到达美国的国际游客中约有40％参与文化旅游，还有其他研究者报道说，约90％的加拿大人对访问遗产地，包括原住民遗址感兴趣。但事实上，旅游者参加的很多文化旅游活动，仅仅是构成其完整旅行体验的某种增补性活动，上面这些数据中包含着不同目的和体验的文化旅游者。一方面，旅游者出行的动机不同。一些旅游者是明确出于了解考察某一地的文化和遗产这个主要动机而访问某一地区，而且在旅行过程中他们会追求深刻的文化体验，获得文化或遗产旅游体验是他们做出旅行决定的核心动机；其他一些文化旅游者可能有同样强烈的访问动机，但有可能得到质量不同的体验，对其他许多人来说，文化旅游在目的地的选择中可能根本不起任何作用，尽管部分旅游者在旅游期间可能会参观一些文化旅游吸引物。另一方面，在旅游过程中体验的深度也应是需要考虑的因素，因为人们通常认为，那些刻意为文化旅游目的旅行的人会比那些因其他原因而旅行的人寻求某种更为深刻的体验，但这一设想并不一定在任何情况下都正确。因为个人获得深刻体验的能力是受一系列广泛因素影响的，其中包括可用的时间、先期的知识、与遗产的文化亲和性、教育程度以及其他一些问题。因此，从表面上看同样是以文化旅游为主要旅行目的的两个人，其结果则可能在同一处吸引物那里获得不同的体验。由此，鲍勃·麦克切尔、希拉里·克罗斯识别出五种类型的文化旅游者。

其他一些学者的研究也支持了这一观点。斯特宾斯使用严肃休闲（serious leisure）的概念对不同类型的文化旅游现象进行了解释，他把严肃休闲定义为："某种非专业性的、业余爱好的或自愿的活动的系统追求，这种活动在本质上足够丰富并且有趣，因而能使参与者将获得并表现特殊技巧、知识以及经验的综合成就作为其一项事业。"对斯特宾斯而言，文化旅游者类似于一个业余爱好者，他将这种业余爱好者定义为对某一主题有着深刻兴趣的人，并且在其爱好的追求中表现出某种程度的技巧、知识、训练或经验。虽然文化旅游可能是旅行的主要动机，但是斯特宾斯识别出了两类非常不同的业余爱好型文化旅游者。一般的文化旅游者（generalized cultural tourist）以访问各种不同的遗产和地区为其业余爱好。随着时间的推移，这类文化旅游者获得关于不同文化的广泛的一般性知识。另一类，专门的文化旅游者（specialized cultural tourist）则将注意力主要集中于一处或少数几处地理位置或文化事物。他一再访问某一特定城市或国家，寻找对那个地方更深刻的文化理解，或者访问不同的城市、地区或国家，寻找一种特定艺术、历史、节日或博物馆的范例。

本书借鉴麦克切尔和克罗斯的研究模型，以了解考察非物质文化遗产在旅游者出行目的选择中所占有的重要性和游客在旅游过程中对非物质文化遗产的体验程度两个维度，来细分"非遗"旅游者的类型。根据问卷调查统计，676 名被调查游客中，明确表示此行主要目的之一是为"了解考察当地的非物质文化遗产"的有 74 人，加上以"学习体验"为主要目的的 251 位游客，可以认为第一个维度了解考察当地"非遗"在旅游者出行目的选择中占有重要比例的游客共有 325 位，占被调查游客的 48％。这其中，表示此次旅游对当地非物质文化遗产有深刻体验的游客有 39 位，占全体被调查游客的 5.76％，这些人可以被理解为目标明确型"非遗"旅游者；有比较深刻体验的有 72 位，有了一定了解的有 211 人，共占被调查游客的 42.31％，这些人可以理解为观光型"非遗"旅游者；其余游客出行的主要目的分别是"度假休闲""探险猎奇""宗教朝拜""交友探亲"等，共占被调查游客的 52％，这中间，表示此行对当地非物质文化遗产获得深刻体验的有 8 人，获得比较深刻体验的有 9 人，共占被调查游客的 2.51%，这可以理解为意外发现型"非遗"旅游者；表示此行对当地"非遗"有一定了解的有 136 人，占 20.12%，为随意型"非遗"旅游者；表示此次出行对当地"非遗"体验肤浅及没感觉的游客有 201 人，占 29.73%，为偶然型"非遗"旅游者。

图 5-4 非物质文化遗产旅游者的类别

目标明确性"非遗"旅游者：非物质文化遗产是其访问某一目的地的首要原因，而且获得深刻的文化体验。

观光型"非遗"旅游者：非物质文化遗产是其访问某一目的地的首要是或主要的原因之一，但体验较前者肤浅。

意外发现型"非遗"旅游者：出行的目的不是为非物质文化遗产的原因，但在参与"非遗"旅游活动之后却获得深刻的"非遗"旅游体验。

随意型"非遗"旅游者：非物质文化遗产不是其访问目的地的主要原因，在活动过程中得到较为肤浅的体验。

偶然型"非遗"旅游者：不是为了解非物质文化遗产的目的旅游，并且在活动的过程中也没有得到什么体验。

一般情况下，在某一非物质文化遗产旅游地都可以发现所有这五种类型的"非遗"旅游者。旅游者类型的混合情况会因目的地不同而不同，这主要取决于目的地本身、在目的地参观的遗产以及旅游者的来源。关于目的地的总体意识水平以及目的地作为非物质文化遗产旅游地的声誉将影响到目的地所吸引的旅游者类型，世界级、国家级的非物质文化遗产或遗产地不仅能够比省级、市级的非物质文化遗产或遗产地吸引更多的旅游者，而且还更有可能吸引更多目标明确型"非遗"旅游者和观光型"非遗"旅游者。由于当地非物质文化遗产的突出声誉，旅游者会特地去访问这些地方。至于是否能够得到深刻的体验，不仅取决于产品的开发形式，也取决于旅游者本身。部分旅游者访问目的地的原因只是为了获得一种已经访问过该地的个人身份，或者为自己的影集再增添一张照片而已，这样的游客不可能获得深刻的体验。而部分专业技术旅游者及对某种非物质文化遗产有着浓厚兴趣的人，就可能获得较为深刻的文化体验。在调查中发现，被调查的游客仅有约5％的游客属于目标明确性非物质文化遗产旅游者，而这些人大多为教师、学生及一些本身就对当地非物质文化遗产有着特殊爱好的游客。

根据国内外学者的研究，文化旅游者的混合结构有这样一条规律，即它受到旅游者来源的影响。对国际旅游者而言，东道主文化与旅行者自身文化的差距越大，那么目的地吸引目标明确型旅游者的可能性就越大，麦金托什和戈尔德纳将文化距离定义为："旅游者来源地区的文化与东道主地区的文化的区别程度……特定来源地区和目的地地区之间的文化差距越大，某一异向中心的人就可能越希望旅行那个目的地。"另一方面，对国内旅游者而言，当访问地体现出更高的文化接近度时，旅游者就越有可能前去寻求文化旅游体验。文化或遗产吸引物与国内旅游者的核心价值越接近，吸引目标明确型旅游者的可能性就越大。那些体现持久的民族理想或民族核心价值的文化旅游目的地或文化旅游吸引物，能比那些价值较低的遗产吸引更多的目标明确型和观光型文化旅游者。

五种类型的非物质文化遗产旅游者在人口统计学特征上没有表现出重要区别，但在行为上却有重大区别。目标明确型旅游者通常是各类博物馆的最大消费者，这一类旅游者还对没有列入旅游行程但在当地却很有影响的庙宇、庙会等感兴趣，他们通常愿意深入当地民间，与当地百姓深入接触，了解他们的生活生产，以各种方式使自己深入到当地文化之中，从而得到深刻的文化体验。观光型非物质文化遗产旅游者会对遗产地的各种文化活动都感兴趣，他们并不在深度上追求任何一种活动，他们重视的是对各种体验量的消费，而不是任何一种体验的深度。这类旅游者最可能访问的是那些标志型的非物质文化遗产吸引物。与前两类形成对比的是，偶然型非物质文化遗产旅游者在各个旅游点访问那些易于消费、以便利为基础的吸引物，这些吸引物对他们没有特别的情感上或知识上的挑战性，例如游览主题公园、观看非物质文化遗产情景剧。随意型非物质文化遗产旅游者表现出的行为在很大程度上与偶然型非物质文化遗产旅游者相似，只是他们可能会顺从他人的指点去参观一些较为偏僻的地区，他们可能比偶然型非物质文化遗产旅游者更投入地去欣赏所开发的非物质文化遗产旅游产品，如非物质文化遗产表演或展示。

分析旅游者的类型对非物质文化遗产的管理者、旅游开发者和营销者都有很大的借鉴意义，因为这使他们对非物质文化遗产的旅游产品开发以及推销更有目标性，使其开发的产品对不同的游客都具有吸引力和相关性。随着非物质文化遗产概念的普及和宣传的越来越广泛，参加非物质文化遗产旅游活动可能成为一种大众市场的活动，但是以非物质文化遗产为核心的市场或目标明确型非物质文化遗产旅游市场依然只是一个小型的特殊市场。多数旅游者或大众旅游者所参加的非物质文化遗产旅游活动，主要是作为其旅行的补充性因素，而不是核心因素。如调查中43.19%的游客选择出行的主要动机的"休闲度假"，这意味着他们寻求的主要是脱离日常生活常规的短暂休息。所以，对于非物质文化遗产旅游开发者来说，"舞台真实"的理论是适用的，开发的非物质文化遗产旅游产品应以轻松、娱乐为特点，以满足大多数游客对非物质文化遗产欣赏和了解的心理需求。

5.2.3 潜在的遗产需求与遗产闲置

旅游需求包括现实需求和潜在需求，现实需求是指人口中实际旅游的那部分人，潜在需求或者说未得到满足的需求是指人口中具有旅游潜力的人数与实际旅游的人数之差。而潜在需求是最重要的需求类型之一，潜在需求可以被看作是那些从没有参观和从没有考虑参观遗产旅游景点的人、那些过去参观过但现在不再参观遗产旅游景点的人以及那些不经常参观遗产旅游景点的人。遗产旅游的管理者了解这一类人，可以确定如何招来新游客并使那些不经常参观或从不参观遗产旅游景点的人前来参观。

克劳福德和戈德比将制约人们参与旅游的因素分为结构性制约因素（structural）和个人制约因素（intrapersonal）。结构性制约因素是指那些阻碍人们将自己的意愿转化为行为的因素；个人制约因素的形成则基于这样一种情况，即一些与个人需求、以往的社交经历、个人能力以及参照群体的态度致使人们选择或放弃旅游活动。

对于非物质文化遗产旅游来说，这两方面的制约因素都不同程度地存在着。首先，结构性制约因素就是非物质文化遗产产品开发方式的原因。调查中，当问及游客参与非物质文化遗产旅游活动的主要阻碍因素时，一半以上的人选择非物质文化遗产旅游产品的原因，24.85％的人认为"产品参与性不强"，30.91％的人认为"产品没有特色"。当问及"您对观看过的非物质文化遗产的展示或表演是否满意"时，16.71％的人明确表示不满意，另有46.3％的人持中立态度。这说明非物质文化遗产旅游产品缺少特色和参与性对旅游者来说是一项重要的制约因素。一种情况，目前国内许多非物质文化遗产旅游产品"千篇一律"，如对节庆旅游资源的开发的"文化搭台、经济唱戏"开发模式，各个地方各种节庆旅游的模式通常为剪彩、领导讲话、锣鼓狮子、歌舞表演、招商引资这样一种流程，强调文化的经济效益，忽视了文化遗产开发的社会效益和生态效益，造成非物质文化遗产商品化、文化商业化的趋势。缺少地域特色和民族特色的文化旅游产品使旅游者感到乏味，难以让游客有重复购买兴趣，再以"口碑效应"影响其他人（调查中，16.72％的人选择旅游目的地的原因是家人或朋友推荐），这会造成那些潜在旅游者对非物质文化旅游兴趣降低。另一种情况，非物质文化遗产旅游的展示和表演方式缺乏参与性，如博物馆是目前对非物质文化遗产进行旅游开发常用的方式，但博物馆的信息传播方式过于传统，所有的参观者都被认为是具有同样的认知起点，并且可以在同样的讲解速度下感受相同的知识并获得体验，没有考虑到游客是有着不同文化程度和不同教育背景的人。文字一直是博物馆这一遗产旅游景点表达意思的最佳或唯一方式，但对于在电视和电子游戏陪伴下成长起来的年轻一代来说，阅读只是一种收集和获取信息的次要方式，他们获取信息的重点放在直观形象和电子形象方面。对这些年轻人来说，传统博物馆的陈设过于呆板、难以理解，并且对于大多数非专业人士的普通参观者来说，博物馆的展品大同小异的，难以引起他们的兴趣。

其次，个人制约因素就是游客缺乏教育准备，缺乏对非物质文化遗产的兴趣和了解。文化旅游产品某种程度上要求旅游者本身有一定的文化素养和知识储备，而人们不去参观遗产旅游景点最普遍的心理原因就是没有兴趣或没有意愿。从实地调查中得知，32.84%的人表示自己选择旅游产品的主要原因是"个人喜好"，32.39%的人对非物质文化遗产"不了解"和"根本不了解"，还有38.17%的游客选择中立，即知道非物质文化遗产但谈不上了解，只有29.43%的游客表示了解非物质文化遗产。这说明非物质文化遗产这一新的概念的普及程度是制约游客选择这项产品的原因之一。非物质文化遗产虽来自民间，但它是一个民族和地方长期历史文化的积淀，对非物质文化遗产的欣赏和兴趣需以一定的历史文化知识为基础。莲花山花儿就是一种文化内涵丰富的非物质文化遗产，它蕴含两千余年多个民族的历史传承和演变，这些民族有现在的，还有已经消失了的历史上的民族。但对于大多数人来说，在其学校教育期间，很少接触有关非物质文化遗产的知识，调查中，只有9.17%的游客对非物质文化遗产的了解来自教科书，绝大多数人的知识来自广播电视和网络。这样，认为自己缺乏足够的教育准备是许多人不去参观遗产旅游景点的原因，对于一些游客来说，类似博物馆这样的旅游产品是一个由科学定律、术语和不同历史时期精心设置的世界，对没有相关知识储备和教育背景的人是一个令人感到陌生和不属于他们的世界，这使许多人放弃对这一产品的兴趣。

通常，谈起非物质文化遗产旅游资源我们会如数家珍，分外自豪，但非物质文化遗产旅游市场现状却不容乐观，对非物质文化旅游产品表示不满意或没有得到深刻体验的游客大有人在，这种现象造成旅游者潜在的旅游需求得不到满足和遗产闲置的矛盾。了解并分析这一现象对非物质文化遗产的管理者和经营者都是有必要的。

5.3 非物质文化遗产旅游产品开发

同旅游资源相比，旅游产品的内涵更加广泛。从不同的角度看会有不同的旅游产品内容。从旅游者来看，旅游产品就是旅游者的一次旅行经历；从旅游业的角度来看，旅游产品则是为接待旅游者所需的所有有形产品和无形服务的总和；从本质上看，旅游产品的概念有广义和狭义之分等。作为一种典型的综合性产品，旅游产品自身拥有抽象性、无形性、不可贮存性以及替代性等明显特征。

5.3.1 以市场营销方式开发非物质文化遗产旅游产品

旅游受吸引物的驱动，吸引物是需求的发生器，它给顾客提供访问某一目的地的理由，通常还构成旅行的核心主题。如果没有合适的、既有广度又有深度的、不仅能吸引旅游者而且能使他们在当地逗留较长时间的吸引物，那么任何目的地都是难以获得成功的，非物质文化遗产适宜作为旅游需求的发生器加以开发。非物质文化遗产包含了某一地方的特征，这些特征体现了该地的文化、历史和环境，而且由于它们的体验性本质，它们能起到宣传该地文化传统、民族背景以及自然风光的作用。但非物质文化遗产还不是旅游吸引物，需要将其转化为能被旅游者消费的旅游产品才能实现其旅游潜力。如何转化则是目前社会各界所讨论和关注的，目的是使非物质文化遗产在转化为旅游产品的过程中不被破坏或尽量减小对其文化价值的损害。

在概念上，产品存在于三个层次：核心层次、有形层次、扩展层次。核心产品是最主要的特征，它确定该产品能满足何种个人需求，能给游客提供什么益处。一个产品的成功依赖产品制造者对消费需求的理解，并且根据需求来塑造产品的功能。旅游产品的开发应从旅游者的角度出发，如对于度假旅游产品来说，提高游客满意度的是热情周到的服务和丰富多样的娱乐项目，而不是客房或食物；有形产品代表了促使需求得到满足的核心产品的物质外观，如历史遗迹、节日庆典等，它是使核心需求得到满足的手段，旅游产品必须加以塑造才能满足游客的需求，通过对有形产品的设计来提供某种类型的体验，可以使该吸引物既能满足游客的期待，又能保持管理者对体验的控制，否则，访问量过大，会造成对景观的压力和破坏；产品的第三个层次是扩展产品，就是在有形产品基础之上提供附加特征，以增进其价值，促使核心需求能得到更为便捷的满足。

把文化遗产视为产品一直存在着强烈的抵制，其原因之一是许多文化遗产的管理者只把注意力集中在他们所管理的非物质文化遗产的物质形态上，而没有意识到他们提供给旅游者的是其核心产品。在本质上，旅游所销售的是能满足旅游者需求与渴望的梦想和体验，人们参与非物质文化遗产旅游是为了让自己的内在需要得到实现，而不是只为看看一些展品和表演或其他的物质表现形式。人们到美国内战时期的战场遗址，不是要去看一片竖着纪念碑的空地，相反，人们到那里去是要获得对美国历史的一种理解，凭吊神圣化了的土地，缅怀曾在此战斗和死亡的战士，接续自己的文化之根，感叹战争的惊人消耗及生命的消逝，甚至设想如果自己处于类似的环境当如何反应。因而，非物质文化遗产旅游产品的开发者应站在游客的角度，首先了解旅游者的需求和偏爱，了解旅游者希望得到什么样的文化体验。

当代的营销和商务管理哲学认为，首先必须了解市场需要什么，然后设计产品来满足那些需要。旅游业正在学习这条经验。非物质文化遗产旅游开发的目的之一是要促进遗产的保护与传承，运用市场营销方式来进行非物质文化遗产的旅游开发和管理也有利于遗产的可持续发展。通过了解游客之所以来旅游的原因，管理者就可以对自己所提供的体验加以塑造，使它以一种与该遗产管理目标相适应的方式更好地满足旅游者的需求。参观非物质文化遗产吸引物的大多数旅游者对遗产的价值和意义在根本上是无甚了解的，市场营销方式使遗产管理者能够按照自己的主张来定义核心产品，同时确定其所期望的旅游者类型，这样，遗产的展示方式可以对遗产管理者所期望的参观者类型显示出最大的吸引力。

仅仅把非物质文化遗产视为有形产品而不考虑其核心特征会导致游客对其所访问的非物质文化遗产进行故意的或无意的破坏。一种情况，如果某项非物质文化遗产非常有名，那么无论有没有营销或反营销工作，人们都会去参观，这时，如果遗产管理者没有对遗产体验加以塑造以满足旅游者的需求，或者他们根本不了解旅游者的需求，那么旅游者就会自己来塑造体验以满足需求，而大多数旅游者对遗产及其深层意义在很大程度上是无知的，所以他们的行为很可能是不合适的，尽管他们更多出于无知而不是恶意。另一种情况是，非物质文化遗产旅游产品在市场上定位模糊，那么很可能是错误类型的旅游者前来参观，所谓错误类型的旅游者是指其需求与遗产管理者所要满足的需求不一致的旅游者。学术界常常讨论旅游对遗产（遗产地）社会的影响和冲击，大部分是由那些善意但却无知的旅游者造成的。因此，明确定位非常重要，没有任何一种产品能够满足所有人的所有需求，更好的办法是锁定那些被清晰界定的、目标一致的旅游者，围绕他们的需求来对体验进行塑造。

5.3.2 非物质文化遗产旅游产品的层次结构

旅游理论认为,大多数旅游目的地的吸引物都存在着一个清晰的层次结构,这一层次结构是根据其对旅游者的吸引力所决定的。吸引物被界定为三种层次,见表5-6。

表5-6 非物质文化遗产旅游核心产品层次结构

层 次	吸引力	功 能
第一层次	远距离旅游者	能从远距离吸引旅游者,非物质文化遗产是旅游者选择某一目的地的主要动因
第二层次	当地旅游者	非物质文化遗产充实来当地旅游的旅游者的文化体验
第三层次	当地旅游者	旅游者的购买决定属于低介入型,或碰巧发生

非物质文化遗产如果是一次旅游活动的主要内容,是旅游者选择目的地的主要动因,那么,它就属于第一层次吸引物,否则,它们即是第二层次或第三层次,是旅游者在目的地可以随意选择参加的活动。吸引物的需求创造能力越强,它就越能够从远距离吸引旅游者,第一层次的非物质文化遗产吸引物对于开发非物质文化遗产地旅游产品是非常重要的,他们在以非物质文化遗产塑造遗产地形象以及影响访问量方面能起到关键作用,只有独特地域性和民族性特征的非物质文化遗产才能成为第一层次的旅游吸引物,人们愿意进行长距离旅游,是要消费真正独特的文化体验;第二层次的非物质文化遗产旅游吸引物可以在遗产地为旅游者提供活动,他们充实了旅游者在遗产地旅游的文化体验,而且本身也可能极受欢迎,但却没有能力把旅游者从其他地方吸引过来,对旅游者访问该目的地的决定没有影响力。第三层次的非物质文化遗产旅游产品对旅游者来说属于低介入型的。

同一种非物质文化遗产可以同时扮演第一层次、第二层次或第三层次旅游吸引物的角色,这取决于旅游者不同的出行目的。如"花儿"成为世界级非物质文化遗产，如果"花儿"传布地以"花儿"为吸引物来塑造当地的文化体验，对那些对"花儿"文化有着浓郁爱好和兴趣、特地到莲花山地区的旅游者来说，"花儿"博物馆、"花儿"舞台剧等非物质文化遗产旅游产品就是第一层次的吸引物；对那些以休闲度假为主要目的，将观看"花儿"舞台表演作为其娱乐休闲方式之一并能顺便增加其对当地文化的了解，这时"花儿"产品则是第二层次的旅游吸引物；另外一些人对"花儿"这种地域性文化本不知晓，他们来莲花山的原因与"花儿"文化毫不相干，知识碰巧当地有"花儿"文化的展示活动而前去参观，非物质文化遗产产品对他们来说就是第三层次旅游吸引物。

非物质文化遗产旅游资源可以开发为不同形式的旅游产品，从非物质文化遗产有形产品的形式看，可以将非物质文化遗产旅游产品分为基础型产品、提高型产品和发展型产品三个层次。

表5-7 非物质文化遗产旅游有形产品层次划分

层　次	特　征	产品形式	功　　能
基础型产品	陈列式	"非遗"博物馆、"非遗"展示馆	满足游客参观、认知的心理需求
提高型产品	表演式	"非遗"实景舞台剧、"非遗"表演	满足旅游者由静到动的心理需求，是"非遗"旅游文化内涵的动态展示
发展型产品	参与式	"非遗"艺术节、"非遗"主题公园	满足旅游者自主选择的个性需求，是形成品牌与吸引旅游者重复消费的重要方面

5.3.3 非物质文化遗产旅游产品开发

非物质文化遗产的旅游开发经过近十年的实践探索和经验积累，已基本形成三种产品模式：非物质文化遗产博物馆、非物质文化遗产主题公园和表演非物质文化遗产舞台剧。

表5-8　非物质文化遗产旅游产品开发模式

类　别	方　式	优　势	劣　势	功　能
非物质文化遗产博物馆	以"物"为载体，静态展示	原真性突出，综合性强，有利于实物的收藏与保护，旅游容量小	静态为主，缺乏动态性和创造性，参与性不强	展示各类民间手工艺品、非物质文化遗产物化载体
非物质文化遗产实景舞台剧	以"人"为载体，动态展示	动态性、娱乐性强，游客参与性较强，展示内容丰富，经济效益明显	过于商业化，为迎合游客的喜好，创新中很难保持非物质文化遗产的原汁原味	可将民间文学作品以歌舞、戏曲、美术等表演方式贯穿在一起，综合展现民族或地域非物质文化遗产
非物质文化遗产主题公园	以"人""物"为载体，综合展示	综合性强，空间大，融动态性与参与性为一体，紧密结合或依托自然景观资源，观赏价值高，给自然景观带来活力，旅游容量大，有利于遗产的传承	投资回报周期长，风险大	划分不同非物质文化遗产的展示区域，除了静态展示之外，还适用于动态性较强的歌舞、戏曲、游艺、竞技表演，有专门的游客体验区，可全方位、多角度展示

（1）非物质文化遗产博物馆

"博物馆是为社会及其发展服务的非营利的永久机构，并向大众开放。它为研究、教育、欣赏之目的征集、保护、研究、传播并展示人类及其人类环境的见证物。"对旅游者来说，博物馆是了解地方文化的窗口。2002年10月来自26个国家、地区和国际组织的150名代表在上海举行了以"博物馆、无形遗产与全球化"为主题的国际博物馆协会亚太地区第七次大会，大会签署了《上海宪章》，《上海宪章》的签署唤起亚太地区国家、社会和博物馆对保护非物质文化遗产的关注，推动了非物质文化遗产保护的实践。2004年5月18日，国际博物馆日的主题是"博物馆和无形遗产",2004年10月在首尔举行的国际博物馆协会第20届大会主题也是"博物馆和无形遗产"。博物馆作为专业文化遗产保护机构一直致力于有形文化遗产的保护,这两次大会的召开表达了国际博物馆界对非物质文化遗产保护的关注,是专业文化遗产保护机构介入到非物质文化遗产保护领域并将其作为自己工作的重要内容。在这样的大环境中,非物质文化遗产的保护传承和产品开发也应借助这一良好方式,顺应国际趋势,建造非物质文化遗产艺术博物馆。首先,将传统博物馆的相关工作方法引入非物质文化遗产的普查中来。传统博物馆的文化遗产调查主要借助民俗学、人类学、民族学等学科的方法,通过田野采集、民族学调查、社会调查征集等手段,这些方法对非物质文化遗产普查有很大的借鉴意义。与民俗学、人类学等学科方法的结合,对非物质文化遗产进行从物质到非物质、从有形到无形的全方位、多角度的深入普查,能够更全面地了解和掌握该项非物质文化遗产的历史、文化、艺术等价值,凸显该项非物质文化遗产在不同学科研究中的学术价值。这样的普查和研究对旅游开发是必要的,也是必需的。传统博物馆也可以发挥自身展示和传播职能,以征集的实物举办展览,促进非物质文化遗产的教育和传播。其次,通过数字化手段、多媒体技术拍照、录音、录像,将相关资料进行数字化存储,便于旅游者检索和查阅。同时数字博物馆还可以通过虚拟展示、模拟非物质文化遗产相关内容的生存环境,使旅游者了解该项非物质文化遗产的内容、内涵和所蕴含的民族精神。再通过网络传播在一定程度上使全社会了解该项非物质文化遗产在民族文化发展中的地位和所起到的作用,进而增强民众的保护意识,在实现博物馆教育功能的同时,在某种程度上也实现对该项非物质文化遗产的保护和传承。生态博物馆是一种新的理念。生态博物馆是一面镜子,是一面当地人民用来向旅游者展示以便能更好地被人了解,使其风俗习惯和特性能够被人尊重的镜子。非物质文化遗产的非孤立性决定了其与周围的环境密切联系,人文环境和生态环境的改变会对非物质文化遗产的发展产生重要影响,生态博物馆的核心理念是文化遗产的原生地保护。

也应看到，传统博物馆是以静态展示为主，缺乏参与性，对游客自身的文化程度和博物馆讲解人员及服务人员要求都很高，因此很难满足大众游客的体验需求。

（2）非物质文化遗产实景舞台剧

非物质文化遗产实景舞台剧，以天然的真实景观作为舞台或者背景，以民族民俗文化、历史、神话、传说、民间故事等为主题，音乐、舞蹈、服装、演出和景观通常融为一体的文艺演出剧目，效果宏大，震撼人心。实践证明，高等级非物质文化遗产旅游资源与自然景观有机融合形成的大型实景艺术表演剧及各种其他表演形式是非物质文化遗产资源转化为旅游产品的成功路径之一。近几年广西桂林、杭州西湖等著名旅游景区的实景舞台剧的发展实践表明，随着民族歌舞艺术介入文化市场并搭上旅游业这列快车后，依托旅游目的地平台，其舞台逐渐由剧场转入旅游景区、景点，转型为一种新型的旅游产品，这是非物质文化遗产旅游产品化的一条重要路径，既是中国先进文化建设的重要成果，也是旅游目的地提升综合竞争力的重要举措。

（3）非物质文化遗产主题公园

主题公园是指同时满足旅游者游乐与开发者的商业目标，并以虚拟态环境塑造与园林环境载体为特点的休闲娱乐活动空间。非物质文化遗产主题公园是一种以展现非物质文化遗产为主题，以满足旅游者多样化休闲娱乐为目的旅游产品。它的目标是要同时实现两方面需求：游客体验非物质文化的旅游需求；非物质文化遗产得以传承和保护的需求。非物质文化遗产主题公园根据非物质文化遗产展示方式，可以分为以下三种：集锦荟萃展现式、原生自然浓缩式、专项"非遗"物质载体化再现式。集锦荟萃展现式，即将全国各地非物质文化遗产汇集成非物质文化遗产主题公园，让游客用很短的时间、走很少的路就能领略到多个民族及不同类型的非物质文化遗产，但要避免在重建或移植过程中丧失非物质文化原真性。如落户成都市金牛区的中国非物质文化遗产主题公园。原生自然浓缩式，即在良好的自然和人文生态环境中挖掘非物质文化内涵，以旅游地居民的日常生产、生活为核心，全面而真实地展示当地的非物质文化遗产，包括民俗村、民族村寨等具体形式。专项"非遗"物质载体化再现式，即以民间文学、民间工艺为主题，通过营建各种建筑、雕塑、绘画等景观再现非物质文化遗产的内涵。如宁波梁祝文化主题公园、苏州"香山工坊"等。非物质文化遗产主题公园模式可以集民间传说、曲艺、民间歌舞、民俗、手工技艺等众多非物质文化遗产展示为一体，可以进行全方位、多角度地展示，是一类综合性的旅游产品，具有休闲、观赏、娱乐等多种旅游功能。但是主题公园一般资金投入很大，是以大量的客源为保证的，因而做好主题公园的规划、评估等各项前期工作是非常重要的。

（4）其他产品形式

随着旅游业的蓬勃发展，旅游产品正发生着结构性和阶段性的变化：传统的观光性旅游向专题旅游转化；静态陈列式旅游项目向动态参与式旅游项目转化；被动式旅游向主动式、自助式旅游转化；大一统的单一主题旅游向多元化主题的个性旅游转化。以莲花山"花儿"为例，也可依托其所在地域的其他资源和景观，开发形式丰富多样的旅游产品，见表 5-9。

表 5-9　非物质文化遗产莲花山"花儿"旅游产品类别

产品类别	资　源　基　础
节庆文化旅游产品	莲花山花儿会、香巴拉艺术节、甘肃莲花山花儿艺术节
民俗文化旅游产品	莲花山朝山民俗、临潭藏族民俗、临潭回族民俗、临潭土族民俗、临潭江淮遗风、十八"龙神"祭祀民俗
科研教育旅游产品	洮州花儿文化研修
修学研艺旅游产品	洮州花儿演唱技艺

续　表

产 品 类 别	资　源　基　础
宗教朝拜旅游产品	"圣湖"冶海、"安多小三寺"（康多寺、多玛寺、杓哇寺）、八角乡拱北
休闲度假旅游产品	农家乐、林家乐、牧家乐
历史遗迹旅游产品	莲花山历代古建筑
森林公园生态旅游产品	莲花山国家级自然保护区、冶力关国家森林公园

　　旅游发展中最重要的是要搞清楚开发哪些类型的旅游产品最能体现区域的地方特色，且能获得最佳的经济、社会及环境效益，并以此推动整个区域旅游业的持续发展和非物质文化遗产的保护与传承。根据对莲花山"花儿"旅游资源的评价和旅游产品的分析可以看到，非物质文化遗产旅游资源结合生态旅游、民俗旅游是未来的开拓重点。亲近自然、体验文化、感受风情，将具有不同吸引力的资源组合在一起，形成具有魅力的非物质文化遗产旅游产品。

第6章　基于公共管理视角下的
非物质文化遗产保护

6.1　非物质文化遗产保护中的政府职能

在社会因工业化、现代化而发生急剧变化时，受市场化大潮的冲击，会出现以下现象：一方面，大多数人都不愿意看到传统文化的式微；另一方面，生活中的芸芸众生往往首先对文化进行现实、功利的考虑，结果每个人都觉得自己是为社会潮流所推，对此只能惋惜而又无能为力。因而，当遭遇强势的外来文化冲击时，传统的文化项目就极易为个人所抛弃。从个人以上的层面来看，这些传统的文化项目仍具有维护群体认同、保存历史记忆、传承历史智慧、丰富文化多样性等积极功能。在这个时候，就需要超越个人之上的社区、第三部门、政府组织等来扮演分散的大众所不能承担的角色，采取措施对传统文化项目加以保护与传承。借用经济学的术语，这些非物质文化遗产就是具有溢出效应的公共产品，它们需要政府干预来获得延续，而不能依赖于市场的自然选择。

公共管理是以政府为核心的公共部门整合社会的各种力量，广泛运用政治的、经济的、管理的、法律的方法，强化政府的治理能力，提升政府绩效和公共服务品质，从而实现公共的福利与公共利益。依照国际社会的共识，政府应处于决策、组织、统筹的地位，因此，《保护非物质文化遗产公约》将保护非物质文化遗产的政府行为严格限定在制定总的保护政策、指定或建立管理机构、拟订非物质文化遗产清单、宣传教育等宏观性和指导性层面。从"非遗"保护出发，政府职能体现在以下四个方面：政策法规制定职能、宣传维护职能、监督职能、人力资源保障职能。

6.1.1　政策法规制定职能

非物质文化遗产代表性项目名录体系的建立，方便了对数目繁多的非物质文化遗产文化进行认定、记录、建档、传播、传承等。2011年颁布的《非物质文化遗产保护法》制定了总体的"保护法"。

首先，每种非物质文化遗产由于自身特性的差异，需要的保护方法也不尽相同。我国政府并没有针对每种非物质文化遗产制定相关的保护规定，使得之前制定的"保护法"实施困难、缺少针对性。目前关于非物质文化遗产的保护主要有3种方式：第一种是抢救性保护，包括考察、采集、密档、保存、研究等；第二种是整体性保护，包括建立文化生态保护实验区。我国现有闽南、徽州、热贡、迪庆等11个文化生态保护实验区；第三种是采取生产性保护。比如2010年6月18日在北京举行的"留住手工技艺——现代化进程中传统工艺美术保护论坛"上，国家文化部副部长王文章表示，作为手工技艺的传统工艺美术是以人为本的精粹性非物质文化遗产，其文化内涵和技艺价值要靠人的手工创造来体现来发挥，而其保护与传承也只有在生产实践中才能真正实现。对传统工艺美术尤其要强调在传承中延续，在生产性保护中发展，而传承过程中要形成艺术家和传承人的艺术个性，即作品的独特风格。他表示，生产性保护的核心是质量，目前传统手工技艺面临诸如材料、工具的问题。如玉石、象牙的枯竭使相关雕刻工艺面临窘境；年画、唐卡中使用的化工颜料容易褪色、变色而丧失艺术价值；高效能生产工具的使用替代手工技艺让作品失去灵魂。他特别举例，有些地方年画用水印来印制，出来的成品几乎与手工的无异，但这些复制品存在的意义与原作完全不同，尤其当复制品达到一定数量之后，两者就有了本质的生命和非生命的区别。所以传统手工技艺一定不能丢掉手工这个中心环节。

案例 6-1　　　　文化生态保护实验区

2007 年 6 月 9 日，中国首届文化遗产日颁奖仪式在北京举行。文化部正式批准设立闽南文化生态保护实验区，仪式上文化部为闽南文化生态保护实验区授牌。这是中国第一个国家级文化生态保护区，实验区包括福建的泉州、漳州、厦门三地，这里是台胞的主要祖籍地，也是闽南文化的发祥地和保存地。作为我国首个文化生态保护区，它的成立标志着我国文化遗产的保护进入一个整体、活态保护的新阶段，为探索文化遗产的保护和发展、继承与创新开辟了新道路。

1. 闽南文化的内涵

闽南文化以其独特的地理位置，上接中原、吴楚，下续中国台湾、东南亚，其涵盖面和影响的范围相当广泛。闽南人艰苦的生存环境，铸造了闽南文化的精髓——"敢拼爱赢"的精神。这种文化精髓的形成、升华和进一步发展，有其客观必然性，这也是闽南文化有别于中原文化和其他闽系文化的一大特色。

闽南文化，其内涵除广义中也含农耕文化、海商文化外，更值得一提的是狭义中所含的建筑文化、民俗文化（饮食生活习俗、服饰习俗、建筑习俗、民间习俗、结婚习俗、寿诞礼俗、民间禁忌）、宗教文化、民间艺术、宗族文化及闽南方言等。

2. 闽南文化生态保护实验区保护项目

（1）闽南方言文学；

（2）闽南民间音乐；

（3）闽南戏曲；

（4）闽南民间舞蹈；

（5）闽南民间美术；

（6）闽南民间手工技艺；

（7）闽南民俗；

（8）闽南传统体育竞技；

（9）闽南民间信仰；

（10）闽南消费习俗。

3. 设立文化生态保护实验区的意义

保护民族文化遗产，弘扬优秀传统文化，是文化繁荣发展的重要内容。建立区域性文化生态保护实验区，标志着我国文化遗产保护进入了一个活态的、整体性保护的新阶段。闽南地处海峡西岸，素以"闽南金三角"闻名的厦门、漳州、泉州三地是闽南文化的发源地和保存地。在这一方热土上，保存着众多原生态的非物质文化遗产和物质文化遗产，它们相依相存，与人们的生产生活融为一体，充分体现了闽南文化的多样性、完整性和独特性，堪称八闽文苑中的奇葩。闽南文化是中华文化的重要组成部分，也是海峡两岸人民"同根""同祖""同缘"、不可分割的文化见证及桥梁和纽带。设立闽南文化生态保护实验区，加强对闽南文化生态的保护和研究，进一步传承和弘扬闽南文化，对促进闽南地区经济、政治、社会协调发展，推进和谐文化建设，增强中华民族凝聚力，促进祖国统一大业，建设社会主义和谐社会，推进海峡西岸经济区建设，具有重要的现实和历史意义。

资料来源：搜狗百科，http：//baike.sogou.com/v73926369.htm。

其次，非物质文化遗产的地域分布也导致不同地区的非物质文化遗产保护面临不同的问题。我国非物质文化遗产分布不均衡，就西部地区而言，陕西、重庆经济较为发达，国家级非物质文化遗产分布比率不高，而贵州、新疆、云南等欠发达省区国家级非物质文化遗产比率反而很高，如云南甚至达到了 6.14%。详细见表 6-1。

表 6-1　西部十省区国家级非物质文化遗产数量及占全国比例

	总数	比　例	名称	总数	比　　例
西北五省区	249	16.27%	陕西	54	3.53%
			甘肃	50	3.27%
			青海	55	3.60%
			宁夏	10	0.65%
			新疆	80	5.23%
西南五省区	354	23.14%	四川	91	5.95%
			云南	94	6.14%
			贵州	86	5.62%
			西藏	47	3.07%
			重庆	36	2.35%

　　学者徐艺乙在其《传承与发展——关于非物质文化遗产的保护》一文中认为，在我国，尽管经济发达地区的非物质文化遗产保护已经有了初步成效，但是经济社会的迅猛发展，人们的生活方式发生了根本性的变化。原来依托于传统生活方式的各种文化形态也逐渐脱离了现代的社会生活，成为历史的一部分。在此过程中，给予物质形态的文化传统，尤其是具有历史、科学、艺术价值的造型和样式，作为"文物"已经得到了基本的保护。而那些与群众的社会生活密切相关的、以非物质形态表现着的口头文学、表演艺术、节庆礼仪民间知识与手工技艺等依靠行为方式传承的"看不见""摸不着"的文化样式，却因为失去了生存的环境而处于濒危状态，尤其是在现代化进程加快的经济发达地区，这样的态势尤为明显。

　　学者曾芸在其论文《欠发达地区非物质文化遗产可持续发展研究》中指出，欠发达地区实现经济发展目标的迫切性更容易遮蔽其社会、文化维度。事实上，非物质文化遗产资源开发与一般的产业开发的不同之处在于，一般的产业开发中投资者、经营者的经济利益是被放在第一位，而在文化资源开发中，其开发的目标被转化为使当地人口的经济利益达到最大化，且要重视遗产地经济发展机会的开发。自 2006 年国务院公布了第一批国家级非物质文化遗产项目名录之后，非物质文化遗产成为各类传媒的新宠，形式多样的非物质文化遗产保护与宣传工作开展得轰轰烈烈，各级政府都将申报非物质文化遗产项目视作提升本地知名度、打造文化名片、发展旅游经济的契机来看待，投入了大量人力、物力、财力申报世界级、国家级、省市级非物质文化遗产。一旦申报成功，各级政府则大多将非物质文化遗产保护的工作重点放在市场开发、商业运作方面，围绕非物质文化遗产项目"打造"各类旅游产品、文化产品，努力发掘本地非物质文化遗产资源的市场潜力与经济价值，使之成为地方经济发展的助推器。曾平在其《非遗保护与社会发展的"博弈"》一文中认为，在这一过程中，非物质文化遗产项目大多仅仅作为地方政府追求经济利益与打造政绩工程的手段与策略而存在，其独立的文化价值与精神内涵被严重忽略，反而造成对非物质文化遗产资源的严重破坏。非物质文化遗产的保护和开发，涉及社会、经济、政治乃至文化各个子系统，一味追求非物质文化遗产带来的经济效益，忽略了开发利用带来的外部观念的冲击，亟须法律政策的支持。

专题 6-1　　　中国非物质文化空间分布特征

在 2006 年国务院确定了 11 大类非物质文化遗产，分别是：民间文学、传统戏剧、曲艺、传统医药、民俗、传统音乐、传统舞蹈、传统美术、传统体育、游艺与杂技、传统技艺。中国非物质文化遗产，数量较多，民族性和地域性显著。从地域格局看，多分布于中国历史悠久、文化盛行及少数民族聚居的区域。根据王会昌和溪雪松等对中国文化区的划分，将中国文化从地理上划分为 2 个一级文化区、4 个二级文化亚区和 13 个三级文化副区。国家级"非遗"高度集中于燕赵文化副区、吴越文化副区、中原文化副区和齐鲁文化副区。此外，在荆湘文化副区、淮河流域文化副区、闽台文化副区，以及在西南少数民族农业文化亚区的"非遗"分布也较为密集，表明人类活动频繁，经济文化较为发达的农耕文化地区，如中华文化的主要发源地、国家行政中心和经济文化中心等是"非遗"分布的密集区。总体来看，东部农业文化区的"非遗"密度远高于西部游牧文化区，这说明地理环境差异巨大的东西部地区，造就出农耕和游牧两种完全不同的文化特征，从而影响着"非遗"的分布。

　　资料来源：程乾、凌素培：《中国非物质文化遗产的空间分布特征及影响因素分析》，《地理科学》2013 年第 10 期；吴清、李细归、张明：《中国不同类型非物质文化遗产的空间分布与成因》，《经济地理》2015 年第 6 期。

6.1.2　政府宣传维护职能

　　《保护非物质文化遗产公约》中的"保护"是指确保非物质文化遗产生命力的各种措施：确认、建档、研究、保存、保护、宣传、弘扬、传承、振兴。非物质文化遗产的保护，作为一种记录、收集和延续、发展活态文化的活动，最为依赖的条件就是一定文化圈内民众的文化自觉，即从意识上对自己文化价值的肯定和自我珍视。有了这种文化自觉，非物质文化遗产的传承与保护就会成为民众的自觉行动。因此，政府在非物质文化遗产保护中的主要责任是培育民众的文化自觉，使非物质文化遗产的保护深入人心，这种培育是靠政府方面的引导，靠有效的宣传和教育，而不是靠简单的行政命令去干预。为了增强民众的民族意识，实现文化自觉，政府要运用教育手段，广泛传播优秀的中华传统文化，普及优秀的中国民间文艺，全面提高国民素质，并实现中国非物质文化遗产全方位的教育传承；要运用舆论手段，借助各种大众传媒，宣传非物质文化遗产保护的意义、仿真原则及相关的政策法规，创造良好的舆论氛围，推动保护工作向纵深发展。

6.1.3　政府监督职能

　　为保护非物质文化遗产我国建立了部际联席会议制度，部际联席会议由文化部、发改委、教育部、国家民委、财政部、住建部、旅游局、宗教局、文物局组成。但是该制度没有明确规定各部委的职责，缺乏强制力，在实际操作中，部门之间也会为各自利益而争吵或推诿责任。例如，从遗产保护的生存环境角度出发，应该实行相对封闭的保护，整体性的生态保护，但是从旅游等能产生经济效益的角度出发，就需要吸引更多的人来参观游玩，无形之中就破坏了遗产原有的生存环境。在这种情况下，就要求强有力的政府行为监管措施，确定各方保护主体的责任之后，进行后期的监督管理，确保保护行为切实可行。

专题6-2　中国非物质文化遗产保护与开发遭遇的危机

20世纪后期以来，由于经济全球化和社会生活现代化大潮的强烈冲击，人类各民族在历史长河中所创造的丰富多样的非物质文化遗产正遭遇着日益严重的危机，保护和抢救这些遗产已成为当今世界各国政府和人民必须面对的一项重大课题。

中国非物质文化遗产保护同样面临着日益严峻的挑战和问题。

第一，全球化导致人类文化多样性危机；

第二，中国非物质文化遗产大量消失；

第三，非物质文化正在遭遇抢注；

第四，非物质文化遗产的变异；

第五，非物质文化遗产的境外流失现象严重；

第六，非物质文化遗产传承几乎后继乏人。

资料来源：贺学君：《关于非物质文化遗产保护的几点理论思考》，中国文学网，http：//www. literature. org. cn/article. aspx? id＝10360；百度文库，http：//wenku. baidu. com/link? ur。

6.1.4　政府人力资源整合职能

刘坤在其文章《非物质文化遗产保护中的政府角色研究——基于宪政理论的视角》中写道，非物质文化遗产有其自身的成存特点，其持有与保护主体都是多元的，要想对其进行有效保护，必须充分激活各种社团、群体、社区，甚至遗产持有者本身等公民社会组织部门，实现多元主体的合作治理保护。刘坤认为，"对某种'文化'（culture）和'社会实践'（social practice）的保护，说到底是对其创造者和承担者（agency）的尊重和保护，是对他们自主决定其生活方式和命运的自由和尊严的维护。因此，虽然在非物质文化遗产保护过程中政府要起主导作用，但这既不单纯是政府的事情，也不能只由政府说了算。非政府组织（non-government organization），尤其是作为'当事人'的地方社区（communities）、相关群体（groups）乃至个人（individuals）的参与不可或缺"。

非物质文化遗产保护工程牵涉面很广，任务很重，需投入的人力、财力、物力浩大，涉及知识领域广泛，而且具有历史的延续性，必须确认政府的主导性。在此基础上，要建立有效的运行机制并发动社会各界广泛参与，在非物质文化遗产保护工作中，学术界、商界、新闻媒体及各级文化保护组织的积极参与是十分重要的，而各级政府则起到组织、调动与引导以上组织的作用，整合各方力量进行非物质文化遗产的保护工作。

6.2 国内外优秀范例借鉴

"他山之石，可以攻玉。"借鉴他人的好方法结合自身的环境，来解决现存问题。比如"荷兰：自治化模式"，将过去的"公有和公营"混合型转变为"公有和私营"混合型；"法国：去国家化模式"，即将遗产单位的组织结构、财政、法规，该"内部化"的内部化，该"外部化"的外部化，创造更多的"国民信托"这样的机构；"英国：中介机构模式"，要求文化遗产管理制度的改革以独立的非营利方式运营，交给一个中介机构，重视经营、制定运营规划和市场营销，提供更多的服务。

6.2.1 美国自然文化遗产保护

美国是全世界公认的最早以国家力量介入自然文化遗产保护和最早提出世界遗产地的国家，同时也是保护较成功的国家。虽然没有直接针对非物质文化遗产但是借鉴他们的自然文化遗产保护却具有积极意义。美国将国家自然文化遗产的公园体系分为 17 类，针对每种公园类别都有相对应的法律，他们确定这些成员的管理单位的性质必须是非营利组织，以提供公共服务为主。他们将自身对自然文化遗产保护的发展分为五个阶段，包括创立阶段、发展阶段、反复阶段、注重生态保护阶段、教育发展与公众参与阶段，每个阶段都有其代表性的成果保护措施。比如在创立阶段，成立隶属内务部的国家公园管理局，颁布《国家公园管理局组织法》，在联邦政府指引下建立州立公园体系；在发展阶段，颁布《历史地段法案》和《公园、风景路和休闲地法案》；在教育发展与公众参与阶段，积极推进"志愿者参与机制"，强调和各类非政府组织、企业、基金等开展合作项目。美国的遗产保护普遍采取联邦政府垂直管理模式，但是这种模式顺利进行的前提是必须要有明确、完备的法规和必要的财政资金保障，职工收入和旅游景区的经营收益脱钩。美国土地的权属使得各州对遗产保护拥有绝对支配权，公众的参与和监督也是不容忽视的因素，甚至对某些特殊的遗产资源允许特许经营。严密完善的法律体系、严格的政策法规、高素质的遗产管理人才、全面的保护体系，使得美国的遗产保护一直走在世界前列。

6.2.2 日本非物质文化遗产保护

日本作为亚洲最早进入发达国家之列的经济大国，其非物质文化遗产在社会发展过程中同样遭遇过消亡的危机。但日本从 1871 年颁布《古器旧物保护方》开始，对文化遗产实施了法律与实践层面的保护。从日本以后一系列文化保护法的出台及数次修正中可以看出日本对传统文化持之以恒的保护理念，即在社会发展过程中坚持本国传统文化的传承为原则底线，这使日本成为现代化气息与传统神韵并存的国度。日本政府在保护文化遗产方面，不仅有连续性，还有很强的系统性和全面性。钱永平在其文章《日本非物质文化遗产保护研究综述》中认为日本对非物质文化遗产保护，有以下经验值得借鉴。

第一，对日本非物质文化遗产保护的基本方法记录对于非物质文化遗产保护的重要性。记录工作是认定的保持者、保持团体的义务之一。对于重要无形文化财，针对不同的目的，记录分为学术、传承、展览或宣传三种记录类型。对于重要无形民俗文化财，有学术、传承和经过记录三种。

第二，无形文化财"型"与"形"观念的理解及保护中对重要无形文化财"指定要件"的确定。阐述日本无形文化财保护制度对人与技艺关系的定位理念，作为"文化资产"对象的是"技艺"而不是"人"，因此人是技艺的媒介不是彰显的对象。以此为理念，"型"是个别艺术活动作为一个艺术类型的特色所在，也是文化财保护制度必须加以保护与传承的部分。"形"则是允许保持者诠释的部分，"形"的表现之自由限度何在，则由该艺术的"保持者"或"保护团体"来决定。

第三，根据日本《文化财保护法》，国家在指定国家重要无形文化财和无形民俗文化财时，即要求有相应的保护团体负责保护事宜。保护会的组织形态非常多样化，并开展与非遗传承有关的各类活动。

案例 6-2　　日本非物质文化遗产保护的历史背景

廖明君和周星认为日本是世界上最早关注非物质文化遗产保护的国家。二战结束后，日本国内通货膨胀、赋税加重。那些文化遗产的持有者们在社会的动荡不安中，为了减轻来自生活的压力，许多人不得不考虑放弃自己所持有的文物。文物贩子见有利可图，便乘机活跃起来，一些文物开始流向海外。特别是战后在日本国内发生的几场大火对日本文化遗产的破坏更是毁灭性的。1949 年月 1 月 24 日，一场熊熊大火把当时世界上现存的最古老的木结构建筑法隆寺金堂烧成灰烬，金堂的墙壁上描绘的飞鸟时代的壁画顷刻之间在世界上消失了。仅 1949 年到 1950 年两年时间，日本就有 5 件国宝化为乌有。二战和战后的天灾人祸使人们逐渐萌生了保护包括非物质文化遗产在内的文化遗产的意识。在制定保护非物质文化遗产的法律方面，日本一直走在世界的前头。

1950 年，日本政府颁布的《文化财保护法》，根据《文化财保护法》的界定，所谓"文化财"主要包括：①"有形文化财"，包括"重要文化财"和"国宝"，主要是指那些在日本历史上有很高艺术和历史价值的建筑物、美术工艺品。其中，美术工艺品又可包括绘画、雕刻、书法、工艺制品、典籍、古文书及历史和考古资料等。②"无形文化财"，主要是指在历史和艺术上有很高价值的传统戏剧、音乐、艺能、乐舞、工艺技术等。由于其"无形"的特点而较难把握，所以，那些承载或传承着无形文化财产的表演者和工艺美术的传统技能持有者，也就是所谓的"传承人"，也被包括在"无形文化财"的范畴之内。③"民俗文化财"，包括"重要无形民俗文化财"和"重要有形民俗文化财"，它们分别是指各种传统的民俗艺能，如民众在各种年节庆典或祭祀时举行的表演与民俗活动，还有就是可以体现日本国民的"生活样式"，涉及衣食住行、职业、生产、信仰、年节岁时等各种民间生活的器皿、用具和设施等。④"纪念物"，包括"史迹"（如寺院、贝冢、古墓、都城旧址、城堡、宫殿、旧宅等）、"名胜"（如人文的庭园、桥梁等和自然的溪谷、海滨、山岳等）与"天然纪念物"（如日本特有的动物、植物、矿物等）。"纪念物"一般是在历史和学术方面有较高的认识价值，在艺术或观赏方面具有较高美学价值，或者是在学术研究价值方面较高的动植物和矿物等。⑤"传统建筑物群"，主要是指由市町村等各地方自治体按照有关条例所划定的传统建筑物群的保存地区，其特点是具有较高历史或环境、景观的价值。

资料来源：廖明君、周星：《非物质文化遗产保护的日本经验》，《学术访谈》2007 年第 1 期。

6.2.3 韩国非物质文化遗产保护

韩国自 20 世纪 60 年代开始就着力于传统民族、民间文化的搜集和整理，并于 1962 年制定了《韩国文化财保护法》。在韩国，文化财（文化遗产）分两部分，即物质文化遗产和非物质文化遗产。非物质文化遗产则又根据其表述形式分为表演艺术，社会风俗、礼仪、节庆，有关历史、自然的知识和实践等。半个世纪以来，韩国已经陆续公布了 100 多项非物质文化遗产。《韩国文化财保护法》根据价值大小把非物质文化遗产分为不同等级，国家确定具有重要价值的非物质文化遗产将给予 100％的经费保障；省、市确定的非物质文化遗产国家给予 50％经费保障，剩余由所在地区筹集资助。同时，《韩国文化财保护法》还规定了非物质文化遗产传承者应该履行的责任和义务。（郭娜，2009）

与其他国家单纯地制定并保护文化遗产相关保有者的情况不同，韩国非物质文化遗产保护制度具备了保有者、传授教育助教、进修者、传授奖学金获得者等连贯的传承体系。因此，韩国非物质文化遗产保护制度被评为最先进、最系统的制度，受到了来自各国专家们的好评。其中，保有者分为个人保有者、团体保有者、名誉保有者，他们通过专家的评价和文化财委员会的审议选定。传授教育助教由专家和文化财委员会以能力的优秀性为基准，通过审查从进修者中选出；进修者则以接受 3 年以上传授教育的人为对象，由保有者审查选出；传授奖学金获得者由保有者推荐，通过选拔程序选出。（［韩］金翼兼，2010）

步骤依次为由地方自治政府代表推荐、文化财委员会决定调查与否及专家进行调查、文化财委员会研究是否适当，官报告示 30 天以上、文化财委员会指定审议、通报指定结果等过程。

对于通过以上严格的选拔过程选出的非物质文化遗产保有者，为了让他们专心保护和传授相应非物质文化遗产，政府提供了制度和经济上的支援。此外，为了能够更加有效地保护和传授相应非物质文化遗产，还通过建立及运营传授教育馆，实现原始资料数码化等渠道，努力更加亲切地走向人民。

6.2.4 敦煌遗产的数字化保护

文化遗产数字化保护的意义，首先在于被保护的文化遗产本身的价值和意义。马德在其《敦煌文化遗产数字化保护之浅见》一文中认为，文化遗产是一个民族悠久历史的深厚积淀，是一个国家灿烂文化的智慧结晶，是一个国家和民族宝贵的精神财富，是人类的天才性创造，都代表着一种独特的成就，都具有突出的普遍价值，如历史价值、文化价值、审美价值、科技价值、经济价值、教育价值等。它可以让人们陶冶性情，增长知识；也可以让我们汲取历史的经验教训，为社会进步发展而辛勤奉献；还可以为保护人类文化，维护世界和平，促进经济社会可持续发展发挥巨大作用。随着世界上各种大文物遗址的博物馆或者旅游景区加入数字化保护，敦煌似乎看到了自己未来保护敦煌遗产的契机。敦煌研究院在风沙整治、壁画危害机理研究、库区环境的全自动监测、壁画的修复材料、遗址洞窟的加固、洞窟壁画数字化储存、壁画色彩的计算机复原等项目已经取得一定成果。而现在敦煌遗产的旅游更是将数字化技术应用到洞窟的游客数量安排、观赏实践安排、总游客数量安排、敦煌遗产3D动画的拍摄及相关展览馆建设等方面。敦煌旅游局借助微信平台，推出微信公众账号——"敦煌智慧旅游官方"，这里面每天都会更新与敦煌文化有关的不同季节的美景图片、最新研究成果、旅游产品最新优惠活动、优美文章、敦煌文化活动、敦煌的舞蹈音乐、敦煌工作最新进展、敦煌石窟壁画照片等，还有全国的非物质文化遗产的介绍、生活小常识、全国各地的美景，等等。通过这种全新的传播方式，有利于培养全民保护非物质文化遗产文化的意识，努力在全社会形成保护非物质文化遗产文化的社会环境和舆论氛围。

学者马德在其论文《敦煌文化遗产数字化保护之浅见》中认为，敦煌遗产的数字化保护具有重要的意义。

一是，数字化方法手段有效地保护了敦煌文化遗产。建设一个数字版的敦煌，通过非接触式的数据采集和光学测量及计算机存储技术，可以永久地保存敦煌文化遗产的各种信息，减少人为因素对文物的损坏。

二是，用计算机新技术解决文化遗产的数字化保存、修复、展示中的问题，将计算机信息科学的前沿研究成果创新性地应用于文物保护，建立一套数字化文化遗产保护方法，开拓计算机应用新领域，为文化遗产的保存、保护和展现提供新的技术手段。

三是，数字版敦煌的社会意义。数字版的敦煌是将敦煌、敦煌遗书的各种信息存入计算机和其他相关媒体，作为专业人员的研究资料和面向大众的宣传资料；如果借助于互联网，可以快速地实现资源共享，提高工作效率。任何人任何时候在任何地方，通过数字版的敦煌就可以了解和研究敦煌历史文化遗产，在更广泛的范围内进行学术交流。

四是，数字版的敦煌还具有文物回归的意义。敦煌用数字化的形式可以将大部分流失国外的文物汇集到一起，恢复和保持敦煌文化遗产的完整性，因此在一定程度上可以体现敦煌遗书回归故里的意义。

五是，敦煌文化遗产的数字化保护的理论和实践，可以给整个文化遗产数字化保护做出表率，为敦煌学界乃至全社会提供关于敦煌文化遗产数字化保护的认知参考，为世界类文化遗产的整体保护工作做出贡献。

6.2.5 《舌尖上的中国》纪录片

2012 年、2013 年、2014 年连续三年最受全国观众关注的节目——《舌尖上的中国》，它是一档介绍我国各地美食的纪录片，记录了我国从南到北、从海洋到陆地再到高山湖泊的各式美食。中国自古以来就流传一句话："民以食为天。"中国人对美食的崇拜、创造热情一直不减，加上历史上民族之间的迁徙、融合、交汇碰撞出了世界三饮食文化之一的"中国饮食文化"。在不同地域不同饮食文化的影响下，必然创造出独属于中国的美食体系，这种味道一旦远离了那山那水那人就不会再有。中国人不管去哪里，在自己的旅行箱中都会放着属于自己家乡味道的食品。这样的活态人文遗产既代表着历史又是现实存在的文化，它的传承和发展离不开人。这样一个运用现代技术拍摄的纪录片记录了各地饮食文化，大家既能在此找到属于自己家乡的菜肴，更能让各地人们更加了解中国其他地区的饮食文化。许苑在其《〈舌尖上的中国〉的记录理念与文化传播》一文中认为，《舌尖上的中国》绝不仅仅是一部单纯的饮食类纪录片。它从凡人凡物入题，名为介绍美食，实则透过美食中国窗口，在带给我们强烈深刻的感官享受之外，唤起我们理性的思考。全片通过勾勒世间众生，探寻人、家庭、社会之间复杂关系，以及变迁时代中对传统生活方式的某种延续，进而开掘出丰富深刻的文化内涵。这种成功的记录和传承手段值得每一个有责任心保护非物质文化遗产的人学习。

案例 6-3　星罗棋布在《舌尖上的中国》里的非遗

阙政在《新民周刊》撰文写到吃食成为"非遗"，乍看难免令人费解：如此具象的食材，怎么能算是"非物质"文化遗产呢？其实，所谓"舌尖上的非遗"，并不是指送入口中的食物本身，而是制作美食的烹饪技艺。

从 2006 年至今，我国已经前后公布了四批国家级非物质文化遗产名录，总计一千多项。许多我们熟悉的民间文学、音乐、舞蹈、戏剧、美术、工艺、医药都在其中，而美食的烹饪制作技法，也占到超过 5% 的比重，不容小觑。

民以食为天，中国的美食千千万，想要位列"非遗"，有个硬指标——必须由父子（家庭）或师徒或学堂等形式传承三代以上，传承时间超过一百年，并且谱系清楚、明确。如此一来，美食就不仅仅是食材本身，甚至也不是滋味竞赛，而是承载了成百上千年的文化、礼仪和风俗。

《舌尖上的中国》第二季，文化意味更加浓重，看每一集的片名即知：脚步、心传、时节、家常、相逢、秘境、三餐。第二集"心传"其实就是"舌尖上的非遗"——不但涉及的美食技艺：榨菜籽油、制作挂面、糍粑、白案点心、本帮菜，本身都是国家级非遗，更探讨了美食的世代传承。

资料来源：阙政：《舌尖上的非遗》，《新民周刊》，http：//www. banyuetan. org/chcontent/sz/jjzs/201626/181933. html2016-02-18 13：49：14。

6.3 非物质文化遗产保护的阶段划分

政府一直不断努力来保护非物质文化遗产，出台了一系列条例、政策甚至法律进行严格规定，并且明确提出了以"保护为主、抢救第一、合理利用、传承发展"的保护指导方针，讲求"政府主导、社会参与，明确职责、形成合力；长远规划、分步实施，点面结合、讲求实效"的保护原则。但是非物质文化遗产受到破坏的问题依然突出，所以借鉴他人的成功经验，明确我国非物质文化遗产保护的实际需求，有针对性地提出解决方法是十分必要的。

借鉴美国自然文化遗产保护发展历程的划分，可将我国的非物质文化遗产保护分为四个阶段，这有助于我们认清当前我国非物质文化遗产保护所处的阶段。

6.3.1 恢复阶段

我国历史悠久、民族众多，非物质文化遗产数目极其丰富多样，由于近代连年的战争、各个时期的运动、新思想和外来文化的冲击，破坏了大量非物质文化遗产。20 世纪 80 年代以来，非物质文化遗产的保护逐渐被少数专家学者所认识和关注，但当时受经济条件和社会环境的制约，政府对非物质文化遗产的投入力度不大，所以对非物质文化遗产的保护只处于呼吁和宣传阶段，并恢复保存了少量的极其优秀的非物质文化遗产文化。

6.3.2　创立阶段

20世纪90年代以来，旅游业蓬勃兴起，带来地方经济的飞速发展，对非物质文化遗产的挖掘、保护、整理、记载都是此时开始的。但是当时追求经济效益的思想观念、科学技术未能很好地应用与保护等，使得非物质文化遗产保护效率低、关注度低，虽然保护数量比以往有所提高，但保护的非物质文化遗产大部分都是经济发展好的区域。

6.3.3　保护意识萌生阶段

20世纪末到21世纪初，国际社会对非物质文化遗产的强烈关注越来越影响到各级政府部门及全社会。尝到了非物质文化遗产旅游带来的经济甜头，很多针对非物质文化遗产的旅游如雨后春笋一般发展起来，同时伴随很多旅游景区过度开发的现象，不仔细考察自身特色，只是一味学习一些成功景区的开发经验，出现大量雷同现象，影响了一些关注过少或者短期没有经济价值的非物质文化遗产的保护。再者我国很多非物质文化遗产文化都保留在少数民族的聚集地或者经济欠发达地区，为非物质文化遗产保护工作带来很大困难。我国正处于全民对我国优秀的非物质文化遗产保护意识提高的阶段，由于非物质文化遗产自身的特性，需要政府提出合理的保护措施和机制，利用计算机技术、3D动画技术、虚拟技术等最新科研成果，但尚在探索阶段。我国目前正处于这个阶段，并且这个阶段将会在未来持续很长一段时间。

6.3.4 可持续发展阶段

这个阶段非物质文化遗产保护良性运行，政府、社会、企业、个人参与度大幅提高，各类政策、法规都较为全面且有较强的针对性，非物质文化遗产的旅游发展也具有地方特色，非物质文化遗产保护的经验成熟、科学技术应用成熟，并且非物质文化遗产保护机制的设立，使得很多非物质文化遗产保护手段可以不断良性运行、不断自我改善。

6.4 非物质文化遗产保护中关于发挥政府职能的思考

郭颖在其《政府在非物质文化遗产保护中的作用研究》一文中认为，非物质文化遗产的保护工作客观要求我国政府在非物质文化遗产保护过程中应该发挥主导作用，原因如下。

第一，我国历来有保护文化遗产的传统。1955—1962 年，党和政府就组织民族工作者和有关专家进行了全国民族调查，对各少数民族的民间文化做了有史以来第一次全面详尽的记录。1979 年，文化部、国家民委、中国文联联合开展的十部中国民族民间文艺集成志书的编纂及普查和研究工作，抢救、保存了大量的珍贵艺术资源。

第二，当今世界已经对保护人类共有的文化遗存形成高度共识。无论是日本、韩国，还是法国、英国，尽管各国的国情、文化背景不一样，所采取的保护措施不尽一致，但无一不都是采取政府主导的模式，而且实践证明，政府主导这是条比较有效的保护路径。

第三，由政府主导是政府履行文化职能的具体体现。非物质文化遗产保护作为一项社会公共文化事业，承担着挖掘和保护民族文化，传承民族精神的重要作用，是建设社会核心价值体系的重要组成部分，是中华民族的生命动力和精神依托。所以，保护好非物质文化遗产是政府履行公共职能的时代要求，政府必须担负起主导作用。

6.4.1 政府主导下的规范化建设

以中央政府为主导，地方政府为辅助，完善非物质文化遗产立法、执法机制和与之配套的行政机制。对中央各部门来说，出台相关非物质文化遗产保护法律解释，规定具体部门、组织和个人应该保护非物质文化遗产及宣传和讲授相关知识等等。如教育部门可协助文化部门迅速建立保护非物质文化遗产与教育相关的法规，可比照以往教育部出台的各项法规政策。由文化部主导、财政部辅助制定关于非物质文化遗产保护专项资金机制，确保国家非物质文化遗产保护的财政支出，明确保护的财政支出的细则规范。文化部设专门的政府机构来负责非物质文化遗产保护，在部门行政法规中明确下级部门的职责和任务，以社会参与为主进行年度考核。建立决策追究制，追究重大非物质文化遗产开发失误者的法律责任。

6.4.2 政府主导下非物质文化遗产保护的人力资源管理

在非物质文化遗产保护中，需要政府注重和加强人才的综合素质的建设，建立一个与国际社会接轨的非物质文化遗产保护人力资源开发与管理机制。

对非物质文化遗产的代表性传承人提供绿色通道获得正规化的艺术教育。非物质文化遗产传承人所掌握的技艺极具艺术代表性，但是时代发展需要传承人不断创新，高等学校对传承人提供专业化教育，有利于非物质文化遗产持续性保护。再者政府应加强对非物质文化遗产技艺技能的传承者的调查和登记，开通特殊渠道为其提供教育，出台优惠政策和措施，提供一个长期的平台积极鼓励他们将非物质文化遗产传承下去。

中小学的"非遗"保护教育。教育部可在中小学义务教育阶段印刷出版相关书籍鼓励孩子们阅读，鼓励学校组织相关活动如参观博物馆和文化馆，聘请有相关知识的老师在课堂上传授知识，让孩子在"寓教于乐"中认识我国的非物质文化遗产。

高等学校的"非遗"保护教育。政府作为主导者可以大力督促各高校创建相关专业，培养相关人才，用于开展对非物质文化遗产的整理、研究、学术交流，从事教育工作以及协助对非物质文化遗产相关社会文化机构的建立。

通过建立相关的图书馆、文化馆、博物馆、科技馆等等公共文化机构，让社会大众了解当地的非物质文化遗产。对地方性的工作参与者进行培训审核，确立地方人员的责任和服务角色，适时评选优秀工作人员并进行嘉奖，提高他们对"非遗"保护的迫切感和积极性。

6.4.3 政府主导的非物质文化遗产产业内涵式发展

由政府主导，其他社会团体、企业、个人辅助创建非物质文化遗产展示场所和传承场所，合理利用非物质文化遗产代表性项目，开发具有地方、民族特色和市场潜力的文化产品和文化服务。具体来说，一个非物质文化遗产种类极其丰富而且经济发展很快的城市，可在当地政府的主导下，将"非遗"资源与当地其他资源结合，建立一整套的旅游景区，在景区内设有"非遗"展览馆、表演场所、游客参与体验馆等，对当地人实行优惠参观政策或者使当地人和非物质文化相关从业者参与其中获得就业。地方政府可以在本地区创办非物质文化遗产的活动月或者民俗周，鼓励民众、游客参与到"非遗"的保护活动中，通过写作、拍摄、舞蹈、音乐、创作作品等形式让非物质文化遗产的"活"生动展现。对那些"非遗"数量少经济发展迅速，或者资源丰富但是经济不发达的地区，可以和就近城市联合创办非物质文化遗产一条龙旅游，在此过程中特别要注意不能让非物质文化遗产脱离自身的生存环境。而中央政府的负责部门要确立门票收入的合理分配，尽可能将门票收入与员工收入分离，颁布的法律确定景区员工的工资和补贴来自政府拨款；开发中涉及商业行为的要严格区分公益性经营和非公益性经营，以便更好管理。

6.4.4　政府主导的传媒应用

美国学者戴安娜·克兰将现代传媒分为三大类：全国性核心媒体，包括重要的报纸和影视；边缘媒体，包括书刊、录像、广播、网站等；都市文化，包括音乐会、博览会、戏剧表演等。政府针对这三大类传媒，建设相应的宣传体系，资助最新的数字化技术对"非遗"的记录和宣传。当下年轻人经常使用微博、微信及 QQ，政府建立公共微博、微信及 QQ 的账号，让年轻人方便浏览，通过学校、社会和家庭推荐，引导学生在上网的同时可以轻松学习一些民族性的文化。建立非物质文化遗产的在线图书馆，方便人们随时随地浏览。手机用户增多，可以设计相关手机软件 APP，方便查阅我国优秀的非物质文化遗产以及与其相关的旅游景区、艺术场所或者就近图书馆、博物馆、文化馆等信息。增添针对非物质文化遗产的政府信息网页内容，包括失传的非物质文化遗产、网上专家授课、最新"非遗"旅游景点、网友交流等等。以上所有的数字化工具可以相互推荐、相互介绍，使受众关注一点的同时获得更多的推荐信息。通过网络平台，社会和个人可以监督政府的非物质文化遗产保护职能的履行情况，提出相关意见和建议。当下数字化的应用不仅可以有上述功能而且可以在网上进行消费购物，网上购物快捷便利的特点使其得以迅速推广，旅游景区可以在这里随时更新景区的消息，用最新的旅游惠民策略来吸引大众目光，如此旅游景区便可以提前了解游客数量，将进入景区的游客进行合理的安排。而对于当地政府来说，申办旅游文化艺术节、电影电视节、旅游音乐节、全球性的官方会议或者具有民族特色的文化活动等，都可借助网络工具迅速让大众得知。

当然政府不能全权包揽所有非物质文化遗产的保护工作，随着社会捐赠机制、企业投资、基金建设以及民众对非物质文化遗产关注度的提高，就可以分担政府的重担，做好对非物质文化遗产保护的资金支持和严格监督。这个社会不能一味追求新鲜时髦的话题而放弃对老问题的探索，我们不能只研究事物的最新方向而忽略了当下最应该解决的问题，这个论题虽然有点老生常谈，但是一直得不到合理的解决，我们应该毫不松懈地探讨这类问题，直到找到合理的解决途径。

第7章 非物质文化遗产旅游解说系统

7.1 解说的源起与发展

解说的历史可能和人类的历史一样古老，但关于解说的研究却只是近五十年以来的事情。

随着旅游业的发展，人们的旅游目的已不仅局限在娱乐、休闲层面，更体现了对旅游目的地自然文化环境全面接触的深层诉求。旅游解说系统作为旅游的关键性因素，它的作用是更完整、更灵活、更具体地展示旅游资源，提高游客对旅游资源的深层认识。旅游休闲过程中人们越来越渴望和自然文化环境全方位接触，在获得娱乐的同时也能获取相关知识。因此，解说（interpretation）就成为沟通人类和环境的重要途径。一方面，解说能够增加人们对自然人文环境的理解和欣赏，在旅游休闲中达到寓教于乐的目的，提升休闲体验和价值；另一方面，解说也能够提升旅游地的品质，同时还能够有效地帮助管理游客，从而更好地保护环境。

7.1.1 解说的源起与发展

解说源于人们对人与自然之间关系的认识。人类已知的最早解说是法国史前人类居住洞穴的打猎壁画，主要是对人与自然之间关系的认识。

而对人与自然之间的关系的分析正是解说的一个主要的内容。后来很长的一段时间里，解说都被迷信和宗教控制着（Murray）。而随着工业革命、普通大众生活方式的改变和休闲时间的增加，解说也获得很大发展。20世纪20年代以前，西方国家公园中从事解说（interpretation）工作的人一直被称为演讲者（lecturer），直到1920年 Enos Mills 在他的著作《一个自然导游的探险（Adventures of a Nature Guide）》中，首次运用了解说（interpret）一词描述他在洛基山中的导游讲解工作，并把这种工作形式称为自然导游（natural guiding）。1957年，被誉为"解说之父"的 Tilden 的著作《解说我们的遗产》出版，丰富了解说在历史、艺术、心理以及自然等各方面的内涵，标志着早期所有解说者在解说职业生涯中迎来了现代的第一个里程碑。1961年成立的解说自然主义者协会与西部解说员协会使解说得到了专业认可。

我国台湾学者吴忠宏认为解说在历史发展中经历了两个重要的阶段。第一个阶段是希腊时代（从公元前600年到公元前150年），在此阶段人类首次从哲学和宗教角度出发涉足科学调查领域，运用他们所获取的知识来改善自己的生活。第二个阶段便是文艺复兴时期。这一阶段，诸多自然法则的出现，形成了自然解说的基础知识。Ham（2002）认为，解说研究从20世纪60年代至今可分为4个阶段，包括20世纪60—70年代的"形成期"（the formative years），20世纪70年代中期到80年代的"媒介期"（search for the best medium），20世纪80年代至今的"正名期"（quest for legitimacy），以及20世纪90年代后出现的"初熟期"（early maturation）。

总之，解说是一种借由各种信息传播载体和受众互动与交流的服务，以便让受众更好地理解自然、历史、文化等各方面，进而满足受众获取知识、娱乐身心的目的，实现教育、服务、娱乐等多种功能。笔者制作了解说和导游发展之简明年表，见表7-1。

表 7-1 解说和导游发展之简明年表

事 件	人/地方	时间(年)	备 注
关于导游的第一次描述	Herodotus	Ca 460 BC	第一次对导游的详尽描述
第一个著名的现代导游	Johann Joachinm Winckelmann	Ca 1773—1777	豪华旅游巅峰时期的罗马古迹主管
大众旅游时代的开端	Thomas Cook	1841	第一次团队旅行,570 名游客从英国的来第七沃特到拉夫堡
肯塔基毛象洞导游	Stephen Bishop	1838-1857	奴隶,美国第一个得到称颂的导游
新西兰的导游	Guide Sophia	Ca 1880	导游 KateM 和 Alf Warbrick,在 The Pink&WhiteTerraces 和华卡雷瓦雷瓦做导游工作
第一个国家公园解说	Enos Mills	1888	洛基山国家公园,以远足为娱乐
博物馆的专业临时导游	Boston Museum of Fine Art & Louver	1896	解说是馆长工作的一部分,有时也包括赞助人或志愿者
第一个游客行为指示编码	NZ Department of Health & Tourism	1907	华卡雷瓦雷瓦,罗塔鲁阿和其他温泉地的导游
第一个专职自然史解说者	Agnes L. Roseler	1907	美国自然历史博物馆
第一个专职博物馆导游	Louis Earl Rowe	1908	波士顿杰出艺术博物馆
导游认证	NZ Department of Health & Tourism	1911	每个导游需要认证并遵守指示编码
第一个国家公园解说者	US Park Service	1915	洛基山国家公园和黄石
第一部自然导游的英文著作	William Gould Vinal	1926	《自然导游》
哲学框架的确立:解说确立	Freeman Tilden	1957	《解说我们的遗产》

7.1.2　解说概念辨析

解说、旅游解说或环境解说（environmental interpretation）、遗产解说（heritage interpretation）、博物馆解说等不同说法，面对的都是旅游者、游览者或参观者，具有很强的现实意义。

1957年，现代解说之父费门·提尔顿（Freeman Tilden）出版了《解说我们的遗产》（Interpreting Our Heritage），该书建立了解说的原则，丰富了解说在历史、艺术心理以及自然等各方面的内涵。他提出，解说并非简单的信息传递，而是一项通过原真事物、亲身体验以及展示媒体来揭示事物的内在意义与相互联系的教育活动。他认为解说的定义应包括三个方面的要素：解说是一种教育导向的活动；解说的目的在于揭示人类与自然之间的含义和关系，而非现象的描述；这些事实的信息需要中介或媒体来展示。美国解说协会（National Associationfor Inter-pretation）给出的解说定义为一种基于任务型的交流过程（mission-based communication process），目的在于建立遗产传承意义与观众兴趣间的情感和心智联系，通过提供相关的资讯来满足每一个人的需求与好奇，同时又不偏离中心主题。解说的目的在于告知、取悦旅游者并阐释现象背后所代表的含义。汉姆（Ham）认为，解说是一种对非受制听众的沟通方式，能使一般人易于了解隐含在自然事物中的科学语言。

吴必虎从旅游角度对解说进行了阐述，他认为解说就是运用某种媒体和表达方式，使特定信息传播并到达信息接受者中间，帮助信息接受者了解相关事物的性质和特点，并达到服务和教育的基本功能。解说是多方面的综合体，既是传达信息、提供教育的活动，也是一种服务，更是一门艺术。解说不仅是人、环境与管理者三者连接的桥梁，也启发人们对于环境与资源的兴趣、关注和行动，因此解说被视为有效的管理工具之一。

解说概念众多，Ham(1992)将解说过程概括为四种特质：欢快的气氛、针对性内容与目标游客群、组织逻辑性以及中心主题。综上所述，解说指的是广泛意义上的对历史、文化和自然现象的"翻译"，以便观众（如游客、参与者、任何接触到的人）能够更好地理解和享受。

7.1.3　旅游解说系统

旅游解说起源于美国与欧洲的国家公园，初期主要目的是向游客介绍国家公园内的自然资源。据世界旅游组织对旅游解说系统的定义，旅游解说系统是旅游目的地诸要素中十分重要的组成部分，是旅游目的地教育功能、服务功能、使用功能得以发挥的必要基础，是管理者用来管理游客的关键工具。旅游解说系统是运用沟通媒体帮助游客了解特定信息，达到保护资源、服务和教育的目的，从而进一步实现资源、游客、社区和管理部门之间的互动交流。旅游解说系统，它是一个完整的系统，不是随便任意几个指示牌杂乱无章的设计，而是运用系统的原理，结合景区的实际情况，对景区进行规划建设，以期达到景区管理的有序化、合理化、系统化。通过旅游解说系统即实现了对游客的行为和意识进行引导，从而实现景区、景点的教育、服务、使用、管理等功能。

专题7-1　　科学的生态旅游解说系统为受众传递正能量
　　——访北京大学城环学院旅游研究与规划中心主任吴必虎

世界旅游组织认为，解说系统是旅游目的地诸要素中十分重要的组成部分，是旅游目的地教育功能、服务功能得以发挥的必要基础，是管理者引导游客的手段之一。通过解说系统可以加强景区旅游资源和设施的保护，增进游客与当地社区的交流，鼓励游客参与旅游景区管理与发展，同时也是景区品位和管理水平的具体体现。

"生态旅游解说系统，实际上与其他解说系统一样，只不过是针对特定的解说对象，将生态旅游区的特定信息传递出去，并由现场的工作人员、具体的出版物、牌示，甚至是具体的硬件设施共同组成的一套体系。"

吴必虎告诉记者，一个科学的解说系统，是按照信息发射者、媒介和信息接收者三方来进行设定的。长期以来，由于我国在旅游解说系统重要性方面认知不足，使得国内绝大部分景区在做旅游规划时，都会忽略对解说系统的规划。"即便是有解说系统的生态旅游区，也存在着缺少系统的解说、解说存在错误、解说错位等问题。"

十八大报告提出，大力推进生态文明建设，这充分说明政府意识到快速发展中的城市化现状，已经对生态系统、自然资源，以及人类生存本身的环境造成了破坏。"实际上，要想把生态文明建设好，一个最具体的工作就是建好生态旅游解说系统。因为这个系统可以教育旅游者，使他们在自然保护区、森林公园等地开展生态旅游时，接受各种生态知识、环境知识的信息，提高他们的认知水平，这其实是最直接、最实在的生态文明建设。生态旅游解说看似是一个技术层面很小的事情，但它却事关生态文明建设本身，可以说它是生态文明建设的一个重要组成部分。"

生态旅游解说系统如此重要，在我国生态旅游业如火如荼的当下，众多的生态旅游景区该怎样做，才能不断提升生态旅游解说系统的游客满意度呢？对此，吴必虎认为，应该从以下4个方面加以提升。

首先是培养、培训生态旅游解说方面的人才。所谓培训就是要专门开发、引进西方一些解说方面的课程体系，受训的人都要进行这方面的培训。在美国得克萨斯A&M大学有一个系叫国家公园与旅游学系，就有专门人员进行环境解说研究，开展调查、实验，其目的是找到最好的解说方法。"而我国则缺少科研和人才的培训。由于森林公园和自然保护区大部分属于林业部门管辖，因此希望能以林业部门为主导，开展对生态旅游解说系统的培训工作。"

其次是对不同类型、以自然环境为主的景区做好解说规划。我国目前没有解说规划，即便在总体规划中，对于解说系统的提及也很少。真正的解说规划应该是单独编制的，是要有科学研究作为支撑的。同时，做解说系统的规划还需要政府投入大量资金予以支持。"只有这样，人们的生态保护意识才会不断增强，整个国民素质才能得以提高，我国的生态文明建设才能不断推进。因此，建议林业部门把建立生态旅游解说系统的预算上报财政部。"

第三是改变地方政府的考核制度，将生态文明建设纳入考核体系。对于生态文明的建设，必须以城市作为基点加以推进。"要把生态旅游解说系统，作为一个城市生态文明建设的考分点，纳入对领导干部政绩的考核体系中。不断降低 GDP 的考核指标，提高生态文明建设的考核分数。"

第四是要建设具有本地特色的生态旅游地。由于每个景区保护的生态系统不同、生境不同，优势树种不同，人的利用方式不同，当地建筑风格也就会不同。要想建出特色，就要请专门的生态建筑师加以设计，要与当地的生态景区相呼应。在国外，各类的生态建筑就是各地的不同特色，每个地方的游客中心建筑也都不同。

资料来源：张红梅：《科学的生态旅游解说系统为受众传递正能量》，中国农业新闻网，http：//www. greentimes. com/green/econo/slly/lycs/content/2013-03/05/content _ 213540. htm. 2013-03-05 10：01：47。

7.2 非物质文化遗产旅游解说系统理论体系

威廉姆（William）曾经在《历史遗产地解说：纵览》中指出，解说和遗产保护的关系就像鸡和蛋的关系，不能说哪个是第一位的或哪个更重要。当人们理解了在历史遗产地所发生的一切的时候，遗产保护就变得更加容易了。解说和遗产保护的不可分割的特性使解说成为遗产保护的一个相当重要的部分。

联合国教科文组织将遗产定义为："遗产是我们从过去获得的遗留之物，是我们今天赖以生存并将传递给后代的东西。"非物质文化遗产旅游是指以非物质文化遗产作为旅游吸引物的旅游活动。非物质文化遗产以高品位的历史价值、艺术价值、文化价值和鲜明的地域特色吸引着游客，同时，又以参与性强、体验空间大、娱乐性强、休闲功能完备成为提升旅游产品层次、扩展旅游项目内容的重要资源。

遗产解说是连接游客和遗产的手段，是以传达遗产意义为目的的一种教育活动和交流过程，遗产解说必须以游客为中心来展开并需要采用多种手段满足游客的各种感官；为了达到解说目的，景区必须制订完整的解说规划。

7.2.1 非物质文化遗产旅游解说系统概念界定

非物质文化遗产蕴藏着传统文化的基因和最深的根源，一个民族或群体的思维和行动方式的特性隐于其中。文化具有三个层次：表层——器物文化、中层——方式文化、里层——价值文化。器物是文化的物质载体，一定的器物总是反映了它特定时空中的文化属性，包括建筑、服饰、生活用具、生产工具等。方式文化是一个文化共同体或民族共同体在共同生活中形成的具有特定属性、特定内涵的生产方式和生活方式的总称。如果说器物文化层面我们能够较为充分地感知和甄别不同文化的特制的话，那么方式文化则使我们能够更加全面地理解不同文化的差异。文化是在历史传承的过程中沉淀并发展起来的，它的发展是有一定脉络走向的，是遵循一定的时序和逻辑发展规律的，在这个发展过程中，逐渐形成了人们的意识形态、世界观、伦理道德观和价值观，使人们对本民族文化的价值与信任逐渐增强，并最终走向认同和依赖。

文化遗产是人类智慧和人类杰作的突出样品。文化遗产旅游（heritage tourism）是以文物（cultural relics）、古迹（historic sites）等人类精神文明和物质文明的物质遗存作为主体旅游吸引物的旅游形式。文化遗产是一个民族的核心文化，也是文化型景区的核心引力（core pull factor）。遗产解说的目的在于进行历史文化教育，包括增加游客对文化景观、历史建筑，以及与其相关的人类活动的了解。

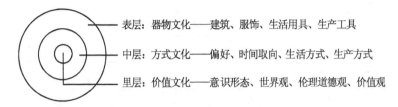

表层：器物文化——建筑、服饰、生活用具、生产工具

中层：方式文化——偏好、时间取向、生活方式、生产方式

里层：价值文化——意识形态、世界观、伦理道德观、价值观

图 7-1　文化的层次

　　综合学者们的观点，非物质文化遗产旅游解说系统是指在现有旅游解说系统的基础上，通过解说设施的解说，增加游客及潜在游客对非物质文化遗产有形层次（有形化利用）的了解，同时向其传递核心层次（内涵）的价值（历史价值、文化价值、精神价值、科学价值、审美价值、教育价值、时代价值、经济价值），进而重视对非物质文化遗产旅游的空间保护（扩展层次）问题。非物质文化遗产旅游解说系统具有服务、管理、经济、教育、审美及可持续发展功能，它是知识传递、信息交流和游览服务的过程，是资源、游客、管理者沟通交流的手段。

7.2.2　非物质文化遗产旅游解说系统构成要素

　　非物质文化遗产解说系统由解说主体、解说客体、解说辅助设施以及解说受众构成。该系统的构成要素，如图 7-2 所示。托德（Todd，2007）认为过去解说只注重知识，而如今规划者要考虑大量复杂信息的控制，不仅包括我们有什么（what do we have）、我们如何展示（how do we show），而且还包括我们如何为游客创造一段难忘的情感经历。

　　解说主体，通常意义上解说主体是指导游员。近年来非物质文化遗产旅游开发有以下一些模式：舞台化表演模式、手工品制作模式、博物馆模式、节庆模式、"非遗"街展示模式等。因此，对于非物质文化遗产旅游解说系统来讲，其解说主体，还应包括各种模式的组织体，即解说员、导游人员、管理者、学者专家以及非物质文化遗产的传承人等。

　　解说信息是指可以使解说受众获得有意义且有助于更好地进行旅游

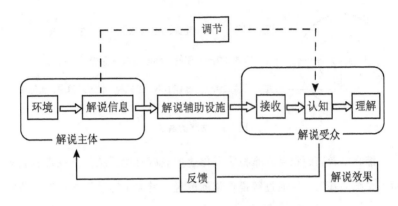

图7-2 非物质文化遗产旅游解说系统构成要素

活动的相关信息。联合国粮农组织曾定义解说资源是具有潜在游憩价值的景观。张明洵进一步将联合国的定义发展为"凡具有潜在游憩价值或保护及学术价值，得以为游客做解说的景观，即是解说资源"。非物质文化遗产的概念是相对于物质文化遗产提出来的，两者既有联系又有区别。这里的"物质"和"非物质"主要是指文化遗产载体上的不同形态，看其是否具有固定的、静态化的形态，是否需要依赖活态的传承人予以传承等。具有固定的、静态化形态的文化遗产是物质文化遗产，需要依赖活态的传承人得以传承的文化遗产是非物质文化遗产。在现实生活中，物质类文化遗产与非物质文化遗产并非截然不同的两种事物，而是一个事物的两个方面，即任何一种文化遗产都是由"物质"与"精神（非物质）"这样相互依凭的两个方面共同构成。

解说辅助设施，解说是一种信息传达的过程，而信息的传达需要借助媒介，通过某种方式才能达到目标客体处。对于非物质文化遗产来讲，其所需要借助的辅助设施包含两类：一类为人员讲解系统，另一类为非人员讲解系统，具体涵盖牌示解说、印刷品解说、游客中心、多媒体系统、互联网以及线路体验式解说系统。线路体验式解说系统，是一种离不开特定时空条件下的特殊导游讲解系统，它采用文物展览、民俗活动展示、歌舞表演、活动背景依托、场地借用、信息发布、游客模仿秀等形式，向游客间接介绍旅游地的内涵。具体分为举办节庆活动、会展活动、征集活动、申报活动、影视拍摄活动、实地有奖娱乐与比赛活动、考古探秘活动、缔结友好关系活动等。

解说受众主要是指游客，游客的年龄、性别、教育程度、职业、文化背景以及种族差异对解说造成极大的挑战。解说应针对不同游客的特性而建立不同的解说层次和内容，配合不同兴趣和年龄层次的游客。

7.2.3 非物质文化遗产旅游解说系统理论基础

（1）系统论理论

"系统"一词最早出现于古希腊语中，原指事物中共性部分和每一事物应占据的位置，也就是部分组成整体。现代系统科学奠基人贝塔朗菲认为系统是"相互作用的诸要素的综合体"。系统论的基本思想方法，就是把所研究和处理的对象，当作一个系统，分析系统的结构和功能，研究系统、要素、环境三者的相互关系和变动的规律性，并优化系统观点看问题。要素是构成系统的最基本单位，因而也是系统存在的基础和实际载体，系统离开了要素就不成为系统。要素以一定的结构构成系统时，各种要素在系统中的地位和作用不尽相同。

系统是一切事物的存在方式之一，因而都可以用系统的观点来考察，用系统的方法来描述。解说系统的构建就是为了能建立一个完备的系统，所以，系统科学理论是景区解说系统构建的思想基石。

（2）心理学理论

马斯洛需求层次理论是国外解说系统研究的重要理论基础。马斯洛将人的需要划分为生理需要、安全需要、社交需要、尊重需要和自我实现需要。他认为人的需要有轻重层次之分，人的较低层次需要获得适度满足后，将追求较高层次需要。

旅游是一种获取愉悦经历的体验性活动，由于游客高度参与其中，游客对旅游经历的评价更多地取决于游客自身的主观感受。根据顾客感知价值的相关理论，游客感知价值的实现不仅依赖于旅游产品本身的属性，很大程度上取决于游客本身的特质和社会人口属性。游客的年龄、教育、收入、经历、性格、动机、期望等因素都对其感知价值的形成具有不同程度的影响，尤其是游客的动机和期望直接影响游客对旅游产品的评价。

游客的兴趣和了解游客所拥有的相关经验对旅游解说系统的构建具有重要的作用。Tilden 认为解说的技巧在于了解游客的兴趣导向。关于非物质文化遗产旅游解说心理学原理，如图 7-3 所示。

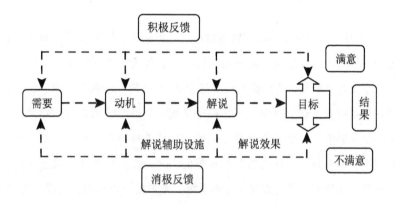

图 7-3　非物质文化遗产旅游解说心理学原理

（3）社会学理论

在社会学方面，运用到解说方面的旅游解说理论包括菲什拜因和阿耶兹（Fishbein & Ajzen）提出的理性行为理论和阿耶兹（Ajzen）提出的计划行为理论。这两个理论认为我们的行为源于意图，这些意图引导我们按照一定的方式去处事，并且指导我们所有的特殊行为（不管是行动还是不行动）。反过来，这些意图又源于对行为后果的期望或者不期望的态度，以及履行或者不履行行为而感觉到的社会压力（这被称为主观准则）和对行为控制的认知（即自己拥有的知识、技能、机遇以及履行行为所需的资源条件）。这三个层次的每一个都是一系列为实现行为而产生的基本的也是重要的信念的结果。

基于以上两个理论，哈姆（Sam H. Ham）提出了主题解说的模式。他认为，这两个理论框架的主题以及主题解说研究的一个基本前提就是行为的改变需要我们首先改变行为的目的。行为目的改变的前提是对行为的态度、主观行为和控制行为的理解都要发生变化。而要引起这三方面的变化，交流的信息就必须能够引起行为、标准和控制信念的变化，这些变化则是引起行为变化的重要部分。运用到解说中即必须区分所研究听众他们的哪些信念是显著的、真正相关和重要的。

（4）传播学理论

传播是人类交流信息的一种社会性行为，是人与人之间，人与他们所属的群体、组织和社会之间，通过有意义的符号所进行的信息传递、接收与反馈行为的总称。简言之，传播就是人与人之间信息的传递与分享，是一种共享信息的过程。传播类型分为三种，即个人传播过程、人际传播过程及大众传播过程。解说实际上是资源信息如何在游客中传播，并达到影响旅游行为的作用。传播模式的理论有拉斯韦尔的五W模式理论、香农—韦弗的传播过程的数学模式理论、W·施拉姆的大众传播模式理论、赖利夫妇传播系统模式等。这些理论从不同角度和深度揭示传播过程的本质和规律。

非物质文化遗产旅游解说系统就是一个传播系统，传播学的理论能够为其研究提供理论支持。

（5）环境教育理论

环境教育作为现代教育的重要组成部分，其早期发展主要得益于教育科学和环境科学的支持。环境教育是借助教育手段使人们认识环境、了解环境问题、获得治理环境污染和防止新的环境问题产生的知识和技能，并对人与环境的关系树立正确的态度和价值观，共同努力保护人类环境。

(6) 可持续发展理论

可持续发展（Sustainable development）的概念最先是 1972 年在斯德哥尔摩举行的联合国人类环境研讨会上正式讨论。1987 年世界环境与发展委员会出版《我们共同的未来》报告，将可持续发展定义为："既能满足当代人的需要，又不损害后代人满足其需要能力的发展。"可持续发展是人类寻求自然与社会的协同、持久发展，也就是要求经济、生态、社会达到和谐发展的状态。

《可持续旅游发展宪章》中指出：可持续旅游发展的实质就是要求旅游与自然、文化和人类生存环境成为一个整体，必须考虑旅游对当地文化遗产、传统习惯和社会活动的影响，要充分认识当地传统习惯和社会活动，要注意维护地方特色、文化和旅游胜地。

7.3 非物质文化遗产旅游解说系统的目标与功能

7.3.1 非物质文化遗产旅游解说系统的目标

费门·提尔顿说："解说的目的是引起观众（或听众）拓展其兴趣与知识境界的欲望，并从陈述的事实中感受更为贴近真理的领悟。"相对于解说目的而言，解说的目标应当更加具体和多样。培养旅游者对待造访地甚至整个环境的正确的价值观和态度；发展和培养参与造访地或整个环境及环境问题的技能；最终培养正确的环境行为，使人们能够适应社会变化的需要。非物质文化遗产旅游作为解说的目的和目标与环境解说的目的和目标具有相似性，有鉴于此，其解说系统的目标具体可以从以下四个方面进行阐述：文化认知（非物质文化遗产旅游解说的内容主要有哪些?）、技能（你能发现、分析和解决非物质文化遗产旅游面临的社会环境问题吗?)、价值观与态度（通过解说，你能做出一些改变吗?)、参与（为更好地改善环境，你能做些什么?)。

（1）文化认知

非物质文化遗产是一项重要的旅游资源。文化是旅游资源的核心和灵魂，也是现代旅游业得以发展的坚实基础。随着社会经济的发展，旅游者对文化的需求与日俱增，实现自身文化权利的诉求也渐行渐起。非物质文化遗产作为民族智慧的结晶、地域文化多样性的体现和人类文明的承载，在国际一体化的影响下，不仅是游客观赏体验异域活态文化的重要资源基础，也是游客获得文化认知、确认文化身份的重要途径。

① 了解目的地的文化、社会、经济氛围。

② 了解目的地非物质文化遗产的基本信息。

③ 认识造访地的文化历史。

④ 了解非物质文化遗产所在地周边环境的基本情况。

《西安宣言》：所有过去和现在的人类社会和精神实践、习俗、传统的认知或活动、创造并形成了周边环境空间中的其他形式的非物质文化遗产，以及当前活跃发展的文化、社会、经济氛围。同时，文化传统、宗教仪式、精神实践和理念如风水、历史、地形、自然环境价值，以及其他因素等，共同形成了周边环境中的物质和非物质的价值和内涵。

对于接受解说服务的人来说，解说是一种学习的过程。经由解说的过程，游客不但可以了解造访地的文化、社会、经济氛围，获取相关非物质文化遗产的基本信息，同时，通过解说还可以增加游客的见闻，了解非物质文化遗产所在地周边环境的基本情况，对于非物质文化遗产有更进一步的认识。

（2）技能

技能是指标性的目标，它关注的是游客通过非物质文化遗产旅游解说系统得到的提示和启发。解说必须通过人们的兴趣、体验、关注来培养他们发现、分析和解决环境问题的技能。

① 关注和认知问题的能力。

② 研究和处理信息的能力。

③ 促进游客对非物质文化遗产传承和保护的关注。

④ 促进民众环境意识的觉醒和提高。

⑤ 灌输给民众或游客一种以他们国家或地区的文化和天赋为荣的思想，进而采取积极的环境行为。

(3) 价值观与态度

价值观，是基于人的一定的思维感官之上而做出的认知、理解、判断或抉择，也就是人认定事物、辨别是非的一种思维或取向，从而体现人、事、物一定的价值或作用。态度是个体对特定对象（人、观念、情感或者事件等）所持有的稳定的心理倾向。这种心理倾向蕴含着个体的主观评价以及由此产生的行为倾向性。人们的行动动力源于人的情感、态度、价值观和意识。环境解说可以帮助听众形成对环境及环境问题的感受和敏感性，激发他们对造访地环境问题的关注，进而培养他们正确的人与自然和谐、发展的情感和态度。

非物质文化遗产中深藏着所属民族的文化基因、精神产品，这些维系民族血脉的元素反过来又世代塑造并延续了这些民族一脉相承的基本相同的生活态度和社会行为，形成民族特有的文化传承。这些在长期的生产劳动、生活实践中积淀下来的民族的思想精华、文化观念，包含了民族的价值观念、心理结构、气质情感等群体意识，是民族的灵魂以及民族文化的本质与核心。但是在当代社会文化的传承模式中，这些较为自然的、直接的本原性文化因素却逐渐有所缺失和消解。

① 让游客认识到非物质文化遗产的历史、文化价值；

② 欣赏非物质文化遗产；

③ 尊重文化的多样性；

④ 了解个人以及社会对于非物质文化遗产传承与保护所应担当的责任；

⑤ 更为积极的态度。

（4）参与

通过非物质文化遗产旅游解说系统，有助于深入挖掘非物质文化遗产本身所存在的各种具有合理因素的文化价值与精神内涵，充分认识它们在对当代人情感表达、心灵需求、价值取向等方面的积极作用，并把这些因素融汇到当代社会的文化体系之中，借以更好地促进当代社会生活的和谐发展和价值体系的整合重构，更好地弥补与纠正当代社会文化体系中的某些缺失与不足。

① 负责的、积极的行为；

② 参与非物质文化遗产传承与保护的社会活动；

③ 尊重他人的文化和生活方式。

7.3.2 非物质文化遗产旅游解说系统的功能

随着自然与文化的多元化与差别化发展，人们越来越渴求新的知识，并且更希望把旅游地的自然文化信息作为知识进行储备，甚至愿意为高质量的解说支付成本有效的解说，可以通过直接的告知或间接的鼓励来改变游客的不合适行为，减少旅游者对世界遗产地产生的负面影响。非物质遗产旅游解说系统的功能有以下 6 项：

（1）信息提供与旅游服务功能

非物质遗产旅游解说系统的一个基本功能是就是向旅游者和潜在的旅游者提供信息服务，把相关信息传达给他们。游客通过倾听、参与、体验与感悟，有助于提高其参与旅游活动的技能，培养对非物质文化遗产欣赏的审美能力和领悟能力，最大限度地提高旅游质量。

（2）管理功能

解说媒介作为旅游环境解说的硬件部分，一般可以分为五大类，即牌示系统、视听媒体、印刷品、展览和游客中心等。解说媒介的各个组成要素都具有一定的管理功能。同时导游环境解说作为旅游环境解说的软件部分，其管理功能一般有间接与直接之分。从间接管理功能的角度看，导游环境解说在景区扮演了管理单位、游客和环境资源三者之间的沟通媒介（如图 7-4 所示），给三者提供了一种对话的途径。导游环境解说—教育—欣赏—保护（管理），这个循序渐进的过程反映了环境解说间接达到了管理功能。

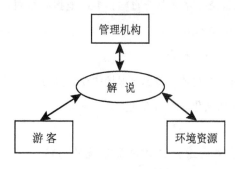

图 7-4　环境解说

（3）经济功能

经济功能是解说系统的隐性功能，主要表现在以下三个方面：第一，高品质的解说系统可有效提高旅游产品的质量，可提高游客的满意度，进而在游客与公众之间形成良好的口碑，通过各种传播方式吸引更多的潜在游客前往景区，这样，无形中增加了造访地的各项收入。第二，解说系统建设是提升非物质文化遗产所在地核心竞争力的重要途径。非物质文化遗产包含丰富的文化资源，原生态地反映着每一个民族的文化身份和特色，展现每一个民族的思维方式、审美方式、发展方式的神韵，体现每一个民族独具特色的历史文化发展轨迹，展现鲜明的文化价值。通过解说使非物质文化遗产展示的基点落在文化层面上，只有这样才有助于保持文化内涵、尊重文化的个性。如果丧失了这个依存的因子，即使本土文化中的其他表现形式都得以保留，那么它的展示也是虚假的。近些年来文化保持的比较好的地区恰恰是旅游业也发展得比较好的地区。

通过解说而了解，通过了解而欣赏，通过欣赏而保护。这种文化层次上的建设将是不易被模仿、难以学习的，若是能取得成功，将能转化为非物质文化遗产所在地的核心竞争力，为其带来长远的、持续的经济效益。第三，随着文化全球化与地方化的发展，人们愈加渴求新的知识，甚至愿意为高质量的解说支付相应成本，由此可看出，优质高效的解说服务可为景区及解说人员带来可观的经济效益。

（4）教育功能

非物质文化遗产承载着丰富的历史，是过去时代流传下来的历史财富，我们可以从中活态地认识和了解历史。无论是何种非物质文化遗产，都有其产生的特定历史条件，总带有特定时代的历史特点，通过这些非物质文化遗产，我们可以了解特定历史时期的社会生产力发展水平、社会组织结构和生活方式、人与人之间的相互关系、道德习俗及思想禁忌。非物质文化遗产蓄积了不同历史时代的精华，保留了最浓缩的民族特色，是民族历史的活态传承，是民族灵魂的一部分，是超时代的。非物质文化遗产反映了民族的世界观、生存状况，折射了民族的集体心态和行为模式，有助于人们了解当时社会、群体的整体状况。

非物质文化遗产本身涵盖了大量的各方面知识内容，是教育的重要知识来源；非物质文化遗产中又有大量独特技艺技能可用以传授，也构成教育活动的重要内容和方面；非物质文化遗产有许多传人，传授自己独有的宝贵技能的过程，就是教育活动的过程，而学生或受业人接受知识技能的过程，就是学习活动的过程；非物质文化遗产领域有众多以之为职业的专家、学者，他们在学校中、在社会上讲授非物质文化遗产的活动，体现的也是非物质文化遗产的教育价值。通过非物质文化遗产旅游解说系统的建设既可以提高游客的游览体验和旅游质量，让游客了解非物质文化遗产的价值（历史价值、文化价值、精神价值、科学价值、审美价值、和谐价值、教育价值、经济价值等）和作用，同时有助于实现游客与管理者之间的良性互动。在传统的非物质文化遗产中存在着许多方面的合理文化内涵与文化因素，它们具体地表现在非物质文化遗产的传承方式、情感表达、创作心理、价值观念等各个方面，在长期的历史发展与文化现代化冲击的过程中，这些存在于非物质文化遗产中的合理文化内涵与因素已经逐渐淡化与失落，有的甚至已经完全为现代文化所消解。解说就是为了让人们理解一个地方的重要性及意义，使观众与资源之间形成智力和情感等方面的关联，从而鼓励人们对当地的非物质文化遗产进行保护。当然还应当从开放和明晰的历史角度进行解说和教育，从而提高对国家过去历史的接受力。

（5）审美功能

人与外部世界存在着至少三种关系：认知关系、伦理关系和审美关系。大自然的美与壮观不需要媒介，人们便能明白，因为它们构成了人内心的体验。非物质文化遗产中的"口头文化"（各种语言、口头文学、神话、传说、故事、笑话、谜语、谚语、俗语等）、口技、口头艺术（相声、评书、评话、谑语等）、山歌等各种说、吟、唱文化艺术等，以及"体形文化"（主要表现形式有舞蹈、戏剧、杂技、武术、体式，以及各种生产性、社会性、宗教性习俗活动等）具有身口相传的特点，致使它在表达思想感情方面具有很强的直接性与直感性。通过解说，使人们非常准确地把握创作者真实的思想情感，与创作者进行最为直接的"心灵对话"。非物质文化遗产中艺术类遗产展示美的价值，技艺类遗产展示真的价值，民俗类遗产展示善的价值，这些都充分展示了一个民族的生活风貌、审美情趣和艺术创造力，所以它的审美价值含量极大。

旅游解说系统可以通过有针对性地向旅游者提供尽可能多的信息量，解说非物质文化遗产旅游资源，使旅游者对音乐、舞蹈、戏剧、曲艺、饮食、服饰、习俗等有较为深刻而全面的了解，从而提升自己的审美体验，由一种表层的体验上升到一种深层次的体验，进而获得一种高质量的旅游体验。

（6）可持续发展功能

经济与生态的可持续性是可持续旅游业的两个中心环节。在经济可持续性方面，高质量解说不仅丰富了人们的旅游体验，增加游客的满意度，从而推动"口—口"宣传与游客的再次到访，而且解说的工作为地方增加了就业机会。在生态可持续性方面，通过"理念—态度—行为动机—行为"这一认知与行为反应链，解说能够让游客形成牢固的生态伦理观，并最终作用其行为。

7.4　非物质文化遗产旅游解说原则

Enos Mills 很早就使用"解说"一词来描述他在落基山国家公园所从事的解说工作，他的《自然向导历险与解说论文集》一书中说明了许多解说的哲学思想。1957 年，提尔顿完成了第一版的《解说我们的遗产》，他提出了解说的 6 大原则，成为日后世界各国解说人员奉行的圭臬。

① 兴趣——任何解说活动若不能和游客的性格或经验有关，将是枯燥的。

② 启示——资讯不是解说，解说是根据资讯而形成的启示。

③ 艺术——解说是一种结合多种人文科学的艺术。

④ 启发——解说的主要目的不是教导而是启发。

⑤ 整体——解说必须针对整体来叙述。

⑥ 对象——对 12 岁以下的儿童进行解说时，其方法不是稀释或简化成人解说的内容，而是要有根本不同的做法。

Larry Beck and Ted Cable 的解说 15 项原则：

① 兴趣——为了引起兴趣，解说员应将解说题材和游客的生活相结合。

② 启示——解说的目的不应只是提供资讯，而应揭示更深层的意义与真理。

③ 艺术——解说的呈现如同一件艺术品，其设计应像故事一样有告知、取悦及教化的作用。

④ 启发——解说的目的是激励和启发人们去扩展自己的视野。

⑤ 整体——解说必须呈现一个完全的主旨或论点，并应满足全人类的需求。

⑥ 对象——为儿童、青少年及老年人的团体做解说时，应采用完全不同的方式。

⑦ 历史——每个地方都有其历史，解说员把过去的历史活生生地呈现出来，就能将现在变得更加欢乐，将未来变得更有意义。

⑧ 科技——现代科技能将世界以一种令人兴奋的方式呈现出来，然而将科技和解说相结合时要慎重和小心。

⑨ 质量——解说员必须考虑解说内容的质与量（选择性与正确性）。切中主题且经过审慎研究的解说将比冗长的赘述更加有力。

⑩ 沟通——在运用解说的技术之前，解说员必须熟悉基本的沟通技巧。

解说品质的确保须依靠解说员不断地充实知识与技能。

⑪ 需求——解说内容的撰写应考虑读者之需求，并以智慧、谦逊和关怀为出发点。

⑫ 支持——解说活动若要成功，必须获得财政上、人力上、政治上及行政上的支持。

⑬ 美感——解说应灌输人们感受周遭环境之美的能力与渴望，以提供心灵振奋并鼓励资源保育。

⑭ 体验——透过解说员精心设计的活动与设施，游客将可获得最佳的游憩体验。

⑮ 热情——对资源以及前来被启发的游客付出热诚，将是有效解说的必要条件。

　　旅游解说是基于任务型的交流活动，信息（message）就是贯穿整个解说交流过程的核心，解说者的目的就是通过把解说的信息内容传达给游客而实现的。那么，信息的内容组织和信息的主题就成了整个交流过程是否有效地关键。Ward & Wilkinson 在总结一般交流模式的基础上，提出了有效旅游解说交流信息创作的"CREATES"原则，见表 7-2。

表 7-2　信息创作的"CREATES"原则

代表字母	原　　则	解　说　要　求
C	connect-相关原则	解说信息必须直接和遗产传承的意义和目的相关
R	relevant-关联原则	解说信息必须在游客预知的知识范围内并能够和他们的个人经历相关联
E	enjoyable-愉悦原则	解说交流必须愉悦、有趣
A	appropriate-恰当原则	解说信息必须满足游客、遗产和管理的各自需求
T	thematic-主题原则	解说活动的设计必须主题鲜明、沟通目的明确
E	engaging-参与原则	解说交流必须融合游客各种感官，确保游客处于全神贯注的状态
S	structured-逻辑原则	解说信息的组织必须有清晰的逻辑关系

　　游客的旅游动机来源于地域间的文化差异，因此从实践层面讲，非物质文化遗产已经成为旅游地发展旅游的重要依托。旅游发展的实践证明，文化个性越突出，文化多样性色彩越鲜明，旅游产品就越受到游客的青睐，音乐、礼仪、节庆以至语言、信仰等等都可成为旅游吸引物。有鉴于此，笔者认为非物质文化遗产旅游解说应当遵循以下原则：

　　知识性——非物质文化遗产是对历史上不同时代生产力发展状况、科学技术发展程度、人类创造能力和认识水平的原生态的保留和反映，传承这些非物质文化遗产，是后人获取科技资料，掌握科技信息的基本方法之一。有些非物质文化遗产本身就蕴涵相当高的科技含量和内容，具有较高的科学成分和因素。非物质文化遗产旅游解说应突出其知识性。

逻辑性——非物质文化遗产身口相传的创作与传承方式为当代社会的文化传播保留了一种本原模式逻辑关联。非物质文化遗产旅游解说应确保所传递的信息之间具有逻辑性。

趣味性——非物质文化遗产旅游解说应当给游客正确、有趣的讯息。帮助游客们得道到一个有所领悟的、轻松的、美好的旅游体验。

参与性——能够让游客全身心地感受讲解带来的知识性、趣味性。

差异性——针对不同的游客群体，运用不同的解说技巧，深入浅出，满足不同游客的需求。

时效性——突出讲解的时间性和空间性，确保讲解的数量和质量。

7.5 非物质文化遗产旅游解说系统框架构建

从系统论角度看，旅游活动是一个复杂、开放的系统。系统是由一些元素（要素）通过相互作用、相互关联、相互制约而组成的，具有一定功能的整体。一个系统，如果没有内部各要素之间的有机联系，便不能形成一定的结构，也就不能发挥必要的功能，从而不能称之为系统。非物质文化遗产旅游解说系统作为旅游系统分支下的一个子系统而存在，是在一定地域空间范围内由若干个相互作用、相互依赖的旅游解说要素组成的有机整体。综合非物质文化遗产的可持续发展目标，本书以非物质文化遗产的内涵为主体依据，构建以物质层面、方式层面以及价值层面相互关联的立体解说框架，如图 7-5 所示。

物质层面解说系统——随着社会历史的发展，人们的思想、行为、生活方式都处在不断变化的历史演变过程中。非物质文化遗产不能独立地存在，它必须依附于某种特定的载体方能显示、储存与传承，一定的非物质文化遗产内容要表达出来，总要寻找一定的非物质文化载体形式，

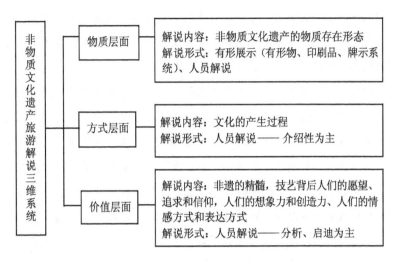

图 7-5 非物质文化遗产旅游解说系统结构

才能为旅游者所观赏和体验。而非物质文化遗产的多样性直接导致了承载非物质文化遗产信息的载体多种多样，一般来说，非物质文化遗产主要以物质实体、人和空间为载体。向云驹在《人类口头和非物质遗产》一书中指出：非物质文化遗产是一种典型的"人体文化"，它以人的身体为载体，包括人体的器官、行为以及传承人都是非物质遗产的载体，也是非物质文化遗产的主体和对象。因此，物质层面解说系统通过人员解说、有形物、印刷品、牌示系统等方式展示非物质文化遗产的物质存在形态。如非物质文化遗产博物馆，以"物"为载体，静态展示，较好地满足了游客参观、认知的心理需求。

方式层面解说系统——非物质文化遗产的最大特点是不脱离民族特殊的生活生产方式，是民族个性、民族审美习惯的"活"的显现。从表现风格上看，非物质文化遗产也具有一些鲜明的特点，其中最为突出的，是它蕴藏于各种丰富多彩的表现内容与表现形式中的那种浓厚强烈的生态风情。由于非物质文化遗产基本上都由一些具有共同生活环境、生活方式与文化心理的社区群众集体创作，因此它所表现的内容与形式，就显得极富有地方色彩与生活气息，与当地民众的现实生活密切相联系；它所表现的艺术风格与审美情趣，就显得极其淳厚质朴，充满人情味。

通过人员介绍性的解说，可以有效地展示具有独特文化价值的非物质文化遗产在留存和发展中的历史脉络及现实情况，从而使人们意识到非物质文化遗产保护与传承的重要价值和意义。

价值层面解说系统——非物质文化遗产中深藏着所属民族的文化基因、精神产品，这些维系民族血脉的元素反过来又世代塑造并延续了这些民族一脉相承的基本相同的生活态度和社会行为，形成民族特有的文化传承。这些在长期的生产劳动、生活实践中积淀下来的民族的思想精华、文化观念，包含了民族的价值观念、心理结构、气质情感等群体意识，是民族的灵魂以及民族文化的本质与核心。非物质文化遗产作为人类文化传递和保存的生动有效的手段、工具和载体，能够很好地将民族精神等文化信息传递到每一个人、每一代人这些活生生的载体上，从而造就每一个独特文化个性和崇高民族精神的伟大民族。通过分析式、启迪式的解说，使人们能够感受到"非遗"的精髓，了解技艺背后人们的愿望、追求和信仰，通过代代相传的手艺和艺术中折射出人们的想象力和创造力、人们的情感方式和表达方式，触摸到中华民族绵延不绝、生生不息的灵魂。

第8章 非物质文化遗产的数字化保护

非物质文化遗产作为国家的瑰宝，倍受重视。它作为旅游项目的开发从某种意义上说既是保护又是破坏，一方面，旅游开发能使大众认识和熟悉周围珍贵的非物质文化遗产，并为其保护带来经济支持；另一方面，开发所带来的环境污染、各地非物质文化遗产旅游开发项目的逐渐雷同、外来文化的冲击等都对非物质文化遗产资源造成了破坏。我们现在所熟知的传统保护方式——政府主导、企业社区参与、社会监督等，虽然效果显著但依然有许多问题需要解决。

随着时代和科技的进步，数字化技术的逐步发展和普遍运用，为非物质文化遗产的保护带来了新的方式和手段。运用现代数字信息技术能够在非物质文化遗产的采集、记载、整理、保护、传承、传播、展示等方面起到积极作用。将非物质文化遗产转换为数字文化形态，对于以人、口、手相传为核心的传统保护方式是一种有益的补充与辅助。因此，建立适应非物质文化遗产的数字保护机制，成为当前非物质文化遗产保护的重要发展趋势和学者们研究的重点。

8.1 非物质文化遗产数字化保护的路径

8.1.1 我国当前普遍使用的数字化实体馆

20世纪90年代以来，世界各国开始将非物质文化遗产资源数字化项目作为保护非物质文化遗产和发展互联网信息文化的主要策略，其中就包括档案馆、图书馆、博物馆、网络网站等的运用。非物质文化遗产的数字化是指数字化技术应用于非物质文化遗产的采集、储存、展示、传播、保护等，将非物质文化遗产进行转换、再现、复原，在新型平台上进行共享、创新、再生的数字化保护形态。如联合国教科文组织的"世界记忆工程"和"亚太地区非物质文化遗产数据库"（Asia-Pacific Database on Intangible cultural heritage）、欧盟委员会资助成立的"欧洲文化遗产在线"（European Cultural Heritage Online，ECHO）、日本的"文化遗产在线项目"（Cultural Heritage On line）、澳大利亚收藏网络（Collections Australia Network，CAN）、"谷歌图书馆"（Google Book）等，这些被人们所熟知的保护项目大大推进了非物质文化遗产资源的数字化进程，使得世界非物质文化遗产呈现多样化的发展态势，提升了国际非物质文化遗产资源的数量与质量。我国直到近十年来才开始重视数字化技术对于非物质文化遗产保护的作用。相较以往的非物质文化遗产的口传心记、代代相传，现代的数字化技术更加贴切非物质文化遗产本身所具有的活态性、传承性、变异性等特征所决定的保护方式。

（1）数字档案馆

档案馆是收集、保管档案的机构，负责接收、征集、管理档案和开展档案利用等，是重要的文化资源收藏机构与信息资源管理机构，在非物质文化资源整理与现代信息技术应用方面都具有丰富的经验。据统计，我国已有各级各类档案馆 3816 个，其中国家综合档案馆 3046 个，国家专门档案馆 225 个，部门档案馆 142 个，企业档案馆 304 个，文化事业单位档案馆 40 个，科技事业单位档案馆 59 个，并且这些数字都在持续增长中。档案馆的快速发展，使得档案馆在数字时代参与非物质文化遗产数字化保护中起到了重要的作用。档案馆参与非物质文化遗产数字化保护既符合档案馆自身的基本职责，又促进档案馆馆藏结构的优化和量化，还能拓宽档案馆的公共服务范围。档案馆参与非物质文化遗产数字化保护工作，主要体现在两个方面：第一，运用非物质文化遗产研究的理论与方法，利用现代信息管理技术，将馆藏中与非物质文化遗产相关的各种档案进行整理、归纳、分类，然后进行数字化处理，刻成光盘，编纂成电子书，建立全文数据库等各种数字化的产品；第二，积极参与各地的非物质文化遗产活动，运用现代化数字技术进行实况记录，以留存最真实、最生动的非物质文化遗产记忆，保存在档案馆中以便查询。这两方面工作的开展，不仅加速档案馆的数字化建设，增加馆藏非物质文化遗产的数字化资源数量，而且随着大量多元、活态的数字化非物质文化遗产资源的加入，将会大大改善我国档案馆馆藏结构。

档案馆对非物质文化遗产的保护形式主要有收集，这种收集可以包括定期接收、主动征集等方式；整理，一方面通过对馆藏地方性特色文献的整理来发现以往保存的非物质文化遗产，另一方面建立一个当下与非物质文化有关的文献专题并进行适时保存；保管，一方面可以将收集、整理的非物质文化遗产相关资料转换到光盘、磁盘、硬盘等数字化存储载体进行长期保存，另一方面建立相应网站、运用多媒体等现代技术对图片、声音、影像进行非物质文化遗产的原生态存储。最后还能通过数字化技术提供新的展示场所、创新档案馆的服务。

（2）数字博物馆

数字博物馆是运用虚拟技术、三维图形图像技术、计算机网络技术、立体显示系统、互动娱乐技术、特种视效技术，将现实存在的实体博物馆以三维立体的方式完整呈现于网络上的博物馆。具体来说，就是采用国际互联网与机构内部信息网信息构架，将传统博物馆的业务工作与计算机网络上的活动紧密结合起来，构筑博物馆大环境所需要的信息传播交换的桥梁，把枯燥的数据变成鲜活的模型，使实体博物馆的职能得以充分实现。从而引领博物馆进入公众可参与、交互式的新时代，引发观众浓厚的兴趣，从而达到科普的目的。数字博物馆不仅仅是对非物质文化遗产的静态藏品的展示，更是对一些非物质文化遗产的产生背景、历史发展、传承者的档案、传播方式、制作工艺、原材料的应用等各类不同的文化艺术的全过程进行数字化的记载、转换、传播。数字博物馆能为游客提供人机互动、2D 或 3D 动画情景重现、特效渲染等多重服务。借助多媒体集成、知识建模、数字摄影等技术，建立全方位的非物质文化遗产的数字博物馆，使得数字博物馆用活态文化形式展示各类优秀的非物质文化遗产。

数字化博物馆一般由动态浏览（展示屏 3D 播放）、实物数字化、虚拟浏览、信息搜索（电脑上检索）等部分组成，可以摆脱时间和空间上的限制，摆脱传统意义上的博物馆在地方、参观时间等条件上的束缚，满足现代受众的需要。数字化博物馆有利于保存更加完整、更加多样、更加丰富的文化资源，大大拓展了"非遗"文化的领域。比如久负盛名的风筝制作，它融合雕、扎、书、画、绣等多种手工技艺，只要轻点鼠标，就可以看到风筝制作的选材、框架制作、雕刻、绘画等技艺的全过程详细展示，完成了对风筝制作工艺多角度、全方位的生动演示。数字化博物馆对"非遗"的民艺品类、制作工艺、原材料选择、传播方式、民间生活方式、传承者记载等进行全方位的解说，借助数字化博物馆的宣传窗口，及时向公众反馈"非遗"的挖掘、研究、保护的最新的情况，增加了公众对于非物质文化遗产的深入了解。数字化博物馆数量的不断增多，将会使大众更加方便了解中华民族大量的非物质文化遗产。当然，包括数字化科技馆、数字化图书馆、数字化文化馆等在内，都与数字化档案馆、数字化博物馆有着相似的发展趋势，这里就不再详谈。

（3）生态博物馆

生态博物馆不仅仅是一个新的博物馆的理念，也是一个新的文化可持续发展的理念。文化遗产概念的进化过程告诉人们，有形的文化遗迹是不可能被单独欣赏的，除非将它们与其他事物联系起来，这些联系可以是物质的，也可以是非物质的，可以是自然的，也可以是人文的，建立这种观念的重要性在于：如果不能表述人类创造力的多样性和整体知识，遗产的概念是毫无意义的。基于这些理念，在世界许多地方产生了生态博物馆或类似生态博物馆理念的文化机构与项目，如拉丁美洲的"社区博物馆"，西班牙的"文化公园"，巴西、澳大利亚等当地的"遗产项目"，日本的"造乡运动"，中国台湾的"社区营造"，等等。这种在其原生地和居民生活在一起的博物馆，有效地阻止了文化的退化，同时也为社会的可持续发展做出了贡献。

生态博物馆的概念最早于 1971 年由法国人弗朗索瓦·于贝尔和乔治·亨利·里维埃提出。1980 年，乔治·亨利·里维埃在其《生态博物馆——一个进化的定义》一文中，把生态博物馆定义为：生态博物馆是由公共权力机构和当地居民共同设想、共同修建、共同经营的一种工具；生态博物馆是一面镜子，是当地居民了解自己，向参观者展示自己的一面镜子；生态博物馆是人类和自然的一种表现；生态博物馆是时间的一种表现，可以从史前追溯到现在；生态博物馆是可以在里面停留或浏览的特殊空间；生态博物馆也是一所实验室，为研究本地区的过去和现在及其环境提供资料；生态博物馆还是一座资源保护中心，有助于保存和发展自然和人的文化生存；生态博物馆又是一所学校，涉及人类的研究和保护，鼓励人们清醒地掌握自己的未来；生态博物馆的差异极大，从这种标本到另一种标本也极不相同。但它不是封闭的，它既接受又给予。目前，全世界的生态博物馆已发展到三百多座。生态博物馆的工作模式通常有三种：第一种模式是大多数博物馆所熟悉的普遍应用模式，由博物馆研究者或专家提出保护项目，原住民作为被调查者参与其间。但在这种模式下，原住民的参与通常在研究者与专家得到大量信息后即结束，属于以研究者与专家意见为主的单向过程，原住民容易在相关知识上丧失权威和话语权。第二种模式是外界以战略伙伴关系参与，保护项目由原住民专家或博物馆专家提出。原住民作为合作者，从计划的最初提出到发展、补充、评价阶段始终参与，直到共同得出结论。第三种模式是以原住民文化行为为特征，由原住民或土著文化专家提出项目，由当地人控制项目及发展。对原住民而言，这种模式无疑是建立以多方尊重为基础的新型联系的重要一步。

（4）公共图书馆

《国际图联/联合国教科文组织公共图书馆宣言》对公共图书馆有明确的表述："公共图书馆的使命是：加强文化遗产意识，提高对艺术科技成就与创新的鉴赏力，提供接触各种表演艺术文化展示的机会，促进不同文化之间的对话，支持文化多样性，支持口述传统文化。"而且2009年7月文化部社会司在关于开展县级以上公共图书馆评估标准中，把公共图书馆是否开展文化共享工程式建设，包括主办、协办、参与举办的文化共享工程服务活动，作为评估的标准之一。所以作为具备公共服务知识机构，制度性质的公共图书馆把非物质文化遗产保护作为文化共享工程中的一项重要内容在全国各地如火如荼地开展的时候，决定了公共图书馆必须为非物质文化遗产知识的保存，为优秀的民族民间文化的弘扬、展示和传播提供广阔平台。但是非物质文化遗产资源在我国公共图书馆保护工作中的信息化建设还处在初期阶段，更多的图书馆自建数据库还只是以文字和图片为主，多媒体展示明显不足，虚拟技术应用有待开发，还远未实现内容的丰富实用和数字化手段的充分应用。因此在加强非物质文化遗产资源的数字化建设方面还有很大的潜力和空间。

8.1.2 数字化技术的应用

数字化技术应用在非物质文化遗产保护中，具体体现在四个方面：第一，数字化采集和存储技术为非物质文化遗产的完整保护提供保障；

第二，数字化复原和再现技术为非物质文化遗产的有效传承提供了有力支撑；第三，数字化展示和传播技术为非物质文化遗产的广泛传播提供了平台；第四，虚拟现实技术为非物质文化遗产的开发和利用提供了广阔空间。

以前非物质文化遗产保护的数字化手段停留于拍照、记录、采访、物品收藏等简单的工作层面上，但是记录的书籍纸张容易生霉、录像带容易老化、录像色彩容易损坏、录像声音容易失真等，有时加上拍摄角度和当时的天气等条件，影响了长期的保存。所以当下一些热门、先进的数字化技术的研发应用，提供了非物质文化遗产保护许多新的手段，包括在非物质文化遗产采集方面立体扫描、图文扫描、数字摄影、全息拍摄、运动捕捉等；在存储方面，数据库、光盘塔、磁盘、便携式存储工具、光纤和网络连接，以及出台的一系列相关规定、协议；在非物质文化遗产复原和再现技术上采取的 2D 或 3D 数字动画技术，通过信息空间概念和技术的应用将非物质文化遗产现象、场景、事件或过程实现可视化，应用真实感角色生成、场景搭建、动作绑定、人机交互、知识建模等技术快速生成非物质文化遗产中的情景和行为用来实现非物质文化遗产的虚拟再现、知识可视化和人机互动操作，甚至互联网平台的建立使得非物质文化遗产的相关数据能迅速地接触大众，获得大众的支持。例如，少数民族聚集地含有大量的非物质文化遗产，大多都是代代相传、口述教授，这样的非物质文化遗产虽然能够保持最原始的状态，但也容易受到其他文化的影响或因传承人的缺失而消失，所以用高清摄像机记录这种类型的非物质文化最合适不过。在这里介绍几种在我国普遍运用的数字化技术。

（1）信息空间

Max H. Boisotz（马克思·H. 布瓦索）在专著 *Information Space* 中提出了信息空间（即"I-space"或"I-空间"）的概念，用来考察实物资产与知识资产之间的错综复杂关系（直接引用）。该模型的构造是由三个空间结合而成，分别是认识论空间、效用空间、文化空间，而认识论空间是由抽象和编码两个维度构成的，效用空间是由抽象和扩散两个维度构成的，文化空间是由编码和扩散两个维度构成的。该理论将编码、抽象、扩散这三个维度创建一个信息框架，编码用预先规定的方法将文字、数字或者其他对象编成可识别码，或将信息、数据转换成规定的电脉冲信号，抽象是运用概念再现对象的种种形式的基础结构过程，扩散是将编码和抽象形成的信息通过特定渠道传播给大众。编码维空间可以在计算机中进行编码并且进行数字化呈现，其编码程度越高所呈现的信息会更加全面；抽象维空间首先对要编码的对象整理归纳，其次实现"非遗"的知识数字化呈现；扩散是要用各类传播方式来传播"非遗"知识，被大众接触、学习和接受。

(2) 知识可视化

知识的可视化即利用各种视觉手段如图解、视频等来构建和传播一些复杂的信息，主要作用于提高多人之间的知识传播和创新，可以提高知识传播的效率，加强人与人之间的交流。知识可视化主要包括知识源层、知识描述层、可视化表达层和知识应用层四个方面。"知识源层"是非物质文化遗产的本体，"知识描述层"是用文化空间知识来展现非物质文化遗产的各个方面，"可视化表达层"是将知识不同层面用适当的模型进行表达。知识可视化要考虑四方面，即受众是谁（who），什么类型的知识（what），为什么要对这些知识进行可视化（why），如何对这些知识进行可视化（how）。所以 R. A. Burkard 在 2005 年参考可视化的知识提出了"知识可视化框架"，他从四个方面即受众、可视化目的、知识类型、可视化类型进行归纳，如图 8-1 所示。

该框架中接受者包括个体、小组、团体以及网络，这确保了"非遗"保护的接受对象的明确化，可针对不同的接受对象制订不同的应对方法；可视化目的包括共享和传播（启发、澄清）、创造（重新编订、组合）、学习（获取、内在化）、编订（文档、文件、外在化）、发现（新"非遗"

接受者类型	可视化目的	知识类型	可视化类型
个　体	共享和传播	知道-是什么	素　描
小　组	创　造	知道-怎么做	图　表
团　体	学　习	知道-为什么	图　片
网　络	编　订	知道-在哪儿	地　图
	发　现	知道-关于谁	实　物
			交互可视化
			故　事

图 8-1　知识可视化框架

的探寻）五个方面，这五者既是目的又是传承的手段。知识类型包括
"是什么""怎么做""为什么""在哪儿""关于谁"。知识可视化的工具
包括概念图、流程图、思维导图、认知地图、语义网络、思维地图等，
运用准则是大处着眼、小处着手，图文并茂再添声音，人机合作，简单
实用，通俗易懂。

（3）现代动画与非物质文化遗产保护相结合

动画是集合了绘画、电影、数字媒体、摄影、音乐、文学等众多艺
术门类于一身的艺术表现形式，可以概括为：赋予无生命的东西以生命
的幻觉，有娱乐性、商业性、教育性等功能。现代动画是在传统动画基
础上发展起来的，借鉴了许多传统动画的表现手法，可以将现代动画理
解为使用计算机技术及信息技术的动画艺术。计算机图形技术、信息技
术、特效技术是现代动画的关键和基础，极大地促进了动漫产业的发展，
拓展了动漫的外延，为动漫产业创造了巨大的价值。与此同时，动漫行
业利用自身雄厚的实力，对这些技术的进一步发展进行资金、人才、资
源的反哺，推动它们不断进步。在动漫产业的直接参与和积极配合下，
大量三维影像、人工智能、虚拟现实、实时渲染等新技术正不断涌现。
例如动作表情捕捉仪、自动三维成像技术、三维立体显示技术、全息摄
影、沉浸式头盔、数据手套等。

2D、3D 戏曲动画开通了我国动漫产业向非物质文化遗产吸取营养、选取题材的道路，有利于提升我国动漫产业的民族特色、优化内涵和艺术品质，促进我国动漫产业的可持续健康发展；打通了非物质文化遗产走向现代、走向青年、走向大众、走向世界的可能出路，有利于非物质文化遗产与时俱进，传承创新，焕发活力，发扬光大。

（4）虚拟现实技术

虚拟现实的概念由美国正式提出，表示人类存在于计算机空间中的一个概念。虚拟现实技术是 20 世纪末才兴起的一门崭新的综合性信息技术，它融合了数字图像处理、计算机图形学、多媒体技术、传感器技术等多个信息技术分支，是目前计算机界比较热门的一项技术，它用计算机模拟三维环境，对现场真实环境进行仿真，用户走进这个环境，可以控制浏览方向并操纵场景中的对象进行人机交互。

作为近十几年发展起来的高科技新手段，虚拟技术可以模拟现实，在虚拟空间里人们能够看到与现实相近的情景。如我国第一座数字博物馆"虚拟故宫"中的虚拟太和殿工程，它就是先用计算机构建出故宫三维模型，再用数字相机"一块一块地"采集故宫实物景观，然后将它们"贴"在三维模型上进行合成，最终合成这部数字作品。在虚拟太和殿游览中，你可以打开太和门，进入宏伟的太和殿，可以飞临屋顶平视檐角的神兽，还可以坐在皇帝的宝座上俯视太合殿内景……这些在过去的实地游览中都是无法实现的事情。如今在虚拟技术的帮助下，人们可以轻松地做到这一切。

（5）DV 影像

世界上的首部数码摄像机在 1995 年诞生于日本，人们称这一年为 DV 元年，DV 影像以神奇的速度在世界各地涌现。1997 年，第一款 DV 摄像机传入我国，以其低廉的价格和简单快捷的操作迅速风靡起来。因为 DV 具有操作简便、影像质量高、编辑效率高的优点，所以深受大众喜爱，民众有了获取和传送影像的自由。其最大特点在于它的平民化，这使得人们可以通过它抒发个人情怀，表达自我感受。DV 影像技术不同于以往数字技术，它被广大群众接受以后发展速度非常快，随着 DV 日渐成熟，国内许多艺术家亦为其发展做出了很大努力。

现代社会，不仅普通群众热衷于 DV，各类艺术家甚至导演也开始喜欢使用 DV，很多 DV 影像作品在艺术和商业上都取得了巨大成功，在一些国际电影节上，它的出现已相当普遍。DV 技术作为一种集合视频和音频数字化的、新近发展起来的技术，以极高的性价比缩小了与专业器材的差距，或者说，它有便于携带、性价比高等优点，还可以拍摄出接近专业影视摄制设备的影像效果，因此被普通大众广泛使用。这使我们每个人都能进行影视创作，也为我国的"非遗"保护工作添砖加瓦，贡献力量。借助网络平台使全世界任何一个角落的人都能认识存在于地球上的任何一处非物质文化遗产或任何一种文化，这也为非物质文化遗产的发展提供了先机。

8.2 非物质文化遗产数字化保护案例

数字化技术的应用，使得传统非物质文化遗产保护中出现的一些问题得到有效解决。由于各类非物质文化遗产的表现形式不同、方式有别，对非物质文化遗产保护数字化不仅要遵循普适性保护原则，还要采取因地制宜、因类而宜的措施和方法。

8.2.1 传统手工技艺的数字化保护

由于传统手工技艺的类型、材料选择、制作方式等多为文字与图片展示，这种静态的保护与传播方式显得单板，缺少互动性体验，很难理解手工技艺的精髓。前期的传统手工技艺通过文献收集、查阅来寻找相关技艺产品的材料，但难题在于活态资料的收集，比如产品的制作流程、制作技巧、传承人的教育等。要多次去非物质文化遗产的保护基地进行田野调查，对技艺的类型、材料选取、制造流程等进行归类梳理，配有相应的图片文字和民族内容来对产品进行介绍。中期探讨数字技术对非物质文化遗产的发扬、继承、创造，应该有针对性地选择数字化技术对非物质文化遗产的保护。由于非物质文化遗产产品的制作工艺严格、繁复并且用具一般过于老旧，很多制作技巧都是传承者之间的言传身教，很多在博物馆展出的技艺产品都是静态的，无法向参观者生动展示产品的现存状态。而数字博物馆、3D 动画和虚拟技术等动态形式则可以生动而有趣味性地向参观者展示手工艺的全流程，以数字化媒体方式进行传播。

以剪纸艺术的数字化保护为例，我国剪纸艺术具有广泛的群众基础，它与各族人民的社会生活相交融，是各种社会生活、民俗活动、民俗故事的重要体现，其传承赓续的视觉形象和造型格式，表达了民众的社会认识、道德观念、生活理想、实践经验、审美情趣，具有认知、教化、表意、抒情、娱乐、交往等多重社会价值。传统的剪纸技术就是一把剪刀、一些颜色鲜艳的纸，老人用心中最熟练的手法将一张张纸裁剪成漂亮的图案，工艺看似简单做起来却非常难，很多年轻人不喜欢花费大量时间去学习研究此类技艺。用数字化技术建立剪纸艺术数据库，挖掘剪纸图案的基本元素和典型符号，借鉴传统剪纸图案的结构形式、图形花样、典型寓意作为基础数据库，通过计算机图形学、计算机辅助设计、人工智能技术来创造新型的剪纸图案，将会获得更具现代元素的优秀剪纸。剪纸的基础元素包含各种直线、曲线、各类四边形、各类圆形、月牙形、花瓣形、水滴形等，通过这些基础元素创造出太阳纹、卐字纹、旋转纹、花纹等各种吉祥符号及动植物常用的造型符号。通过基础数据库的建立，再进行"定型"的计算机软件设计，展现出一幅幅形态各异、精彩绝伦的剪纸艺术。当然在剪纸艺术的传播方面，网站的设计是必不可少的，可将版面设计为剪纸历史流程、图像处理、剪纸基础图案数据库、剪纸图像数据库、剪纸艺术传承人介绍、查询系统等方面，方便用户的进入搜寻相关内容，了解剪纸艺术。

8.2.2　民间音乐类的数字化保护

传统的民间音乐类的非物质文化遗产的数字化保护大多停留于静态藏品的展示，无法向公众展示民间音乐的动态性文化。数字化的保护手段如采集和存储技术可以更加完整地保护民间音乐。民间音乐类的"非遗"文化的各种档案资料保存成数字化格式可以方便存储于电脑硬盘或U盘，既方便携带又可进行删除、增添、修改，民间音乐爱好者可以从电脑或者手机上欣赏民间艺人的经典音乐，可以进行长期的保护和传播。而虚拟场景的应用，可将多种媒介传播的民间音乐"非遗"文化声像整合，用文字、音频、图片、视频将民间音乐人的表演方式、表达形式等在电视、电脑、手机、广播等新媒介传播平台中进行真实再现。而音乐类的"非遗"文化的数字化经营，更是一种别出心裁的展现方式，用数字化故事编排与讲述技术，包括虚拟音乐中心、虚拟戏剧中心、虚拟舞蹈中心，整合音乐、舞蹈、诗歌等内容，根据人们自身的需要参与到音乐编曲中。

专题 8-1　　数字技术对民族音乐的保护作用

数字技术对民族音乐的保护作用体现在哪些方面呢？

第一，数字保护为音乐创作提供了丰富素材。

民族音乐数字化保护是一项庞大的基础性工程，它为最大限度保存民族音乐多样性提供了可能，能够便捷地实现对海量民族音乐素材的检索、体验、鉴赏、参考和利用，为现代音乐创作提供了极其丰富和高品质的素材，为不同类型的音乐创作提供了优良的支撑条件。

第二，数字技术突破了音乐创作的时空限制。

采用数字技术能够实现对多种环境、不同时间段的民族音乐样本进行采集、加工和存储，使得数字时代的音乐家能够突破时空的限制，体验

不同年代、不同区域的多样性民族文化生态和多样性民族音乐，从而极大地激发和提升了音乐家的创作能力，为创造出更加个性化和创新性的音乐提供了技术支撑。

第三，数字技术增强了音乐作品的推广能力。

数字技术不仅为获取不同类别音乐的元素提供了便利，还为音乐作品的推广创造了更好的传播手段和技术支撑条件。

清水江情歌《对歌对到日落坡》通过数字化方式进行了推广传播，取得了很好效果，中央音乐学院的笛子演奏家通过网络了解了该音乐，创作了笛子独奏曲《对歌对到日落坡》。

第四，数字技术促进了民族音乐的交流合作。

随着数字化、网络化、云技术等数字音乐技术的发展，为音乐交流与合作提供了便捷的条件、高效的手段和高端的技术，使得不同方面的音乐人能够突破时间与空间的限制，开展对音乐的欣赏、研讨、创作、制作等全方位的合作，极大地提高了民族音乐交流的范围和水平。

资料来源：谢庆生：《民族音乐数字化保护的研究与实践》，http：//gongyi.qq.com/a/20120720/000011.htm 2012 年 07 月 20 日 10：29。

例如，"花儿"是多民族共享的非物质文化遗产，是西部民歌乃至中国民歌中标志性的口头传承文艺形式。"花儿"流传于甘肃、青海、宁夏、新疆四个省区的汉、回、藏、东乡、保安、蒙古等 9 个民族之中。"花儿"的传承包括口头传承，即祖祖辈辈一代一代的口头熏染下不断传承和创作出来的；文本传承，用各类书籍记载传承；民俗传承，在民间传统庙会中演唱。

"花儿"的采录搜集工作肇始于 20 世纪的 20 年代，差不多同时，在采录搜集的基础上，专家们开展了多方面的研究。郝苏民在其《文化场域与仪式里的"花儿"——从人类学视野谈非物质文化遗产保护》一文中，从文学或音乐的视角揭示"花儿"的惊人魅力，从探源、特色、格律、曲调等方面切入的研究专著一一问世。随着时代的发展，"花儿"的保护也与时俱进，采用现代的高清摄像及拍摄"花儿"的演唱过程、创造形式、表演方式等，用硬盘、U盘等便携式方式保存有关"花儿"的资料，用3D动画效果、虚拟技术等播出"花儿"的表演，通过建立网站、人机互动等方法来推动"花儿"的传播。

8.3 非物质文化遗产数字化保护的问题和解决措施

非物质文化遗产数字化保护一种是博物馆数字化、图书馆数字化、档案馆数字化等实体馆的数字化，另一种是技术上的创新应用于实体馆或直接应用于非物质文化遗产保护手段中，虽然数字化技术可以有效保护非物质文化遗产，比如在非物质文化遗产的挖掘、收集、保护、抢救、整理、传播等过程中，但是由于数字化技术的应用时间较短，很多方面还不完善，难免会在保护中遇到诸多问题。

8.3.1 馆类数字化

(1) 非物质文化遗产数据库的不完善

数据库的资源不够全面，只是从理论上加以探讨和研究，而不是用于非物质文化遗产传承。例如，档案馆的文献对于非物质文化遗产只是基本情况的介绍，深层次挖掘的资料很少，在线展示的内容过于单一，大部分都集中于剪纸艺术、民间习俗等内容，而对于地方特色展览很少。另外网站的知名度不高、利用率极低。所以建立一个非物质文化遗产的代表作总名录体系，在大框架之下设立不同类别的小型资源库，可以参照国家级非物质文化遗产的十大分类来建立小资源库，但是一定要分档全面、分类详尽，将数字化技术应用于非物质文化遗产资料的整合，发挥数字化技术、多媒体技术的优势，不断更新和完善资料库。

（2）缺乏上级管理部门对各类馆建设的指导

我国目前各类馆的建设只是地方性的认识，上一级的管理部门没有针对所管属的地方进行针对性指导建设，很多博物馆、档案馆的建设都还是过去的技术。比如数字化博物馆的展示平台上会有非物质文化遗产总说、新闻快讯、历史流变、陈列展示指南、原材料介绍、制作流程、传承人档案等，但是缺少三维立体化的动态展示和人机互动。这些技术上的缺失就需要上级部门的指导与支持，将人才引领、吸引到下级部门工作，完善用人机制，是上级部门的职责。

（3）缺乏资金支持

相关非物质文化遗产的保护和馆类建设缺乏资金的支持，严重影响保护工作的数字化软件和多媒体技术的水平，使得保护力度和广度不尽如人意。特别是在教育上的投资，高校缺乏相关专业人才的培养，仅设立各类相关专业，缺少针对性专业。所以要求不仅仅需要地方政府、上级部门的共同重视和拨款支持，更需要运用企业、社会、公益等方面的资金。

（4）缺少技能型人才

馆类项目的基层人员素质和知识水平普遍较低，技术开发人才普遍缺乏，特别是最新技术应用于非物质文化遗产保护的相关性专业人才普遍缺乏，使得非物质文化遗产的采集、保护、传承都很难得到保证。非物质文化遗产数字化人才除了要求具备较高的传统专业科学素养还要储备跨学科知识，人才队伍培养是非物质文化遗产保护数字化发展的关键。比如用现在手机程序应用界面、计算机软件、网络用户界面设计来解决博物馆、档案馆等数字化问题，而且要借助网络时代的宣传工具，如微博、微信、论坛、博客等通信工具来进行博物馆、档案馆的宣传和介绍，这是一种技能性人才将现代技术应用于"非遗"的传播。

（5）保存方式单一

绝大多数传统博物馆的工作观念、方式与无形文化遗产保护存在很多不适应甚至是矛盾冲突的一面。虽然全面科学的阐释可以让观众更深刻地解读民间文化背后所蕴含的深层内容，提高其认知，但再美妙的文字描述也只是对非物质文化遗产的初步描绘。我们必须认识到，非物质文化遗产是一个活态文化遗产，仅仅将其物质化形态摆放在博物馆内，尽管旁边加有注释，但是这样的做法是无法完全体现非物质文化遗产的生命活力的，更无法达到通过保护促进传承，在传承中达到保护的目的。

8.3.2　数字化技术方面

（1）缺乏对非物质文化遗产的整体性保护

数字化储存通常只针对非物质文化遗产本身而忽视了它所赖以生存的文化空间特性，缺乏对非物质文化遗产的整体性的保护，使得保存的非物质文化遗产有时晦涩难懂，有时缺少再创性。比如舞蹈类的非物质文化遗产，舞蹈演员的表演可以通过照片、视频来记录，但是缺少对舞蹈产生的背景、地点、时间、演变发展过程的追溯。数字化保护对非物质文化遗产的记载和储存较多，但是对其传承、创造研究较少。

进行数字化呈现时，如何有效地、全面地展现非物质文化遗产之间、非物质文化遗产与数字化技术之间错综复杂的知识关系。比如通过三维动画的形式指导某种非物质文化遗产的表演内容或内容，但是无法获取知识的传承、演变过程以及时间和地域特征等知识。因此数字化呈现即数字化的编码和抽象，需要以事件为中心，考虑地理、历史、政治、经济、社会、居民等相关背景的文化知识，采用图解、人机交互等方式实现非物质文化遗产的建模和呈现，将相关背景知识和历史沿革的关系呈现出来，不仅有助于"非遗"的传承、学习、创新，更有利于提高全民对非物质文化遗产的认识和理解。

（2）缺乏统一、科学的标准规范

信息技术对非物质文化遗产进行数字化采集，但是缺少全国统一标准，如何制定一个科学、合理、统一的规范标准，保证数字化后的非物质文化遗产的原生态性显得尤为重要。比如民间文学类的非物质文化遗产，很多文学作品、很多民间小故事都是通过人们口耳相传才得以保留下来，但是当数字化手段的介入，使得数字化采集工作简洁便利，只要是民间小说类的都一股脑收入，收入编纂也没有分类，而且数字化采集文学哪些方面、采集过程需注意哪些问题都没有明确规定，使得很多非物质民间文学在采集过程中遭到了破坏。在处理相关的非物质文化遗产数字资源的分类、处理、加工、整理标准方面，需要政府、专家的共同推动，通过专家专业的指导来确保"非遗"数字化采集的科学、全面，保证相关专业人才的培养，政府确保资金的投入、人员的任用。而且数字化采集尽量采用三维扫描仪、运动捕捉仪、专业录影棚、专业录影机器、高清录播系统等数字化设备，实现非物质文化遗产的全方位真实再现。

（3）最新传播技术的运用

在非物质文化遗产的数字化传播过程中，如何有效地运用传播技术确保信息传播的准确性。现在数字化传播无外乎借助网站或者网络通信媒介，但是针对"非遗"保护的网站数量少，受众范围窄，关注度和浏览量低，网站主页设计不漂亮、板块分类不合理、技术含量过低，与受众互动少，都是传播过程中存在的问题。美国的虚拟图书馆——"美国记忆"，其宗旨就是要"通过因特网提供免费、公开获取的书面与口头文字、音频记录、静态和动态影像、印刷品、地图、乐谱等记载美国印象的各种资源。作为教育和终身学习的资源为公众服务"。"非遗"保护数字化过程中要多方位接受用户反馈，通过实践、反馈、改进、再实践、再反馈、再改进的循环过程，达到最符合时代的保护手段。随着现代触摸屏、多媒体技术的创新和普及，将此类新技术不断应用到非物质文化遗产保护中，提高了非物质文化遗产的传播效率，又能增强受众的兴趣和热情。

（4）影响遗产的本真性

过度娱乐化，丧失本体；文化单极化挤压，夹缝中生存。数字技术的"双刃剑"也无时无刻不在困扰着人们。传播内容方面，在文化遗产的原创和转化过程中，由于过分专业化的组合，过分娱乐化、趣味化，可能对文化遗产的价值、博物馆的文化价值造成消解和损害。在数字采集、制作中，特别是在数字传播中如何保证成品的正确性、科学性、真实性，使得文化遗产数字化之后，能让大众与历史文化更亲近、更熟悉，而不是更遥远、更虚幻、更陌生，甚至更具威胁性、更恐怖，像很多好莱坞影片那样。数字技术对于文化遗产和文化多样性具有正反两方面的作用，它可以带给世界生动、丰富、多样的文化，也会使那些弱势文化受到来自"文化单极化"的大力挤压，进而在更大范围内影响弱势文化的生存条件。

8.3.3　知识产权问题

在非物质文化遗产的资源中有些是可以共享的，是世代相传的和为全民族专有的，不存在版权、知识产权之争。如各民族的饮食、生活、方式、语言、风俗、节气等，这些是受自然生态的影响自然形成的，而有些非物质文化遗产项目，如传统手工艺，有着个人或家庭习俗及商业利益在里面，含有知识产权或版权，其制作过程是不能共享的，也不能随意下载、拷贝。网络环境下数字化技术使得非物质文化遗产保护资源的利用和传播突破了空间和时间的限制，用户可以随时对数字资源进行浏览、下载、打印，获取所需的知识和信息。因此公共图书馆在开展非物质文化遗产保护工作中不可避免地遇到如何保护传承人、传承群体之类法律问题。所以在非物质文化遗产保护中要在满足用户需求、数据共享的同时切实保护某些项目的传承人、传承群体的利益。这些问题需要政府、法律界和非物质文化遗产的直接传承人或传承群体共同从法律、技术和规范管理等方面协调解决。可制定特别法对非物质文化遗产进行保护，在传统的知识产权类型之外，创设新型的非物质文化遗产权，赋予非物质文化遗产所有人对公共图书馆开展非物质文化遗产保护工作适当的权利，使图书馆在这项工作中更完善更完美。

8.3.4 非物质文化遗产的数字化保护

总的来说，对于非物质文化遗产的数字化保护要从 9 个方面入手：

第一，建立非物质文化遗产数字化的分类体系；

第二，创建非物质文化遗产的数据采集技术标准；

第三，探寻非物质文化遗产知识可视化的表达标准；

第四，构建非物质文化遗产数字化技术的综合运用体系；

第五，搭建非物质文化遗产的多媒体交互平台；

第六，构建国家非物质文化遗产保护的技术体系；

第七，加强机构合作，探索非物质文化遗产数字化保护的多元化运作模式，进一步加强大专院校、博物馆、图书馆、文化局、科技馆局、群众艺术团体等公共文化服务机构在非物质文化遗产数字化保护工作上的协调与合作，进一步打破系统界限、行业界限、地区界限，建立多元化的非物质文化遗产数字化保护的共享机制；

第八，充分利用非物质文化遗产传承教育基地、数字化宣传平台、数字化博物馆等途径加强"非遗"的数字化保护和传承；

第九，完善知识产权类非物质文化遗产刑法保护。

8.4 "非遗"保护数字化的未来期望

鉴于非物质文化遗产自身的活态性、复杂性、依附性、传承性等特殊性，鉴于非物质文化遗产濒临灭绝的事实，不仅要利用传统保护手段，更要致力于非物质文化遗产的数字化保护技术的开发和利用。优秀的非物质文化遗产是我们祖国文化的灵魂，加强档案馆、博物馆、文化馆、科技馆等馆项建设，尽量在建立网站时将这几个馆的特色融为一体或者各类馆的合作，创建更为全面强大的公共服务网站，将人机互动作为重点项目呈现在网站中，吸引更多人关注。利用数字信息技术在虚拟空间中再现真实的"非遗"保护区域场景，并且和数字化博物馆、档案馆、图书馆的资料、实物、图像实现"链接"，甚至辅以不同领域的专家学者的解说来进行教育。利用"城市记忆工程"等活动的宣传加强公众的参与度和热情。新的数字化技术的人才培养、资金投入、创新研发、实际应用，四者相互影响相互补充，拓展对非物质文化遗产保护的新途径。同时要处理好数字化与文化生态平衡、与多学科交叉融合、与复合型人才的培养、与文化产业发展的关系。这样在不改变非物质文化遗产各方面原始信息的基础上，利用这些技术进行数字化复制、出版、再现、传播，来发挥非物质文化遗产的文化价值和经济效益，使得民间文化、民间舞蹈、民间音乐、民间技艺、民间民俗等不断增值和发展。更要将企业、公益、社会引入非物质文化遗产的数字化保护中，探索出非物质文化遗产数字化保护的多元合作道路，形成长效机制，解决"非遗"数字化保护过程中出现的资金不足、人才缺失、设备落后等问题。数字化保护是手段，非物质文化遗产的合理保护、全面开发、持续创新才是目的。

结论与展望

非物质文化遗产是人类数千年传统文化和智慧的结晶，保护传承非物质文化遗产的最终目的是为了实现文明的继承和复兴。非物质文化遗产是人类文明智慧和经验的积累，关系着民族文化独特性和世界文化多样性的实际存在，保护和利用好非物质文化遗产有利于促进人类社会的和谐及可持续发展，有利于维护民族精神传统，是实现中华民族伟大复兴极为重要的文化手段。如何保护和利用好非物质文化遗产是一项复杂、浩大的理论和实践工程。非物质文化遗产同时也是重要的区域旅游资源，具有旅游开发的可行性和现实性。发展旅游业与非物质文化遗产保护是当今社会的重要课题，两者既对立又统一。

本书在旅游开发视角下对非物质文化遗产在旅游业中利用的必然性和可行性进行的研究，仅仅是"管中窥豹"。作为一种重要的休闲活动和学术研究领域，非物质文化遗产旅游已见端倪，本书仅谈及对非物质文化遗产旅游开发价值的评价和旅游产品化转型两个问题，在非物质文化遗产保护和利用方面还有很多问题值得进一步的研究和探讨。

非物质文化遗产旅游资源开发价值评价，限于研究的能力和时间的紧迫，论文所构建的非物质文化遗产旅游开发价值评价体系还需要在实践中进一步检验和完善。将非物质文化遗产旅游开发价值评价体系运用于实践，对地区非物质文化遗产进行资源开发评价，以合理科学地保护与开发非物质文化遗产，同时也在实践中进一步修正评价体系。

非物质文化遗产旅游心理需求研究，非物质文化遗产旅游的本质是人们出于对精神、意义等更高层次的心理需要而激发出的旅游需求与行为，这种需要不仅仅满足于传统的旅游形式观光、度假、休闲等娱乐活动，而更多地表现出对深层次的文化、精神与意义的追寻与思索。因此研究人们非物质文化遗产旅游心理需求的基本动因，必将是非物质文化遗产旅游规划设计和产品化转型的核心理论基础，而相关的理论研究有待加强。

附录1 非物质文化遗产"花儿"的 传承状况调查问卷

亲爱的朋友：

您好！

"花儿"已被联合国教科文组织列为世界非物质文化遗产。为了更好地了解"花儿"艺术，我们设计了这份问卷，调查有关"花儿"的各方面情况，希望您能配合进行客观的回答。本调查完全采用匿名的方式进行，调查结果只用于学术研究。我们保证不会对您的生活和工作带来任何负面影响。请您将自己的真实想法告知我们，并在符合您情况的项目内填写或打"√"表示。

感谢您的协助与支持！

1. 您的性别：□男　　　　□女

2. 您的年龄：□18 岁以下　　□18—25 岁　　□26—35 岁

　　　　　　 □36—45 岁　　□46—55 岁　　□56 岁以上

3. 您的学历：□初中及以下　□高中或中专　□本科或大专

　　　　　　 □研究生及以上

4. 您的职业：

5. 您的民族：

6. 您对"花儿"文化了解多少？

□非常了解　□比较了解　□了解　□不了解　□根本不了解

7. 您知道"花儿"已被列入世界非物质文化遗产吗？

□知道　　　　□不知道

8. 您喜欢"花儿"吗？

□非常喜欢　□比较喜欢　□喜欢　□不喜欢　□非常不喜欢

9. 您为什么喜欢"花儿"？（可多选）

□好听　　　□可以表达自己的心情　　　□可以缓解压力

□祖祖辈辈留传下来　　□其他

10. 您唱过（会唱）"花儿"吗？

□很擅长　□比较会唱　□会唱　□不会　□根本不会

11. 在您周围会唱"花儿"的人多吗？

□非常多　□比较多　　□多　　□不多　□很少

12. 您了解"花儿"的历史吗？

□非常了解　□比较了解　□了解　□不了解　□根本不了解

13. 您认为"花儿"最好的传承方式是什么？

□民间传承　　□艺术演出　　□歌唱比赛□电视传媒□不清楚

14. 首届莲花山花儿艺术节所展示的"花儿"符合您心中的期待吗？

□非常符合　□比较符合　□符合　□不符合　□根本不符合

15. 您对莲花山首届"花儿"艺术节举办的认同度是：

□非常认同　□比较认同　□认同　□不认同　□很不认同

16. 您知道"花儿"的生存空间正在逐渐缩小吗？

□非常了解　□比较了解　□了解　□不了解　□根本不了解

17. 对于下列选项您的认同程度是：

5(非常同意)　4(比较同意)　3(同意)　2(不同意)　1(完全不同意)

① 非物质文化遗产是本地区的文化名片：

□5　　□4　　□3　　□2　　□1

② 我支持"非遗"旅游开发，因为我从中获利：

□5　　□4　　□3　　□2　　□1

③ "花儿"这项非物质文化遗产丰富了当地的旅游产品：

□5　　□4　　□3　　□2　　□1

④ 旅游增加了非物质文化遗产修复和保护的机会：

□5　　□4　　□3　　□2　　□1

⑤ 目前展示的非物质文化遗产表演与日常生活中的相同：

□5　　□4　　□3　　□2　　□1

⑥ 政府重视非物质文化遗产的保护，制定了相关措施：

□5　　□4　　□3　　□2　　□1

⑦ 如果有机会，我愿意参与"非遗"的保护活动：

□5　　□4　　□3　　□2　　□1

⑧ 我愿意学习和传承本地的非物质文化遗产：

□5　　□4　　□3　　□2　　□1

⑨ 如果有可能，我要把本地的非物质文化遗产介绍给我的朋友或游客：

□5　　□4　　□3　　□2　　□1

再次感谢您的支持！祝您生活愉快！

附录2 非物质文化遗产旅游市场调查问卷

亲爱的游客：

　　您好！欢迎您来甘肃旅游。为了对非物质文化遗产进行更好的保护与旅游开发，我们对有关情况进行了解，您的意见对我们完善旅游产品有重要的指导作用。本问卷不需要填写真实姓名，我们保证不会对您的生活和工作带来任何负面影响。请您将自己的真实想法告知我们，如无特别说明，每个问题只有一个答案，只需在选项空白处打"√"即可。

　　感谢您的协助与支持！

1. 您的性别：　□男　　　　　□女

2. 您来自　　省（自治区、直辖市）　　市（州）　　县

3. 您的年龄：□18岁以下　　□18—25岁　　□26—45岁

　　□46—55岁　　□56岁以上

4. 您的文化程度：□初中及以下　　□高中或中专

　　□大专或本科　　□硕士及以上

5. 您的职业：□企业员工　□公务员　□个体户　□自由职业者

　　□教师　　□学生　　□军人　　□离退休人员

　　□其他

6. 您的月收入：□1000元以下　　□1000～1999元

　　□2000～2999元　　□3000～4999元

　　□5000元以上

7. 您此次旅游的主要目的（可多选）：

☐了解考察当地非物质文化遗产　　☐学习体验　　☐度假休闲

☐探险猎奇　　　　☐宗教朝拜　　☐交友探亲　　☐其他

8. 您了解非物质文化遗产吗？

☐非常了解　☐比较了解　　☐了解　☐不了解　☐根本不了解

9. 您是通过何种渠道了解非物质文化遗产的（可多选）：

☐旅游宣传册　　☐广播电视　　☐朋友介绍　　　☐教科书

☐报纸杂志　　　☐网络　　　　☐"非遗"展示会　☐其他

10. 如果有与非物质文化遗产相关的表演或展示活动，您有兴趣观看或参与吗？

☐非常有兴趣　☐比较有兴趣　☐有兴趣　☐兴趣不大　☐没兴趣

11. 您对观看过的非物质文化遗产的展示或表演满意吗？

☐非常满意　☐比较满意　　☐满意　☐不满意　　☐非常不满意

12. 本次旅游，您对当地非物质文化遗产的体验程度是：

☐有深刻体验　☐体验比较深刻　☐有了一定了解

☐肤浅体验　　☐没感觉

13. 您选择旅游目的地最主要的标准是什么？

☐景点名气　　　☐个人喜好　　☐旅游项目是否多样

☐家人朋友推荐　☐旅行社推介

14. 您参与非物质文化遗产旅游活动主要的阻碍因素有哪些？

☐不了解　　☐产品参与性不强　☐产品没有特色

☐没兴趣　　☐其他

15. 下列措施您认为对非物质文化遗产保护传承最有效的是：

☐政府重视　　☐加大宣传　　　☐形式内容上不断创新

☐提高民间艺人的社会地位、收入等　☐文化产业化

16. 您认为非物质文化遗产怎样才能更好地传承下去？

再次感谢您的合作与支持！祝您旅途愉快！

附录3 首届莲花山"花儿"艺术节游客感知调查问卷

亲爱的朋友：

您好！欢迎您来莲花山。本次调查是为本届莲花山生态旅游"花儿"艺术节的举办情况所做，请您协助我们填写这张问卷。本问卷不需要填写真实姓名，我们保证不会对您的生活和工作带来任何负面影响。请您将自己的真实想法告知我们，如无特别说明，每个问题只有一个答案，只需在选项空白处打"√"即可。

感谢您的协助与支持！

一、您的基本情况

1. 您的性别：□男　　　　□女

2. 您来自　　省（自治区、直辖市）　　市（州）　　县

3. 您的年龄：□18岁以下　　□18—25岁　　□26—35岁

　　　　　　　□36—45岁　　□46—55岁　　□56岁以上

4. 您的文化程度：□初中及以下　□高中或中专

　　　　　　　　　□大专或本科　□硕士及以上

5. 您的职业：□企业员工　　□公务员　　□个体户　　□教师

　　　　　　　□学生　　　　□军人　　　□待业/下岗

　　　　　　　□自由职业者　□离退休人员　□其他

6. 您此次旅游的主要目的是（可多选）：

☐ 度假休闲　　　☐ 探险猎奇　　　☐ 交友探亲

☐ 宗教朝拜　　　☐ 学习体验　　　☐ 其他

7. 您了解非物质文化遗产吗?

☐非常了解　☐比较了解　☐了解　☐不了解　☐完全没有听说过

8. 您是通过何种渠道知道莲花山"花儿"艺术节的?（可多选）

☐旅游宣传册　　　☐广播电视　　　　☐朋友介绍

☐旅行社　　　　　☐网络　　　　　　☐报纸杂志　　　　☐其他

二、您对本届艺术节的评价

9. 您对花儿艺术的认知态度:

☐热衷　☐一般　☐没感觉　☐不喜欢　☐根本不喜欢

10. 您对本届艺术节的举办是否满意:

☐非常满意　☐比较满意　☐满意　☐不满意　☐很不满意

11. 您认为本届艺术节娱乐活动安排得如何:

☐非常丰富　☐丰富　☐一般　☐单调　☐极其单调

12. 您对莲花山景区状况的评价:

	满意	比较满意	一般	不满意	很不满意
交通道路	☐	☐	☐	☐	☐
引导标识	☐	☐	☐	☐	☐
游客公共休息设施	☐	☐	☐	☐	☐
景区安全状况	☐	☐	☐	☐	☐
餐饮状况	☐	☐	☐	☐	☐
住宿条件	☐	☐	☐	☐	☐
卫生状况	☐	☐	☐	☐	☐

13. 您认为莲花山花儿艺术如何更好地传承?

再次感谢您的合作与支持! 祝您旅途愉快!

附录4　非物质文化遗产旅游开发价值评价专家调查问卷（1）

尊敬的专家、老师：

为了更有效地保护我国的非物质文化遗产资源，科学指导非物质文化遗产旅游开发，我将非物质文化遗产旅游开发与管理作为我的学位论文研究内容，现正在进行"非物质文化遗产旅游开发价值评价体系"各指标的构建，需要确定评价指标体系的要素构成与各要素赋值。本次问卷调查的主要目的是请您就我设定的各层评价要素提出修正意见。

非常感谢您能在百忙中抽出时间给予我帮助和指导！祝您身体健康，工作顺利！

附表 4-1　非物质文化遗产旅游资源价值评价指标体系

目标层	综合评价层	要素评价层	因子评价层
A 非物质文化遗产旅游资源价值	B1 遗产价值	C1 文化价值	D1 民族文化价值
			D2 宗教文化价值
			D3 历史文化价值
		C2 观赏价值	D4 美感度
			D5 奇特度
			D6 规模度
			D7 完整度
			D8 真实度
		C3 科学价值	D9 科学考察价值
			D10 科普教育价值

目 标 层	综合评价层	要素评价层	因子评价层
A 非物质文化遗产旅游资源价值	B2 开发潜力	C4 环境质量	D11 环境舒适度
			D12 环境安全度
		C5 经济价值	D13 市场需求度
			D14 经济效益
		C6 游客意向度	D15 知名度
			D16 美誉度
		C7 地域独特性	D17 稀缺度
			D18 适游期长度
	B3 遗产承载力	C8 传承状况	D19 普及状况
			D20 传承人状况
			D21 研究状况
			D22 居民保护意识
			D23 政府保护措施
			D24 目前开发状况
		C9 遗产地容纳量	D25 高参观率对遗产的影响
			D26 高参观率对遗产地文化的影响
	B4 开发条件	C10 区位条件	D27 地理位置
			D28 交通条件
		C11 客源条件	
		C12 基础设施条件	
		C13 遗产地社会经济条件	
		C14 遗产地社会文化条件	
		C15 遗产地景观组合条件	

您对本评价体系各层指标构成的修订意见是：

增加：＿＿＿＿＿＿＿＿＿＿＿＿＿＿＿＿＿＿＿＿＿＿＿＿

取消：＿＿＿＿＿＿＿＿＿＿＿＿＿＿＿＿＿＿＿＿＿＿＿＿

调整：＿＿＿＿＿＿＿＿＿＿＿＿＿＿＿＿＿＿＿＿＿＿＿＿

附录 5　非物质文化遗产旅游开发价值评价专家调查问卷（2）

尊敬的老师、专家：

感谢您在第一轮专家意见调查征询中对我们的帮助，您的指正使我们受益匪浅。在权衡各位专家的意见和建议后，对各层次评价指标做了一些修改。本次问卷调查的主要目的是请您就我们设定的各层评价要素再次提出修正意见，并请您用层次分析法对各指标相对重要性赋值。

非常感谢您能在百忙中抽出时间给予我们帮助和指导！祝您身体健康，工作顺利！

附表 5-1　非物质文化遗产旅游开发价值评价理想指标体系

目标层	综合评价层	要素评价层	因子评价层
A 非物质文化遗产旅游开发价值	B1 遗产吸引力	C1 遗产资源品质	D1 遗产等级
			D2 遗产知名度
			D3 遗产丰度
		C2 遗产地域独特性	D4 稀缺度与奇特度
			D5 适游期长度与使用范围
		C3 遗产地环境质量	D6 环境舒适度与安全度
			D7 环境对遗产的易保护性
		C4 遗产使用价值	D8 可用于旅游开发的深度和广度
			D9 塑造、提供体验的能力
			D10 是否有依托的著名景区(点)

续　表

目标层	综合评价层	要素评价层	因子评价层
A 非物质 文化遗 产旅游 开发价 值	B2 遗产生命力	C5 旅游部门对遗产的管理能力	D11 技术与人员
			D12 融资能力
			D13 遗产地区位条件
		C6 旅游开发条件	D14 遗产地的市场定位
			D15 遗产旅游开发对地区经济贡献
		C7 利益相关者对遗产的认知和保护意识	D16 遗产地客源条件
			D17 遗产地基础设施条件
	B3 遗产承载力	C8 目前传承状况	D18 政府
			D19 当地居民
		C9 遗产产品化对遗产（地）造成负面影响的可能性	D20 旅游者
			D21 旅游经营者
			D22 普及状况
			D23 传承人状况
			D24 研究状况
			D25 遗产
			D26 遗产地社会生活方式和文化传统

本指标体系评价采用层次分析法。层次分析法是将复杂问题分解成各个组成因素，再将这些因素按相互关联、相互制约关系分组形成递阶层次关系。然后请多位专家、学者、权威人士用两两比较的方式确定各个因素相对重要性，再利用数学方法，确定决策方案相对重要性的总排序。

赋值方式：各层次指标两两比较结果使用美国学者 Satty 提出的 9 标度数值表示。1—9 标度法采用 1、3、5、7、9 及其倒数来确定标定标准，其含义分别为：同等重要、稍显重要、明显重要、强烈重要、极其重要。而 1/3、1/5、1/7、1/9 则具有相反意义，具体意义见附表 5-2。

附表 5-2 9 标度数值具体含义

标　度	含　义
1	第 i 个因素与第 j 个因素相比,具有同样的重要性
3	第 i 个因素比第 j 个因素相比,前者比后者稍重要
5	第 i 个因素比第 j 个因素相比,前者比后者明显重要
7	第 i 个因素比第 j 个因素相比,前者比后者强烈重要
9	第 i 个因素比第 j 个因素相比,前者比后者极其重要
2,4,6,8	表示上述相邻判断的中间值
倒　数	若元素 i 与元素 j 的重要性之比为 A_{ij},则元素 j 与元素 i 的重要性之比为 $A_{ji}(A_{ij}>O \quad A_{ji}=l/A_{ji})$

例如：

X	Y1	Y2	Y3
Y1	1	3	7
Y21	1/5	Y3	1

表中对于 X 来说，某专家认为 Y2 比 Y1 稍重要，因此赋值 3；Y3 比 Y1 强烈重要，因此赋值 7；

对于 X 来说，认为 Y3 比 Y2 明显不重要，因此赋值 1/5。

非物质文化遗产旅游开发价值评价指标相对重要性比较判断赋值矩阵

请您依照上述方法对下面 13 个矩阵中两两指标的相对重要性在空格中赋值，只填对角线右上角空格即可。

A	B1	B2	B3
B1	1		
B2		1	
B3			1

B1	C1	C2	C3	C4
C1	1			
C2		1		
C3			1	
C4				1

B2	C5	C6
C5	1	
C6		1

B3	C7	C8	C9
C7	1		
C8		1	
C9			1

C1	D1	D2	D3
D1	1		
D2		1	
D3			1

C2	D4	D5
D4	1	
D5		1

C3	D6	D7
D6	1	
D7		1

C4	D8	D9	D10
D8	1		
D9		1	
D10			1

C5	D11	D12
D11	1	
D12		1

C6	D13	D14	D15	D16	D17
D13	1				
D14		1			
D15			1		
D16				1	
D17					-1

C7	D18	D19	D20	D21
D18	1			
D19		1		
D20			1	
D21				1

C8	D22	D23	D24
D22	1		
D23		1	
D24			1

C9	D25	D6
D25	1	
D26		1

附录6 中华人民共和国
非物质文化遗产法

(2011 年 2 月 25 日第十一届全国人民代表大会
常务委员会第十九次会议通过)

第一章 总则

第一条 为了继承和弘扬中华民族优秀传统文化，促进社会主义精神文明建设，加强非物质文化遗产保护、保存工作，制定本法。

第二条 本法所称非物质文化遗产，是指各族人民世代相传并视为其文化遗产组成部分的各种传统文化表现形式，以及与传统文化表现形式相关的实物和场所。包括：

（一）传统口头文学以及作为其载体的语言；

（二）传统美术、书法、音乐、舞蹈、戏剧、曲艺和杂技；

（三）传统技艺、医药和历法；

（四）传统礼仪、节庆等民俗；

（五）传统体育和游艺；

（六）其他非物质文化遗产。

属于非物质文化遗产组成部分的实物和场所，凡属文物的，适用《中华人民共和国文物保护法》的有关规定。

第三条 国家对非物质文化遗产采取认定、记录、建档等措施予以保存，对体现中华民族优秀传统文化，具有历史、文学、艺术、科学价值的非物质文化遗产采取传承、传播等措施予以保护。

第四条 保护非物质文化遗产,应当注重其真实性、整体性和传承性,有利于增强中华民族的文化认同,有利于维护国家统一和民族团结,有利于促进社会和谐和可持续发展。

第五条 使用非物质文化遗产,应当尊重其形式和内涵。

禁止以歪曲、贬损等方式使用非物质文化遗产。

第六条 县级以上人民政府应当将非物质文化遗产保护、保存工作纳入本级国民经济和社会发展规划,并将保护、保存经费列入本级财政预算。

国家扶持民族地区、边远地区、贫困地区的非物质文化遗产保护、保存工作。

第七条 国务院文化主管部门负责全国非物质文化遗产的保护、保存工作;县级以上地方人民政府文化主管部门负责本行政区域内非物质文化遗产的保护、保存工作。

县级以上人民政府其他有关部门在各自职责范围内,负责有关非物质文化遗产的保护、保存工作。

第八条 县级以上人民政府应当加强对非物质文化遗产保护工作的宣传,提高全社会保护非物质文化遗产的意识。

第九条 国家鼓励和支持公民、法人和其他组织参与非物质文化遗产保护工作。

第十条 对在非物质文化遗产保护工作中做出显著贡献的组织和个人,按照国家有关规定予以表彰、奖励。

第二章 非物质文化遗产的调查

第十一条 县级以上人民政府根据非物质文化遗产保护、保存工作需要,组织非物质文化遗产调查。非物质文化遗产调查由文化主管部门负责进行。

县级以上人民政府其他有关部门可以对其工作领域内的非物质文化遗产进行调查。

第十二条 文化主管部门和其他有关部门进行非物质文化遗产调查,

应当对非物质文化遗产予以认定、记录、建档，建立健全调查信息共享机制。

文化主管部门和其他有关部门进行非物质文化遗产调查，应当收集属于非物质文化遗产组成部分的代表性实物，整理调查工作中取得的资料，并妥善保存，防止损毁、流失。其他有关部门取得的实物图片、资料复制件，应当汇交给同级文化主管部门。

第十三条　文化主管部门应当全面了解非物质文化遗产有关情况，建立非物质文化遗产档案及相关数据库。除依法应当保密的外，非物质文化遗产档案及相关数据信息应当公开，便于公众查阅。

第十四条　公民、法人和其他组织可以依法进行非物质文化遗产调查。

第十五条　境外组织或者个人在中华人民共和国境内进行非物质文化遗产调查，应当报经省、自治区、直辖市人民政府文化主管部门批准；调查在两个以上省、自治区、直辖市行政区域进行的，应当报经国务院文化主管部门批准；调查结束后，应当向批准调查的文化主管部门提交调查报告和调查中取得的实物图片、资料复制件。

境外组织在中华人民共和国境内进行非物质文化遗产调查，应当与境内非物质文化遗产学术研究机构合作进行。

第十六条　进行非物质文化遗产调查，应当征得调查对象的同意，尊重其风俗习惯，不得损害其合法权益。

第十七条　对通过调查或者其他途径发现的濒临消失的非物质文化遗产项目，县级人民政府文化主管部门应当立即予以记录并收集有关实物，或者采取其他抢救性保存措施；对需要传承的，应当采取有效措施支持传承。

第三章　非物质文化遗产代表性项目名录

第十八条　国务院建立国家级非物质文化遗产代表性项目名录，将体现中华民族优秀传统文化，具有重大历史、文学、艺术、科学价值的非物质文化遗产项目列入名录予以保护。

省、自治区、直辖市人民政府建立地方非物质文化遗产代表性项目名录,将本行政区域内体现中华民族优秀传统文化,具有历史、文学、艺术、科学价值的非物质文化遗产项目列入名录予以保护。

第十九条 省、自治区、直辖市人民政府可以从本省、自治区、直辖市非物质文化遗产代表性项目名录中向国务院文化主管部门推荐列入国家级非物质文化遗产代表性项目名录的项目。推荐时应当提交下列材料:

(一)项目介绍,包括项目的名称、历史、现状和价值;

(二)传承情况介绍,包括传承范围、传承谱系、传承人的技艺水平、传承活动的社会影响;

(三)保护要求,包括保护应当达到的目标和应当采取的措施、步骤、管理制度;

(四)有助于说明项目的视听资料等材料。

第二十条 公民、法人和其他组织认为某项非物质文化遗产体现中华民族优秀传统文化,具有重大历史、文学、艺术、科学价值的,可以向省、自治区、直辖市人民政府或者国务院文化主管部门提出列入国家级非物质文化遗产代表性项目名录的建议。

第二十一条 相同的非物质文化遗产项目,其形式和内涵在两个以上地区均保持完整的,可以同时列入国家级非物质文化遗产代表性项目名录。

第二十二条 国务院文化主管部门应当组织专家评审小组和专家评审委员会,对推荐或者建议列入国家级非物质文化遗产代表性项目名录的非物质文化遗产项目进行初评和审议。

初评意见应当经专家评审小组成员过半数通过。专家评审委员会对初评意见进行审议,提出审议意见。

评审工作应当遵循公开、公平、公正的原则。

第二十三条 国务院文化主管部门应当将拟列入国家级非物质文化遗产代表性项目名录的项目予以公示,征求公众意见。公示时间不得少于二十日。

第二十四条 国务院文化主管部门根据专家评审委员会的审议意见和公示结果，拟订国家级非物质文化遗产代表性项目名录，报国务院批准、公布。

第二十五条 国务院文化主管部门应当组织制定保护规划，对国家级非物质文化遗产代表性项目予以保护。

省、自治区、直辖市人民政府文化主管部门应当组织制定保护规划，对本级人民政府批准公布的地方非物质文化遗产代表性项目予以保护。

制定非物质文化遗产代表性项目保护规划，应当对濒临消失的非物质文化遗产代表性项目予以重点保护。

第二十六条 对非物质文化遗产代表性项目集中、特色鲜明、形式和内涵保持完整的特定区域，当地文化主管部门可以制定专项保护规划，报经本级人民政府批准后，实行区域性整体保护。确定对非物质文化遗产实行区域性整体保护，应当尊重当地居民的意愿，并保护属于非物质文化遗产组成部分的实物和场所，避免遭受破坏。

实行区域性整体保护涉及非物质文化遗产集中地村镇或者街区空间规划的，应当由当地城乡规划主管部门依据相关法规制定专项保护规划。

第二十七条 国务院文化主管部门和省、自治区、直辖市人民政府文化主管部门应当对非物质文化遗产代表性项目保护规划的实施情况进行监督检查；发现保护规划未能有效实施的，应当及时纠正、处理。

第四章 非物质文化遗产的传承与传播

第二十八条 国家鼓励和支持开展非物质文化遗产代表性项目的传承、传播。

第二十九条 国务院文化主管部门和省、自治区、直辖市人民政府文化主管部门对本级人民政府批准公布的非物质文化遗产代表性项目，可以认定代表性传承人。

非物质文化遗产代表性项目的代表性传承人应当符合下列条件：

（一）熟练掌握其传承的非物质文化遗产；

（二）在特定领域内具有代表性，并在一定区域内具有较大影响；

（三）积极开展传承活动。

认定非物质文化遗产代表性项目的代表性传承人，应当参照执行本法有关非物质文化遗产代表性项目评审的规定，并将所认定的代表性传承人名单予以公布。

第三十条 县级以上人民政府文化主管部门根据需要，采取下列措施，支持非物质文化遗产代表性项目的代表性传承人开展传承、传播活动：

（一）提供必要的传承场所；

（二）提供必要的经费资助其开展授徒、传艺、交流等活动；

（三）支持其参与社会公益性活动；

（四）支持其开展传承、传播活动的其他措施。

第三十一条 非物质文化遗产代表性项目的代表性传承人应当履行下列义务：

（一）开展传承活动，培养后继人才；

（二）妥善保存相关的实物、资料；

（三）配合文化主管部门和其他有关部门进行非物质文化遗产调查；

（四）参与非物质文化遗产公益性宣传。

非物质文化遗产代表性项目的代表性传承人无正当理由不履行前款规定义务的，文化主管部门可以取消其代表性传承人资格，重新认定该项目的代表性传承人；丧失传承能力的，文化主管部门可以重新认定该项目的代表性传承人。

第三十二条 县级以上人民政府应当结合实际情况，采取有效措施，组织文化主管部门和其他有关部门宣传、展示非物质文化遗产代表性项目。

第三十三条 国家鼓励开展与非物质文化遗产有关的科学技术研究和非物质文化遗产保护、保存方法研究，鼓励开展非物质文化遗产的记录和非物质文化遗产代表性项目的整理、出版等活动。

第三十四条 学校应当按照国务院教育主管部门的规定，开展相关的非物质文化遗产教育。

新闻媒体应当开展非物质文化遗产代表性项目的宣传，普及非物质文化遗产知识。

第三十五条　图书馆、文化馆、博物馆、科技馆等公共文化机构和非物质文化遗产学术研究机构、保护机构以及利用财政性资金举办的文艺表演团体、演出场所经营单位等，应当根据各自业务范围，开展非物质文化遗产的整理、研究、学术交流和非物质文化遗产代表性项目的宣传、展示。

第三十六条　国家鼓励和支持公民、法人和其他组织依法设立非物质文化遗产展示场所和传承场所，展示和传承非物质文化遗产代表性项目。

第三十七条　国家鼓励和支持发挥非物质文化遗产资源的特殊优势，在有效保护的基础上，合理利用非物质文化遗产代表性项目开发具有地方、民族特色和市场潜力的文化产品和文化服务。

开发利用非物质文化遗产代表性项目的，应当支持代表性传承人开展传承活动，保护属于该项目组成部分的实物和场所。

县级以上地方人民政府应当对合理利用非物质文化遗产代表性项目的单位予以扶持。单位合理利用非物质文化遗产代表性项目的，依法享受国家规定的税收优惠。

第五章　法律责任

第三十八条　文化主管部门和其他有关部门的工作人员在非物质文化遗产保护、保存工作中玩忽职守、滥用职权、徇私舞弊的，依法给予处分。

第三十九条　文化主管部门和其他有关部门的工作人员进行非物质文化遗产调查时侵犯调查对象风俗习惯，造成严重后果的，依法给予处分。

第四十条　违反本法规定，破坏属于非物质文化遗产组成部分的实物和场所的，依法承担民事责任；构成违反治安管理行为的，依法给予治安管理处罚。

第四十一条　境外组织违反本法第十五条规定的，由文化主管部门责令改正，给予警告，没收违法所得及调查中取得的实物、资料；情节严重的，并处十万元以上五十万元以下的罚款。

境外个人违反本法第十五条第一款规定的，由文化主管部门责令改正，给予警告，没收违法所得及调查中取得的实物、资料；情节严重的，并处一万元以上五万元以下的罚款。

第四十二条　违反本法规定，构成犯罪的，依法追究刑事责任。

第六章　附则

第四十三条　建立地方非物质文化遗产代表性项目名录的办法，由省、自治区、直辖市参照本法有关规定制定。

第四十四条　使用非物质文化遗产涉及知识产权的，适用有关法律、行政法规的规定。

对传统医药、传统工艺美术等的保护，其他法律、行政法规另有规定的，依照其规定。

第四十五条　本法自 2011 年 6 月 1 日起施行。

附录7 联合国教科文组织宣布人类口头和非物质遗产代表作条例

联合国教科文组织（1998）

一、宗旨

a）宣布的目的在于奖励口头和非物质遗产的优秀代表作品。这一口头和非物质遗产（文化场所或民间和传统表现形式）将被宣布为人类口头和非物质遗产代表作。

b）此项目旨在鼓励各国政府、各非政府组织和各地方社区开展鉴别、保护和利用其口头和非物质遗产的活动，因为这种遗产是各国人民集体记忆的保管者，只有它能够确保文化特性永存，宣布的目的还在于鼓励个人、团体、机构或组织根据教科文组织的各项目标，并配合教科文组织在这方面的计划，尤其是配合《保护民间创作建议案》（1989年）的后续活动，为管理、保护、保存或利用有关的口头和非物质遗产做出卓越贡献。

c）在进行这种宣布的范围内，"文化场所"的人类学概念被确定为一个集中了民间和传统文化活动的地点，但也被确定为一般以某一周期（周期、季节、日程表等）或是一事件为特点的一段时间。这段时间和这一地点的存在取决于按传统方式进行的文化活动本身的存在。

d）根据上述《建议案》，"口头和非物质遗产"一词的定义是指"来自某一文化社区的全部创作，这些创作以传统为依据、由某一群体或一些个体所表达并被认为是符合社区期望的作为其文化和社会特性的表达形式；其准则和价值通过模仿或其他方式口头相传，它的形式包括：语言、文学、音乐、舞蹈、游戏、神话、礼仪、习惯、手工艺、建筑术及其他艺术。"除了这些例子以外，还将考虑传播与信息的传统形式。

e）教科文组织将努力保留预算拨款和寻求预算外资金，用来援助会员国建立候选档案，负担评审委员会评估候选材料的费用。宣布之后，提供的奖金或捐款将使教科文组织能够鼓励开展有关文化场所或文化表现形式的保护，保存和复兴的活动。本组织也可提供人力资源和专门知识方面的援助。

f）总干事将根据他们的要求，定期向会员国以及第 1 条（b）款所涉其他任何一方寄发已被宣布为"人类口头和非物质遗产代表作"清单，并标明其来自哪些社区。

二、称号

符合本《条例》所规定之标准的口头和非物质遗产可以被宣布为人类口头和非物质遗产代表作。

三、周期

a）任何代表作均需由总干事根据评审委员会的建议，在每两年于巴黎教科文组织总部或总干事选择的任何其他地点举行的公开仪式上宣布。

b）在应宣布代表作那一年，如评审委员会认为任何候选者均不符合本《条例》第 6 条所规定的标准，它可保留不提任何建议的权利。

四、评估程序

a）宣布为人类口头和非物质遗产代表作之口头和非物质遗产的选定工作将委托一评审委员会进行，该委员会最多由教科文组织总干事与各会员国磋商后任命的八名成员组成，但应确保：

＊创作人员与专家之间的平衡，

＊地理分配的平衡，

＊妇女和青年代表的平衡，

＊所代表的学科之间的平衡，如音乐、口头文学、表演艺术、礼仪、语言及手工艺和传统建筑专门知识等。

b）基于下面提出的一般选择标准，评审委员会将拟订两份呈报总干事审批的文件、议事规则草案，拟定候选材料的指南，其中将提出详细的选择标准。

c）在行使其职责时，评审委员会绝不考虑有关个人的国籍、种族、性别、语言、职业、意识形态或宗教。不过，评审委员会可要求业经证实的口头和非物质遗产者参与或提出意见。

d）评审委员会将向总干事推荐一份最少六名、最多十名获奖候选者的名单。

五、候选材料之提交

旨在被宣布为口头和非物质遗产代表作的候选材料应由

a）各会员国和准会员国政府，

b）各政府间组织经与有关国家的教科文组织全国委员会磋商后，或

c）与教科文组织保持正式关系的各非政府组织（ONG）经与本国教科文组织全国委员会磋商后，提交教科文组织总干事。

每个会员国每两年只能提交一份候选材料。涉及若干会员国的口头和非物质遗产的候选材料将在上述限额之外予以考虑。

六、标准

人类口头和非物质遗产代表作需由总干事根据评审委员会的建议予以宣布，宣布的标准如下：

为评估候选材料，评审委员会需考虑两组同样重要的标准：文化标准和组织标准。

文化标准：

被宣布为人类口头和非物质遗产代表作的文化场所或形式应有特殊的价值，应证明：

a）具有特殊价值的非物质遗产的高度集中；或

b）从历史、艺术、人种学、社会学、人类学、语言学或文学角度来看是具有特殊价值的民间和传统文化表现形式。在评估有关遗产的价值时，评审委员会应考虑下述标准：

1. 其是否有作为人类创作天才代表作的特殊价值，

2. 其是否扎根于有关社区的文化传统或文化史，

3. 其是否具有确认各民族和有关文化社区特性之手段的作用，其是否具有灵感和文化间交流之源泉以及使各民族和各社区关系接近的重要作用，其目前对有关社区是否有文化和社会影响，

4. 其是否杰出地运用了专门技能，是否发挥了技术才能，

5. 其是否具有作为一种活的文化传统之唯一见证的价值，

6. 其是否因缺乏保护和保存手段，或因迅速变革的进程，或因城市化，或因文化适应而有消失的危险。

组织标准：在提交旨在被宣布为人类和非物质口头遗产代表作之文化场所或形式的候选材料时需随附：

a）适合有关文化表现形式的行动规划，该规划需说明今后十年为保护、保存、支持和利用有关口头和非物质遗产而打算采取的法律和实际措施。该行动规划需根据传授传统的内源机制的保护情况对所提出的措施以及如何实施这些措施进行全面的说明；

b）关于行动规划与《保护民间创作建议案》中所规定的措施协调一致以及与教科文组织的宗旨协调一致的说明；

c）关于为使有关社区参与保护和利用自己的口头和非物质遗产而应采取之措施的说明；

d）有关社区和/或政府中确保有关口头和非物质遗产今后具有与所提交的候选材料中所述地位相一致之地位的负责人名单；

在评估行动规划是否有针对性时，评审委员会应考虑到：

1. 公共当局和非政府组织在保护、保存、法律保护、传授和传播有关的文化价值方面的权限；

2. 是否已从尊重地方和国家传统的角度建立了适当的管理机制以及

监督实施原始计划的有效机制；

3. 为使有关社区的所有个人成员了解有关遗产的价值和对其进行保护的重要性而采取的措施；

4. 赋予有关社区的作用和好处；

5. 赋予有关遗产拥有者的作用；

6. 采取的措施：

a）为保护和利用有关遗产而在地方社区内采取的措施；

b）为记载这些传说，使研究人员在国家和国际范围内能获得这些材料，以及为鼓励作为保护这种遗产的方法的科学研究而采取的措施；

c）为完善专门技能、技术或有关的文化表现形式而采取的涉及有关遗产拥有者的措施；

d）为向学员和/或一般地说向青年传授专门技能、技术或文化表现形式而采取的涉及有关遗产拥有者的措施。

七、监督

既然宣布本身是对行动规划的承认，至少是部分承认，就必须确保对该规划的监督。这一活动应以下述方式进行：

＊获奖者坚决为此履行承诺，而且每两年应向教科文组织报告行动规划的实施情况；

＊如连行动规划的基本要素都不遵守，所作的宣布则有可能被撤销。

八、行政管理

评审委员会的工作将因总干事为此指定一名教科文组织秘书处成员而获得便利。"宣布人类口头和非物质遗产代表作"秘书处将在总干事的授权下负责实施本条例，尤其负责完成下述任务：

a）征集候选材料；

b）记录候选材料；

c）在与非物质遗产方面的非政府专门组织协商后，将候选材料提交评审委员会；

d）根据其议事规则召开评审委员会会议；

e）监督有关已宣布之场所的行动规划的实施情况；

f）开展"宣布人类口头和非物质遗产代表作"项目的宣传活动，以使公众了解保护非物质遗产的重要性；

g）寻求必要的预算外资金，以帮助获奖者开展保护行动。

附录8 人类非物质文化遗产代表作——中国

项目名称	项目类型	项目简介	申报时间
昆 曲	表演艺术	昆曲是现存的中国最古老的剧种之一,起源于明代。昆曲的唱腔具有很强的艺术性,对中国近代的所有戏剧剧种,如川剧、京剧都有着巨大的影响。《牡丹亭》《长生殿》成为传统的保留剧目	2008
古琴艺术	表演艺术	古琴是中国独奏乐器中最具代表性的一种,已有3000多年的历史。古琴艺术吸纳了大量优雅动听的曲调,演奏技法复杂而精妙,而且有着独特的记谱法,大量乐谱都是人们口头流传下来的。人们弹奏古琴往往不仅是为了演奏音乐,还和自娱自赏、冥思、个人修养及挚友间的情感交流密不可分	2008
黎族传统纺染织绣技艺		中国海南省黎族妇女创造的一种纺织技艺,它集纺、染、织、绣于一体,用棉线、麻线和其他纤维等材料做衣服和其他日常用品。黎锦是黎族历史、文化传奇、宗教仪式、禁忌、信仰、传统和民俗的记录者,是黎族重要的社交、文化场合中不可或缺的一部分	2009
新疆维吾尔木卡姆艺术	传统音乐	集歌、舞、乐于一体的大型综合艺术形式。在维吾尔人的特定文化语境中,"木卡姆"已经成为包容文学、音乐、舞蹈、说唱、戏剧乃至民族认同、宗教信仰等各种艺术成分和文化意义的词语	2008

续　表

项目名称	项目类型	项目简介	申报时间
龙泉青瓷传统烧制技艺		龙泉青瓷传统烧制技艺是一种具有制作性、技能性和艺术性的传统手工艺。至今已有1700余年的历史。龙泉窑烧制的"粉青""梅子青"厚釉瓷,淡雅、含蓄、敦厚、宁静,是中国古典审美情趣的表现	2009
玛纳斯		柯尔克孜英雄史诗,传唱千年,其演唱异文繁多、篇幅宏大,反映了柯尔克孜人丰富的传统生活,是柯尔克孜人的杰出创造和口头传承的"百科全书"	2009
妈祖信俗		妈祖是中国影响最大的航海保护神,妈祖信俗是以崇奉和颂扬妈祖的立德、行善、大爱精神为核心,以习俗和庙会等为表现形式的民俗文化	2009
呼麦		呼麦是蒙古族人创造的一种神奇的歌唱艺术;一个歌手纯粹用自己的发声器官,在同一时间里唱出两个声部。它传达着蒙古族人民对自然宇宙和世界万物深层的哲学思考和体悟,表达了蒙古民族追求和谐生存发展的理念和健康向上的审美情趣	2009
南音		南音是中国现存最古老的乐种之一,集唱、奏于一体,用泉州方言演唱,音乐风格典雅细腻,为研究中国古代音乐提供了丰富的历史信息	2009
格萨(斯)尔		藏族英雄史诗,凭借艺人说唱,流传千年。讲述了藏族古代英雄格萨尔王为救护生灵而投身下界,率领人民降伏妖魔、抑强扶弱、安置三界,完成人间使命,最后返回天国的英雄故事,是藏族历史记忆和文化认同的重要依据	2009
热贡艺术		热贡艺术主要指唐卡、壁画、堆绣、雕塑等佛教造型艺术,是藏传佛教的重要艺术流派,其内容以佛本生故事、历史人物、神话传说等为主。有着浓郁的宗教色彩和鲜明的地域特色	2009

续　表

项目名称	项目类型	项目简介	申报时间
中国朝鲜族农乐舞		中国朝鲜族农乐舞是集演奏、演唱、舞蹈于一体，反映传统农耕生产生活中祭祀祈福、欢庆丰收的民间表演艺术。场面热烈奔放，民族特色鲜明	2009
羌　年		羌年是四川省羌族的传统节日，于每年农历十月初一举行庆祝活动。节日期间，羌族人民祭拜天神、祈祷繁荣，在释比（神父）的指引下，村民们先举行庄严的祭山仪式，杀羊祭神。然后释比吟唱羌族的传统史诗，村民们则跳皮鼓舞和萨朗舞，尽情欢乐	2009
黎族传统纺染织绣技艺		中国海南省黎族妇女创造的一种纺织技艺，它集纺、染、织、绣于一体，用棉线、麻线和其他纤维等材料做衣服和其他日常用品。黎锦是黎族历史、文化传奇、宗教仪式、禁忌、信仰、传统和民俗的记录者，是黎族重要的社交、文化场合中不可或缺的一部分	2009
编梁木拱桥营造技艺		采用原木材料，使用传统木建筑工具及手工技法，运用"编梁"等核心技术，以榫卯连接并构筑成极其稳固的拱架桥梁技艺体系	2009
中医针灸		针灸是传统中医的一种医疗手段，其方法包括用艾绒点灸或用针刺就管道的穴位，促进身体重新恢复平衡，进而达到预防和治疗疾病的目的	2010
水密隔舱福船制造技艺	表演艺术，传统手工艺	水密隔舱福船制造技艺发展于中国南方的福建省，通过师徒之间的口传心授传承的方式，使具备水密隔舱的海轮建造成为可能	2010
活字印刷术	传统手工艺	中国的木活字印刷术是世界上最古老的印刷技术之一，浙江瑞安保持了这门技术，使用这种技术编印谱牒	2010

续 表

项目名称	项目类型	项目简介	申报时间
西安鼓乐		流传在西安及周边地区的鼓吹乐。乐队编制分敲击乐器与旋律乐器两大类,演奏形式分为坐乐和行乐。至今使用着唐、宋时期俗字谱的记写方式,是中国传统器乐文化的典型代表,对研究中国古代音乐有着极高的学术价值	2009
粤 剧		粤剧是用粤语演唱的戏剧样式,有 300 余年的历史,是中国南北戏曲艺术的集大成者。作为粤方言区最具影响力和海外最具代表性的中国戏曲剧种,粤剧以多样而独特的演剧形式,渗透在岭南的传统和现代生活中,成为族群认同和文化交流的重要媒介	2009
藏 戏		藏戏是戴着面具、以歌舞演故事的藏族戏剧,形成于 14 世纪,流传于青藏高原。常演剧目为八大传统藏戏,内容大都是佛经中劝善惩恶的神话传说	2009
传统桑蚕丝织技艺		蚕桑丝织是中国的伟大发明,是中华民族认同的文化标识。5000 多年来,这一遗产对中国历史做出了重大贡献,并通过丝绸之路对人类文明产生了深远影响	2009
宣纸传统制作技艺		宣纸是传统手工纸的杰出代表,具有质地绵韧、不蛀不腐等特点。自唐代以来一直是书法、绘画及典籍印刷的最佳载体,对传承中华民族文化产生了深远影响	2009
端午节		中国古老的传统节日,节期在农历五月初五。由驱毒避邪的节令习俗衍生出各地丰富多彩的民间活动,主要有祭祀屈原、插艾蒿、挂菖蒲、喝雄黄酒、吃粽子、龙舟竞渡、除五毒等。端午节蕴涵着独特的民族精神和丰富的文化内涵,对中国民俗生活有重大影响	2009

续　表

项目名称	项目类型	项目简介	申报时间
篆　刻	口头传统和表现形式	中国篆刻是以石材为主要材料,以刻刀为工具,以汉字为表象的一门独特的镌刻艺术。它由中国古代的印章制作技艺发展而来,既强调中国书法的笔法、结构,又突出镌刻中自由、酣畅的艺术表达,至今已有 3000 多年的历史	2009
雕版印刷技艺	口头传统和表现形式	运用刀具在木板上雕刻文字或图案,再用墨、纸、绢等材料刷印、装订成书籍的一种特殊技艺,迄今已有 1300 多年的历史,它开创了人类复印技术的先河,在世界文化传播史上起着无与伦比的重要作用	2009
书　法	口头传统和表现形式	以笔、墨、纸等为主要工具材料,以特有的造型符号和笔墨韵律,融入人们对自然、社会、生命的思考,从而表现出中国人特有的思维方式、人格精神与性情志趣的一种艺术实践,已成为中国文化的代表性符号	2009
剪　纸	口头传统和表现形式	用剪刀或刻刀在纸上剪刻花纹,用于装点生活或配合其他民俗活动的一种民间艺术。剪纸蕴涵了丰富的文化历史信息,表达着广大民众的社会认识、道德观念、实践经验、生活理想和审美情趣,具有认知、教化、表意、抒情、娱乐、交往等多重社会价值。	2009
传统木结构营造技艺	口头传统和表现形式	中国传统木结构营造技艺以木材为主要建筑材料,以榫卯为木构件的主要结合方法,以模数制为尺度设计和加工生产手段,延承了7000 多年,是东方古代建筑技术的代表	2009
南京云锦织技艺	口头传统和表现形式	南京云锦织造技艺是中国织锦技艺最高水平的代表。它将"通经断纬"等核心技术运用在构造复杂的大型织机上,由上下两人手工操作,用蚕丝线、黄金线和孔雀羽线等材料织出华贵织物	2009

续　表

项目名称	项目类型	项目简介	申报时间
花　儿	口头传统和表现形式	花儿是流传在汉、回、藏、东乡、保安、撒拉、土、裕固、蒙等民族中共创共享的民歌。由于音乐特点、歌词格律和流传地区的不同,花儿被分为"河湟花儿""洮岷花儿"和"六盘山花儿"三个大类。民间自发举行的"花儿会",具有多民族文化交流与情感交融的特殊价值	2009
侗族大歌		侗族大歌是无伴奏、无指挥的侗族民间多声部民歌的总称。"众低独高"的声部组合原则,优美和谐的艺术品格,歌师教歌、歌班唱歌的传承方式,承载和传递了侗族的生活方式、社会结构、人伦礼俗等重要的文化信息	2009
京　剧		京剧是一种融合了唱、念、作、打的表演艺术,被视为中国传统社会戏曲审美理想的集大成者,并且作为中国文化遗产得到广泛认可	2010
麦西热甫(又译"麦西来甫")	表演艺术	麦西热甫是维吾尔人民文化传统的最为重要的承载者。完整的麦西热甫活动包括一系列丰富的习俗和表演艺术,木卡姆是此项活动中最包罗万象的艺术形式。麦西热甫既有"法庭"的作用,也是"课堂",在这里司仪调解冲突,维持道德标准,人们可以在这里学习了解他们的传统风俗习惯	2010

参 考 文 献

[1] 联合国教科文组织．世界文化遗产多样性宣言［J］．中国民族学学会民族学通讯，2003（8）．

[2] 王文章．非物质文化遗产概论［M］．北京：教育科学出版社，2008．

[3] 顾军，苑利．文化遗产报告［M］．北京：社会科学文献出版社，2005．

[4] 戴伦·J．蒂莫西，斯蒂芬·W．博伊德．遗产旅游［M］．程尽能，译．北京：旅游教育出版社，2007．

[5] 彭顺生．世界遗产旅游概论［M］．北京：中国旅游出版社，2008．

[6] 王艳平．遗产旅游管理［M］．武汉：武汉大学出版社，2008．

[7] 钟敬文．民俗学概论［M］．上海：上海文艺出版社，1998．

[8] 仲富兰．中国民俗文化学导论［M］．杭州：浙江人民出版社，1998．

[9] Bob Mckercher，Hilary duCros．文化旅游与文化遗产管理［M］．朱路平，译．天津：南开出版社，2006．

[10] 金惠康著．跨文化旅游翻译［M］．北京：中国对外翻译出版公司，2006．

[11] 方志远．旅游文化概论［M］．广州：华南理工大学出版社，2005．

[12] 陈国强．简明文化人类学词典［M］．杭州：浙江人民出版社，1990．

[13] 克莱德·M．伍兹．文化变迁［M］．何福瑞，译．北京：中国人民大学出版社，1989．

[14] 费孝通．读马林诺斯基《文化动态论》的体会［M］．北京：北京大学出版社，2001．

[15] 宗晓莲．旅游开发与文化变迁［M］．北京：中国旅游出版社，2006．

[16] 王铭铭．西方人类学思潮十讲［M］．桂林：广西师范大学出版社，2005．

[17] 邓永进，薛慧群．民俗风情旅游［M］．昆明：云南大学出版社，2007．

[18] 史蒂文·瓦格．社会变迁［M］．王小莉，译．北京：北京大学出版社，2007．

[19] 歇尔·萨林斯. 甜蜜的悲哀 [M]. 王铭铭, 胡宗泽, 译. 北京: 生活·读书·新知三联书店, 2000.

[20] 包亚明. 文化资本与社会炼金术 [M]. 上海: 上海人民出版社, 1997.

[21] 厉无畏. 创意产业: 转变经济发展方式的策动力 [M]. 上海: 上海社会科学院出版社, 2008.

[22] 张朝枝. 旅游与遗产保护 [M]. 天津: 南开大学出版社, 2008.

[23] 吴必虎, 余曦. 旅游规划原理 [M]. 北京: 中国旅游出版社, 2010.

[24] 向云驹. 人类口头非物质文化遗产 [M]. 银川: 宁夏人民教育出版社, 2004.

[25] 中国民间文化遗产抢救工程普查手册 [S]. 北京: 高等教育出版社, 2003.

[26] 楚义芳. 旅游的空间经济分析 [M]. 西安: 陕西人民出版社, 1991.

[27] 甘枝茂, 马耀峰. 旅游资源与开发 [M]. 天津: 南开大学出版社, 2000.

[28] 马勇, 舒伯阳. 区域旅游规划——理论·方法·案例 [M]. 天津: 南开大学出版社. 1999.

[29] 张建萍, 朱亮. 自然保护区环境解说系统的构建与实证研究 [M]. 北京: 中国旅游出版社, 2012.

[30] 苑利, 顾军. 非物质文化遗产学 [M]. 北京: 高等教育出版社, 2009.

[31] 中国社会科学院知识产权中心. 非物质文化遗产保护问题研究 [M]. 北京: 知识产权出版社, 2012.

[32] 王文章. 非物质文化遗产保护研究 [M]. 北京: 文化艺术出版社, 2013.

[33] 康保成等. 中日韩非物质文化遗产的比较与研究 [M]. 广州: 中山大学出版社, 2013.

[34] 宋俊华, 王开桃, 康保成主编. 非物质文化遗产保护研究 [M]. 广州: 中山大学出版社, 2013.

[35] 杨红. 非物质文化遗产数字化研究 [M]. 北京: 社会科学文献出版社, 2014.

[36] 柯玲. 中国民俗文化 [M]. 北京: 北京大学出版社, 2011.

[37] 中国艺术人类学学会, 内蒙古大学艺术学院. 非物质文化遗产传承与艺术人类学研究 [M]. 北京: 学苑出版社, 2013.

[38] 牟延林, 谭宏, 刘壮. 非物质文化遗产概论 [M]. 北京: 北京师范大学出版社, 2010.

后　记

　　"将非物质文化遗产及其保护工作提到了世界文化多样性和对人类创造力的尊重的高度来阐释，无疑是 21 世纪之初向全人类发出的文化宣言。"非物质文化遗产作为人类智慧的结晶、生命的记忆，以其无限的包容性、丰富性和多元性向我们展示了历史长河中的人类文明。然而全球化趋势的增强，经济和社会的急剧变迁，使得非物质文化遗产生存面临困境。如何保护非物质文化遗产，是人类必须面对的课题。随着保护理念的不断深入、保护模式的不断丰富，人类掌握了切实可行的方式方法。旅游作为人类感悟知识与文化的一个视角，在非物质文化遗产保护中也显现了强大的生命力与承载力。本书通过旅游开发与非物质文化遗产之间的内在耦合关联，积极探寻非物质文化遗产保护中更多有效的方式、方法和途径，使非物质文化遗产能够更好地融入时代、融入大众、融入生活，永葆活力与魅力。

　　在本书的写作过程中，我们参阅了国内外学者撰写的有关非物质文化遗产的专著与论文，在此，向这些专家和学者由衷地表示敬意和感谢！